Marc Stern,

geboren 1956 in Antwerpen, Kantor in verschiedenen Synagogen Belgiens, Rabbinerdiplom in Natanja/Israel, Religionslehrer, Lehrauftrag für jüdische Theologie an der Universität in Osnabrück, dort auch seit 1994 Rabbiner.

Marc Stern

Gelebte jüdische Feste

Erinnern – Feiern – Erzählen

GÜTERSLOHER VERLAGSHAUS

Die Deutsche Bibliothek – CIP-Einheitsaufnahme

Stern, Marc:
Gelebte jüdische Feste : Erinnern – Feiern – Erzählen / Marc Stern. –
Gütersloh : Gütersloher Verl.-Haus, 1999
ISBN 3-579-02236-9

ISBN 3-579-02236-9

Umschlaggestaltung: INIT, Bielefeld, unter Verwendung eines Fotos des Gemäldes »Das Laubhüttenfest« von Marc Chagall, © AKG (Archiv für Kunst und Geschichte GmbH), Berlin
Satz: Weserdruckerei Rolf Oesselmann GmbH, Stolzenau
Druck und Bindung: Clausen & Bosse, Leck
Gedruckt auf chlorfrei gebleichtem Werkdruckpapier
Printed in Germany

Widmung

In memoriam

meiner Mutter, einer frommen und tugendhaften Frau,
die uns zu früh verlassen hat,
und meinen Angehörigen, die in ihrem Leben ihr
Judentum mit Eifer verwirklicht haben, die für die
Heiligung von Gottes Namen während der
Schoa ermordet wurden und die mir als Erbe
unsere heilige *Tora* hinterlassen haben.

Für meinen Vater, "bis 120".
Für all diejenigen, die mich lieben.
Für meine "Kinder" in Osnabrück.

Für Sie, Leserinnen und Leser,
denen dieses Buch gewidmet ist und die mich ehren,
indem Sie es lesen.

Inhalt

Vorwort

Die folgende Erzählung könnte eigentlich in die *chassidische* Geschichte über den *Schabbat* eingefügt werden, aber ich beginne mein Vorwort absichtlich mit ihr.

Als ich *Bar-Mizwa* wurde, bereitete mir mein Vater, der ehemalige Oberkantor der orthodoxen jüdischen Gemeinde in Brüssel, eine Rede vor, in der ich entdeckte, daß ich ein Nachkomme des *Rama*, Reb Mosche Isser'les, bin.

Von der Größe meiner Ahnen beeindruckt, möchte ich ihnen gerne die Ehre erweisen, indem ich ihre Anbindung an das Judentum, an unsere heilige *Tora*, an unsere Traditionen und an die Werte, die sie vermitteln, erzähle.

> Reb Israel Isser, auch als Reb Isser'l bekannt, lebte im 16. Jahrhundert in Krakau. Er war ein großer Gelehrter, was die Tora betrifft, ein angesehener Händler und der Vorsitzende der damaligen jüdischen Gemeinde. Reb Isser´l handelte mit Stoffen und Seide und hatte etliche polnische Adelige als Kunden.
>
> An einem Freitag am späten Vormittag kam ein Adeliger in das Geschäft und wählte eine große Menge an wertvollen Stoffen aus. Genau um zwölf Uhr mittags hatte der Adelige seine Auswahl getroffen, aber die Stoffe mußten noch gemessen und zugeschnitten werden, bevor sie verkauft wurden. Reb Isser´l bat seinen Kunden um Verzeihung und erklärte ihm, daß er das Geschäft schließen müsse, weil er freitags nie nach zwölf Uhr arbeite, damit er sich gut auf den Schabbat vorbereiten könne. Er schlug seinem Kunden vor, die Waren am Sonntagmorgen so früh wie möglich auszumessen und sie nach Hause zu liefern.
>
> Der Adelige war enttäuscht und bestand darauf, noch ein wenig im Geschäft bleiben zu dürfen, um die Angelegenheit zu erledigen, ansonsten würde er sich gezwungen fühlen, seine Einkäufe anderswo zu machen. Reb Isser´l erklärte ihm nochmals, daß er während seines ganzen bisherigen Lebens nie am Freitagnachmittag gearbeitet habe und daß er seine Gewohnheiten nicht ändern werde. Das Geschäft kam nicht zustande.
>
> Die Entsagung von Reb Isser´l hat der Himmel nicht vergessen. Zur Belohnung wurde ihm ein Sohn geschenkt, der die Welt durch seine Weisheit erleuchten würde. Später gebar ihm seine Frau einen Sohn, der Mosche genannt und als Rama[1] bekannt wurde.

Unter den verschiedenen Werken, die der Rama geschrieben hat und die an die Nachwelt weitergegeben wurden, befindet sich das Buch der *Mapah* – »das Tischtuch«, das eine Ergänzung zu Rabbi Jossef Karos Buch *Schulchan Aruch* – »der

1. *Rama* ist eine hebräische Abkürzung von Reb Mosche Isser´les.

gedeckte Tisch« ist. Diese beiden Bücher wurden später zusammen verlegt und sind bis heute der Kodex der jüdischen Gesetze.

Unter den Nachkommen des *Rama* und seiner Ahnen gab es den berühmten Rabbiner Dov Berisch Meisels, der in Krakau und Warschau tätig war. Obwohl er selber kein *chassidischer* Rabbiner war, fand er einhellige Zustimmung bei den *Chassidim*. Er war sogar mit Reb Jizchak Meir von Ger befreundet sowie bei den *Mitnagdim*, den Gegnern des *Chassidismus*, und bei den Nicht-Juden angesehen. Zu einer bestimmten Zeit in seinem Leben war er sogar Mitglied des österreichischen Parlaments.

> Bei der ersten Sitzung des Parlaments, an der Reb Dov Berisch Meisels teilnahm, setzte er sich an die linke Seite des Amphitheaters. In diesem Moment richtete sich der Präsident des Parlaments an ihn und sagte: »Herr Oberrabbiner, warum sitzen sie auf der linken Seite, kommen sie, setzen sie sich auf die rechte Seite.«
> Reb Dov Berisch Meisels antwortete ihm auf eine leicht humorvolle Art: »Aber Herr Präsident, sie wissen doch, daß wir Juden keine Rechte haben!«

Die Gesamtheit der Rabbiner zu beschreiben, von denen ich abstamme, wäre so langwierig, daß dies allein das Thema eines Buches ausmachen könnte. Ich möchte an dieser Stelle nur darauf hinweisen, daß ich väterlicherseits von einer Dynastie von Rabbinern und Kantoren abstamme, die früher in Ungarn ansässig waren. Mütterlicherseits stamme ich von einer Nachkommenschaft von *Chassidim* ab, die sich irgendwo in Siebenbürgen niedergelassen hatten.

Im Jahr 1996, als ich Lehrbeauftragter an der Osnabrücker Universität war, kam ich auf die Idee, dieses Buch zu schreiben, als ich eine Studentin beobachtete, wie sie systematisch aufschrieb, was ich in meinen Vorträgen sagte.

Zunächst erkläre ich den jüdischen Kalender und die Reihenfolge der Feste im Jahreslauf. Danach führe ich in die Bedeutung der Gebete in der jüdischen Tradition ein, um mich dann im Hauptteil des Buches jedem einzelnen Fest ausführlich zu widmen. Diese Kapitel über die Feste sind jeweils um drei Achsen herum angeordnet: zum ersten um die Definition des Festes, seiner Herkunft und Bedeutung, zum zweiten um die Riten und deren Ausgestaltung und zum dritten um die *chassidischen* Geschichten. Dabei erscheinen die hebräischen Begriffe in kursiver Schrift und werden sofort übersetzt oder im Anhang erklärt.

Um dem Leser die theoretischen Erläuterungen der jeweiligen Themen zu veranschaulichen, werden an bestimmten Stellen *chassidische* Geschichten eingefügt. Ein Teil dieser Geschichten erscheint jedoch gesammelt zum Schluß eines jeden Kapitels. Zur besseren Übersicht sind alle *chassidischen* Geschichten in einer anderen Schrift gedruckt.

Es handelt sich keinesfalls um ein Buch über den *Chassidismus*, noch um eine Sammlung *chassidischer* Geschichten. Diese kleinen Erzählungen dienen nur dazu, den Sinn der Feste zu verdeutlichen. Diese Episoden sind nicht nur einfache Geschichten, sondern vielmehr Lektionen, aus denen wir eine Lehre für unser Leben ziehen können. Sie sollten uns erlauben, uns der Wichtigkeit bewußt zu werden, die *Mizwot* (Gebote) der *Tora* zu erfüllen. Diese Geschichten, in denen surrealistische Wunder berichtet werden, betreffen nicht die einfachen Leute. Es handelt sich um Rabbinen, die außergewöhnliche Menschen im eigentlichen Sinne des Wortes waren, das heißt vom Gewöhnlichen abwichen. Sie sollten uns als eine Quelle der Eingebung dienen.

> Rabbi Israel Meir Kagan, auch als Chafetz Chajim bekannt, veranschaulichte diese Art außergewöhnlicher Menschen. Er war ein Mann, der sein ganzes Leben lang nicht gelogen hatte. Einst wurde er als Zeuge zu einem Prozeß gerufen. Dort bat er den Rechtsanwalt, vom Schwören befreit zu werden. Der Anwalt erläuterte dem Richter die Bitte des Chafetz Chajim und fügte hinzu: »Man erzählt, daß dieser Rabbi sein ganzes Leben lang nie gelogen hatte.« Der Richter fragte den Rechtsanwalt nach seiner Meinung über diese Geschichte und ob auch er daran glaube. Dieser antwortete: »Ich weiß nicht so recht, was ich davon halten soll, aber eines ist sicher: niemand erzählt solche Geschichten, weder über mich noch über sie.«

In jeder der Erzählungen dieses Buches findet sich eine Moral, eine Lehre. Es liegt an uns, diese zu entdecken und uns von ihr durchdringen zu lassen.

Einige dieser Geschichten sind sehr bekannt, andere weniger. Es handelt sich stets um mündliche Überlieferungen, was erklärt, daß es verschiedene Fassungen einer Geschichte geben kann. Die Geschichte »*Slichot mit dem Nemirower Rabbi*«, die zuerst von J.L. Perez niedergeschrieben wurde, findet sich anders geschrieben bei Martin Buber, Elie Wiesel, Rabbi Twerski und vielleicht noch bei anderen. Jede dieser Fassungen ist denkbar echt, das Wesentliche ist die Lehre, die sich daraus ableitet.

Falls nach dem Lesen dieses Buches auch nur eine einzige Person zu den Traditionen des Judentums zurückkehren sollte, würde ich meine Arbeit als ›von Erfolg gekrönt‹ betrachten, da unsere Weisen uns lehren, daß derjenige, der eine Seele entstehen läßt, so betrachtet wird, als hätte er eine ganze Welt erschaffen.

Auf daß Gott es gefalle, daß sich die Erfüllung dieses Wunsches vervielfacht!

Osnabrück, im Juni 1999 (*Nissan* 5759)

Der jüdische Kalender

Gott sprach: »Es seien Lichtkörper im Firmament des Himmels,
um zwischen Tag und Nacht zu unterscheiden;
sie werden als Zeichen für Feste, Tage und Jahre dienen.«
(Gen 1,14)

Eine andere Zeitrechnung

Der jüdische Kalender unterscheidet sich von dem uns überall begegnenden Kalender am auffälligsten durch seine Jahreszählung, die einen Unterschied von 3760 Jahren bildet. Das liegt zum einen daran, daß in der verbreiteten allgemeinen Rechnung das Jahr Null auf Jesu Geburtsjahr festgesetzt ist, zum anderen werden die Monate anders berechnet. Dabei orientiert sich der jüdische Kalender eher an dem Mondlauf, während die Sonnenbahn nur sekundär beachtet wird:

Die Sonne braucht 365,25 Tage, um einmal die Erde zu umwandern. Daraus ergibt sich die Anzahl von 365 Tagen, die ein Jahr in der allgemeinen Rechnung bilden, mit einem zusätzlichen Tag, der alle vier Jahre als »Schaltjahr« im Februar hinzugefügt wird.

Der Mond dagegen benötigt für eine Erdumkreisung 29,5 Tage, die einen Monat bilden. Damit besitzt ein Jahr 354 oder 355 Tage und verliert pro Jahr etwa 11 Tage und somit in drei Jahren einen ganzen Monat gegenüber dem Sonnenkalender. Diese Zeitrechnung wird problematisch für die jüdischen Feste, die in einer bestimmten Saison begangen werden müssen. Das *Pessach*-Fest zum Beispiel ist eine Frühlingsfeier und kann nicht in eine frühere oder spätere Jahreszeit verschoben werden. Aus diesem Grund wird der Mondkalender gegenüber dem Sonnenkalender korrigiert, indem in 19 Jahren genau siebenmal ein zusätzlicher Monat vor den *Pessach*-Monat *Adar* eingeschoben wird, der sogenannte *Adar bet* (»zweiter *Adar*«).

Der erste Tag in jedem Monat ist ein halber Feiertag, an dem zur Zeit des Tempels aufgrund der dann stattfindenden Opferungen keine Arbeit geleistet wurde. In manchen Monaten gibt es einen zusätzlichen halben Feiertag, der den letzten Tag des Monats bildet. Für die Zusammenstellung des Kalenders ist es wichtig zu wissen, welche Monate 29 und welche 30 Tage besitzen.[1]

Wir lernen in der *Mischna*[2] in dem Traktat Rosch Haschana, daß es in jedem Jahr vier Tage gibt, die *Rosch Haschana* oder »Neujahr« genannt werden.

- Der erste *Nissan* ist der Neujahrstag für das Zählen der Dauer jüdischer Königsherrschaft und die Einsetzung der Ordnung jüdischer Feste.
- Der erste *Elul* ist das Neujahr für den Zehnten der Tiere. Rabbi Elazar und Rabbi Schimon dagegen sagen, daß das Neujahr für den Zehnten der Tiere auf den ersten *Tischri* falle.
- Der erste *Tischri* ist das Neujahr für das Zählen der allgemeinen Jahre, der Sabbat- und der Jubeljahre; ebenfalls für das Pflanzen von Bäumen und Gemüse.
- Am ersten *Schewat* ist laut der Lehre von Bet Schamai der Neujahrstag für den Zehnten der Bäume. Bet Hillel dagegen lehrt, daß dieses Neujahr auf den 15. *Schewat* falle.

Das gewöhnliche Jahr weist folgenden Ablauf auf:

1. *Tischri* (September/Oktober): Der »Monat der Prinzen und der Kräftigen«[3] beinhaltet die großen Feiertage *Rosch Haschana, Jom Kippur* und *Sukkot.* Sein Zeichen ist die Waage, da in dieser Zeit von Gott die guten und schlechten Taten gegeneinander aufgewogen werden. Laut unserer Weisen besitzt das Wort »*Tischri*« auf chaldäisch die Bedeutung »Vergebung der Sünden«.
2. *Cheschwan* (Oktober/November): wird auch *Mar Cheschwan*, der »saure *Cheschwan*« (*mar* – »sauer«, im Unterschied zu »fröhlich, lustig«) genannt, weil

1. Alle Einzelheiten und Mittel zur Berechnung des jüdischen Kalenders wurden von dem Vorsitzenden Hillel II., der der Urenkel von Rabbi Jehuda Hanassi, dem Verfasser der *Mischna*, war, verfaßt. Der Autor empfiehlt zur weiteren Information über die Mittel zur Berechnung und über die Geschichte des jüdischen Kalenders das Buch »*Sefer Hatodaa*« von Rabbi Elijahu Ki Tow.
2. Teil der mündlichen Überlieferung der *Tora*, der von Rabbi Jehuda Hanassi verfaßt wurde. Die *Gemara* ist eine Ergänzung der *Mischna. Gemara* und *Mischna* bilden zusammen den *Talmud*.
3. Der *Talmud* erklärt im Traktat Rosch Haschana 11a, daß *Tischri* der Monat der *Etanim* (»Kräftigen«) ist. Er ist in dem Sinne kräftig, als daß er viele *Mizwot* enthält: *Rosch Haschana, Schofar, Jom Kippur, Sukkot, Lulaw* und *Etrog, Hoscha´anot,* (...) Eine andere Meinung im *Talmud* erklärt, daß die *Etanim* die Leute mit einem kräftigen Glauben waren: die Vorfahren Awraham und Jaakow, die im *Tischri* geboren sind.

er keine Feiertage besitzt. Er trägt auch den Namen *Bul*, der von dem Begriff *Mabul* (»Sintflut«) abgeleitet wird, weil sich in diesem Monat die Sintflut ereignet hat. In dieser Zeit beginnt in Israel gewöhnlich die Regenperiode. Als Zeichen besitzt er den Skorpion.

3. *Kislew* (November/Dezember): Es existiert keine sinnvolle Erklärung für diesen Namen. Man weiß nur, daß sein Ursprung in Babylonien liegt und von den dort assimilierten Juden in ihre hebräische Muttersprache übernommen wurde. Das Zeichen des Monats ist der Schütze. In ihm findet das *Chanukka*-Fest statt.
4. *Tewet* (Dezember/Januar): Für die Entstehung seines Namens gibt es keine Erklärung. Sein Zeichen ist der Steinbock und beinhaltet Eimer, die an die Regenzeit in diesem Monat in Israel erinnern sollen: »Alle Eimer sind schon voll.« Es ist der »nasse Monat«. Die einzige Feier in dieser Zeit sind die letzten Tage von *Chanukka*.
5. *Schewat* (Januar/Februar): Dieser Monat besitzt den Wassermann als Zeichen. Am 15. des Monats wird *Tu Bischwat* gefeiert.
6. *Adar* (Februar/März): Die Fische als sein Zeichen des Glücks zeigen, daß dieser Monat mit viel Segen angefüllt ist. Es ist allgemein eine glückliche Zeit, in die zum Beispiel auch Mosches Geburt fällt. Der zusätzliche 13. Monat ist der *Adar bet*, der auf den *Adar* folgt.
7. *Nissan* (März/April): Seine Bezeichnung steht dem Blumennamen *Nizan* nahe, der unter anderem im Hohenlied (Hld 2,12) erwähnt wird. In seine Zeit fällt das *Pessach*-Fest, an das sogar sein Zeichen des Widders erinnert, da auf der Feier ein Lamm geopfert wurde.
8. *Ijar* (Mai): Der Name stammt aus dem Chaldäischen, der Muttersprache der Bewohner des südwestlichen Mesopotamiens. Im Hebräischen lautet das Synonym *Siw* und bezeichnet die Strahlen der Sonne in ihrer ganzen Pracht. Damit wird der warme sonnige Frühlingsmonat in Israel gekennzeichnet. Sein Zeichen ist der Stier, da in diesem Monat die Rinder zum letzten Mal frisches Gras fressen können.
9. *Siwan* (Juni/Juli): In diesem Monat findet die *Schawuot*-Feier am 50. Tag nach dem zweiten *Pessach*-Tag statt. Das Zeichen der Zwillinge lehnt sich an die Brüder Mosche und Aaron an, die gemeinsam während der 40 Wüstenjahre das jüdische Volk in der *Tora* unterrichtet haben. Gleichzeitig verdeutlicht es auch die Freundschaft und Liebe zwischen allen Menschen (»Freundschaftsmonat«).
10. *Tamus* (Juli/August): Der Name ist nach dem Propheten Ezechiel von einer Götzin abgeleitet. Sein Zeichen, der Krebs, verweist auf die vielen Gefahren, die dieser Monat für die Menschen birgt. Er vermittelt negative Stimmungen. Keine Feiertage bereichern den Monat. Dagegen wird ein Trauertag, der 17. *Tamus*, in der Zeit begangen.

11. *Aw* (August): Sein Zeichen ist der Löwe. Der Monat beginnt mit neun den Menschen gefährdenden Tagen, an deren Ende, dem *neunten Aw*, der Zerstörung der beiden Tempel gedacht wird. Durch den Monatsnamen weist man auf die zwei Herrschaften, unter denen die Zerstörung vollzogen wurde, hin, da das *Aleph* für *Edom*/Rom steht und das *Bet* für *Bawel*/Babylonien. Der Monat wird auch *Menachem Aw*, der »tröstende *Aw*«, genannt. Am 15. des Monats wird ein Freudentag begangen. An diesem Tag ziehen alle Mädchen nach talmudischer Tradition in weißen Kleidern zum Meer oder in die Weinberge und tanzen die ganze Nacht hindurch, bis sie einen Mann gefunden haben.[4]
12. *Elul* (August/September): In dem Monat mit dem Zeichen der Jungfrau besinnt sich die nach Jeremias (Jer 31,21) bezeichnete »junge Frau Israel« auf das vergangene Jahr, bittet Gott um Vergebung und kehrt damit wieder zu ihm zurück. Die vier Buchstaben des Namens sind die Anfangsbuchstaben des Satzes *Ani ledodi wedodi li* – »Ich bin für meinen Freund und mein Freund ist für mich da.«, mit dem man seine Versöhnung auch mit seinen Mitmenschen unterstreicht und betont: wenn man jemandem etwas Gutes tut, wird einem auch selber Gutes zugefügt. Es finden keine Feier- oder Trauertage statt, aber die Zeit ist von der Vorbereitung auf das kommende Jahr und der Versöhnung mit Gott und den Mitmenschen geprägt.

Der Baal Schem Tow[5] erklärte, daß wir während der Feste des Monats *Tischri* Gott mit unserem ganzen Körper dienen. An *Rosch Haschana* dienen wir ihm mit dem Gehirn, denn es ist das Fest der Erinnerung, und das Gedächtnis befindet sich im Gehirn. An *Jom Kippur* erweisen wir unsere Dienste durch das Herz, denn das Fasten schwächt vor allem das Herz. An *Sukkot* dienen wir Gott mit unseren Händen, denn wir schütteln die vier Arten[6] mit unseren Händen, und an *Simchat Tora* dienen wir Gott mit unseren Füßen, angesichts der Tatsache, daß wir in feierlicher Prozession um die *Tora* herumtanzen.

Die Feiertage folgen einer festen Ordnung im Kalenderjahr:

Tischri:

1./2.	*Rosch Haschana*: Neujahr
3.	*Zom Gedalja*: Fastentag in Erinnerung an den ermordeten Gedalja

4. Siehe weiter in Kapitel zum 15. *Aw*.
5. Reb Israel ben Elieser (1700-1760) war der Gründer der chassidischen Bewegung in seinem 40. Lebensjahr. Er wurde als der »Baal Schem Tow« bezeichnet, was »der Inhaber des guten Namens« bedeutet.
6. Siehe Kapitel über *Sukkot*.

10.	*Jom Kippur*: Versöhnungstag
15.-21.	*Sukkot*: Laubhüttenfest
22./23.	*Schmini Azeret* und *Simchat Tora*: *Tora*fest/ Freude über die *Tora*

Kislew/Tewet:

25. *Kislew* bis 3. *Tewet*	*Chanukka*: Wiedereinweihung (des Tempels)
10. *Tewet*	Fastentag in Erinnerung an die Belagerung Jerusalems, die an diesem Tag begann

Schewat:

15.	*Tu Bischwat*: Neujahr der Bäume/ Frühlingsanfang/ Ende der Regenperiode

Adar:

13.	Fastentag von Esther
14.	*Purim*
15.	*Schuschan Purim*: *Purim*-Fest der Stadt Schuschan, in der die Geschichte von *Purim* stattfand. In Jerusalem und in Jericho wird das Fest ebenfalls an diesem Tag gefeiert.

Nissan:

14.-22.	*Pessach*: Passahfest; Feier des Auszugs aus Ägypten

Ijar:

18.	*Lag Baomer*: »33. Tag des *Omer*«

Siwan:

6./7.	*Schawuot*: Wochenfest

Tamus:

16.	Fastentag des 17. *Tamus* in Erinnerung an die erste Bresche, die an diesem Tag in die Mauern Jerusalems geschlagen wurde

Aw:

9.	Fastentag des 9. *Aw* in Erinnerung an die Zerstörung beider Tempel
15.	*15. Aw*: »Freudentag«

Der Segensspruch über die Sonne oder die Wiederholung der Schöpfung (Birkat Hachama)

Es handelt sich um einen der seltensten Riten des Judentums, der nur alle 28 Jahre an einem Mittwochmorgen im April praktiziert wird. Er erinnert an den Augenblick, da die Sonne anfing, am Himmelsgewölbe zu scheinen, als die Welt geschaffen wurde. Mit diesem Ritus bestätigt der Mensch, daß das Universum einen Sinn hat, eine Dynamik, ein Ziel und einen Zweck jenseits der Schöpfung. Zum letzten Mal fand er am 8. April 1981 statt und ereignet sich wieder im April des Jahres 2008.

Wir lesen in der *Tora*, in Genesis 1,16-23, daß Gott am vierten Tag die Sonne und alle Gestirne schuf und die Sonne der Mittelpunkt unseres Sonnensystems wurde.

Die Tradition lehrt uns, daß das Erscheinen der Sonne am Himmelsgewölbe mit dem Monat *Nissan* verknüpft ist, dem Monat des *Pessach*-Festes und des Frühlings. Nach allen Umlaufbewegungen des Mondes um die Erde, der Erde um die Sonne und der periodischen Addition eines dreizehnten Monats befindet sich die Sonne alle 28 Jahre an einem Mittwochmorgen im April bzw. im *Nissan* an derselben Stelle wie während der Schöpfung, nämlich über Jerusalem.

Am vierten Tag rezitieren die Leviten des Tempels Psalm 94: *Kel nekamot Haschem* – »*Haschem* ist ein rächender Gott«, und im *Talmud*, Traktat Rosch Haschana 31a, heißt es: »Denn Er hat die Sonne und den Mond am vierten Tag geschaffen, und Er wird sich an ihren Anbetern rächen«. In der Tat sollen wir mit den Geboten, den Mond zu heiligen – *Kiddusch halewana* – und die Sonne zu segnen – *Birkat Hachama*, dem Schöpfer huldigen, aber wir müssen uns davor hüten, in die Falle der Idolatrie zu geraten und den Gestirnen zu huldigen. In dieser Hinsicht lehrt uns der *Talmud*, Traktat Nedarim 8b: »Es gibt kein *Gehinom* – »Hölle« in der zukünftigen Welt; aber Gott wird nach der Auferstehung der Toten die Sonne aus ihrer Umlaufbahn nehmen, und sie wird den Gerechten Balsam sein, und die Sünder werden bestraft werden.« Ihre Laster werden vor der ganzen Menschheit dem Licht des Tages ausgesetzt sein.

Unsere Weisen haben uns gelehrt: Wer die Sonne in ihrem Zeitraum sieht (gegenüber Jerusalem alle 28 Jahre), den Mond in seiner Herrlickeit, die Planeten auf ihrer Bahn, die Sternzeichen in ihrer zodiakalen Ordnung, soll den Segensspruch sagen: »*Baruch osse bereschit*« – »Gesegnet sei, der die Handlungen der Schöpfung wiederholt.« Es handelt sich also tatsächlich um ein Fortschreiten und eine Kontinuität in der Schöpfung. Unsere Ethik lehrt uns, daß Gott das Universum nicht einfach aus dem Nichts geschaffen hat, sondern daß Er »in Seiner Güte jeden Tag fortwährend die Werke der Schöpfung wiederholt«.

Der Begriff *tamid* – »fortwährend« verweist uns auf die messianische Zeit und die Errichtung des dritten Tempels, die dem inneren Zweck der Heiligung der

Sonne entspricht. Gott hat bei der Schöpfung der Welt den Menschen geschaffen, damit dieser Sein Werk weiterführt und es heiligt.

In jedem Augenblick, an jedem Tag haben wir die Möglichkeit, jeden Gegenstand der Schöpfung zu heiligen, jedoch sind manche Augenblicke günstiger als andere.

Wenn ein neuer Zyklus beginnt, erinnert man sich an den ursprünglichen Zyklus und an die Gründe seiner Erschaffung. Alle 28 Jahre »kehrt die Sonne nach Hause zurück«, zu dem Augenblick, da Gott sagte: »Es seien Lichter« – das heißt zum vierten Tag der Schöpfung.

Für uns, die wir von der Sonne abhängen, um Licht, Energie und Leben zu erhalten, ist das der Augenblick, da wir über diesen Feuerball hinausblicken und Den wahrnehmen müssen, der unsere Galaxie unter Millionen anderer gewählt hat, unsere Sonne unter Milliarden anderer, unseren Planeten unter den neun Planeten des Sonnensystems, unseren Patriarchen Awraham unter den Weisen der Nationen zur Zeit Nimrods[7], und der gesagt hat: »Ich habe Israel gewählt, damit es Meine *Tora* empfange und Meine Gebote einhalte und Mein Universum zu dem mache, was Ich wünschte.«

Es ist auch der Augenblick, da wir, wenn wir die Sonne anblicken, eine Sonne von Wahrheit und Klarheit erstreben, die scheinen wird, sobald Frieden auf der Welt herrscht und die ganze Menschheit Israel folgt, das sich im Zenit geistiger Erfüllung befinden wird.

Es ist auch der Augenblick, da wir beim Anblick der Sonne sagen: »Gesegnet seist Du, *Haschem*, unser Gott, König des Universums, Der die Handlungen der Schöpfung wiederholt.«

Die Heiligung des Mondes

Der *Talmud*, Traktat Sanhedrin 42a, vermittelt die Lehre von Rabbi Jochanan, der sagte, daß derjenige, der den Neumond in der passenden Zeit segnet, angesehen wird, als ob er persönlich die göttliche Gegenwart begrüßt.

Indem man den Mond heiligt, kennt man die Existenz Gottes anhand seiner Werke an. Es ist leicht zu verstehen, daß dieses Gebot von sehr großer Wichtigkeit ist, auch wenn das Ritual, das daran gebunden ist, sehr wenig Zeit einnimmt, sein Zeitpunkt schwankend ist und dieses Gebot leicht einzuhalten ist.

Die Geschichte des jüdischen Volkes ähnelt dem Mondzyklus: genau wie der Mond wieder erscheint nach einer Zeit des Abnehmens und des beinahen Verschwindens, genauso wird der Niedergang des jüdischen Volkes aufhören, und das jüdische Volk wird innerhalb der Menschheit glänzen. Der

7. Heidnischer König, der zur Zeit Abrahams in Mesopotamien lebte.

Midrasch[8] (Schemot Rabba 15) erläutert, daß, wenn das jüdische Volk die Gunst Gottes verdient, es wie der zunehmende Mond ist, und wenn es nicht verdienstvoll handelt, dann ähnelt es dem abnehmenden Mond. Man zählt 15 Generationen, seit Awraham bis zum König Salomo, während derer das jüdische Volk aufblühte, bis zum Zenit seiner Größe. Der Niedergang des jüdischen Volkes begann während der Herrschaft Salomos und endete während der Herrschaft von König Zidkijahu, als der erste Tempel zerstört wurde. Dieser Zeitraum dauerte 15 Generationen. Von Awraham bis Zidkijahu gibt es 29 Generationen, die den 29 Tagen des Mondzyklus' entsprechen.

Idealerweise wird man den Mond unter freiem Himmel mit einem *Minjan*[9] und am Ende des *Schabbats* heiligen. Man sollte den Mond zwischen dem 7. und 15. Tag nach Beginn seines Zunehmens heiligen. Die einzige Bedingung, die man nicht vernachlässigen kann, ist, daß der Mond sichtbar sein muß. Man kann den Mond im Innern einer Wohnung heiligen, falls es zu kalt ist und unter der Bedingung, daß der Mond durch das Fenster sichtbar ist. Wenn kein *Minjan* besteht, ist es erlaubt, dieses Gebet auch allein aufzusagen.

Das Ritual beginnt mit dem Psalm 148, dieser wird gefolgt von dem üblichen Segensspruch, der sich im Gebetbuch befindet und der mit den Worten endet: »Gesegnet seist Du, *Haschem*, Der die Monate erneuert.« Es folgen verschiedene Verse, die dreimal aufgesagt werden und die mit den Wünschen für ein gutes Omen enden. Man sagt dreimal: »David, König Israels, lebt und bleibt für immer.« Anschließend wünscht man drei anderen Personen: *Schalom Alechem* – »Friede sei mit euch«; darauf antworten diese drei Personen ihrerseits: *Alechem Schalom* – »Mit euch sei Friede«. Diese Versreihe endet mit: »Möge es ein gutes Zeichen und ein gutes Glück für uns und für ganz Israel geben. Amen.« – Daraufhin folgen noch die Psalmen 121, 150 und 67. Manche Gemeinden sind es gewöhnt, die Heiligung des Mondes mit dem Schlußgebet *Alenu* zu beenden. Der *Talmud*, Traktat Sanhedrin 42a, erklärt, daß die Heiligung des Mondes der Begrüßung der göttlichen Gegenwart durch das jüdische Volk entspricht und daß das jüdische Volk sich jeden Tag danach sehnt, aber daß es dankbar ist für die Gunst, die göttliche Gegenwart mindestens einmal im Monat zu begrüßen.

Der Baal Schem Tow war sehr bedrückt, denn es war der letzte Tag, an dem er den Segensspruch über die Heiligkeit des Mondes sprechen durfte, und der Himmel war von Wolken bedeckt. Er betete, daß der Himmel sich aufhelle und daß der Mond sichtbar werde, um das besagte Gebet zu sprechen. Aber die Wolken blieben dicht, und der Mond

8. Sammlung der esoterischen Auslegung der heiligen Schrift, die durch Geschichten ausgeschmückt ist.
9. Gruppe von zehn Männern über 13 Jahren, die für das gemeinsame Gebet in der Synagoge notwendig ist.

blieb unsichtbar. Mehrere Chassidim des Baal Schem Tow studierten gemeinsam, und plötzlich gerieten sie in Ekstase und begannen zu singen und zu tanzen. Sie luden also den Baal Schem Tow dazu ein, mit ihnen zu singen und zu tanzen. Als sie tanzten, kündigte jemand an, daß der Himmel sich geklärt habe und daß der Mond sichtbar sei. Alle stürzten hinaus, um das Gebet über die Heiligkeit des Mondes zu sprechen.

Der Baal Schem Tow sagte später, daß das, was er nicht erreichen konnte durch seine eifrigen Gebete, seine Chassidim, mit ihrer Freude am Singen und Tanzen verwirklichten.

Der Neumondstag (Rosch Chodesch)

Der erste Tag des Monats wird *Rosch Chodesch* gennant, was »Kopf des Monats« bedeutet. Es ist ein halber Feiertag, der in der Zeit des Tempels ein vollständiger Feiertag war. Zur damaligen Zeit wurden spezielle zusätzliche Opfer gebracht. Nach der Zerstörung des Tempels wurden diese Opfer durch Gebete ersetzt. Während der *Amida* (Achtzehnbittgebet) wird ein Abschnitt eingefügt, der mit den Worten *»Jaale Wejawo«* (Es möge aufsteigen und kommen) beginnt. In diesem Gebet bitten wir, daß Gott sich unserer erinnert, um uns Gutes und Seinen Segen zu schenken[10]. Die Psalmen 113-118 werden ebenfalls gesprochen, und ein Auszug aus der *Tora* (Num 28,1-15) wird gelesen. Weitere Einzelheiten zu den Gebeten werden in Kapitel 2 gegeben.

Kurz nachdem der Baal Schem Tow sich zu erkennen gab, wurde er von einer Rabbiner-Versammlung vorgeladen. Diese wollte wissen, was für ein Mensch dieser neue Zaddik[11] war, von dem man so viel sprach. Am Tag seiner Ankunft war ein Rosch Chodesch, und einer der Rabbiner stellte ihm eine einfache Frage: »Falls jemand am Tag von Rosch Chodesch während der Amida vergißt, den mit den Worten Jaale Wejawo (es möge aufsteigen und kommen [...]) beginnenden Abschnitt aufzusagen, muß er dann die Amida wiederholen?« Der Baal Schem Tow antwortete: »Diese Frage betrifft weder mich noch Sie, ich werde diesen Abschnitt nicht vergessen und Sie, auch wenn Sie die Amida[12] zweimal sprechen, werden den Abschnitt vergessen.« So geschah es. Am selben Tag vergaß der Fragende, den Jaale Wejawo-Abschnitt einzufügen, und als er die Amida wiederholte, vergaß er den Abschnitt auch beim zweiten Mal.

10. Diese Einfügung ist so wichtig, daß unsere Rabbinen bestimmten, daß derjenige, der diesen Abschnitt vergißt, das Hauptgebet wiederholen müßte.
11. Hebräischer Begriff für »Gerechter«. Die *chassidischen* Rabbis oder Rebbes wurden oft *Zaddik* (Gerechte) genannt.
12. Achtzehnbittgebet, siehe das Kapitel: Die Gebete.

Die Gebete

Sie war verbittert, und sie betete zu *Haschem* und weinte (...)
Channa sprach zu ihrem Herzen, nur ihre Lippen bewegten sich,
aber ihre Stimme war nicht zu hören (...)
(1. Sam 1,10-13)

Am Anfang war der Gesang

Zur Zeit Mosches und der Wüstenwanderung existierten noch keine an Gott gerichteten Gebete, sondern nur Opferungen. Erst nach der Offenbarung der *Tora* kamen Gebete auf. Nach Levitikus wurde am Morgen, Nachmittag und Abend jeweils ein Opfer zelebriert. Zusätzlich opferte man aus bestimmten Anlässen oder Gründen, so z.B. das Bitt-,Wohltätigkeits-, Sühn- und Feiertagsopfer. Die Opferstätte war der *Mischkan*[1], ein tragbares Zelt, das als »der Ort, an dem Gott wohnt« galt. Unter der Führung des Joschua opferte das Volk in Schilo, einem Heiligtum. Zur Zeit Salomos wurde der erste Tempel in Jerusalem gebaut und die *Mischkan* dorthin gebracht. Von da an wurde nur noch auf dem heiligen Altar des Tempels geopfert. Zu Ehren König Davids sollten die *Leviten* im Tempel seine Psalmen singen. Damit waren der Gesang in den Kult eingeführt und der Anfang für die Gebetstradition geschaffen. Nach der Zerstörung des ersten Tempels und im babylonischen Exil wurden keine Opferungen mehr vollzogen, da die heilige Stätte nicht mehr existierte. Als deren Ersatz wurden die Psalmgesänge fortgeführt und die ersten Gebete von Propheten verfaßt. Unter der Leitung von Esra und Nehemia kehrten die Verbannten nach dem babylonischen Exil zurück, errichteten den Tempel neu und schufen auf diese Weise wieder den Ort, an dem Opfer und Gebete dargebracht werden konnten. Die Gebete, wie

1. Heiligtum, das den während des Exodus in der Wüste gebauten tragbaren Tempel darstellt.

wir sie heute kennen, sind von den Männern des *Sanhedrin*[2] verfaßt worden und anschließend nach erneuten Verlusten und neuer Verschriftlichung niedergeschrieben worden. Im Laufe der Zeit fügten die Rabbinen weitere Gebete und Klagelieder hinzu. Es zeigt sich eine Überlieferungsgeschichte der *Tora* von Mosche, der sie von Gott am Sinai empfangen hat, über Joschua, die Ältesten, die Propheten und die Männer der großen Synode, die sie niedergeschrieben haben, so daß sie uns heute erhalten ist. Trotzdem kann man nicht ausschließen, daß in der Zeit und während der Überlieferung immer wieder Stücke verlorengegangen sind, die man versucht hat zur Zeit der großen Synagoge zu rekonstruieren.

Nach dem Schöpfungsbericht in Genesis beginnen die jüdischen Tage alle mit dem Abend, so daß auch die Feiertage am Vorabend anfangen und das erste Gebet des Tages das Abendgebet ist.

Der Tradition nach richtete Awraham das erste Morgengebet ein, Jizchak das erste Nachmittag- und Jaakow das erste Abendgebet, auch wenn sie sie noch ungegliedert formulierten. Der Form nach wurden sie als Dankgebete gehalten.

Die Gebetsriemen (Tefillin)

Die *Tefillin* sind zwei Kästchen aus Leder, in die man Pergamente mit Auszügen aus der *Tora* gelegt hat und die durch Lederriemen verlängert werden. Diese *Tefillin* werden auf deutsch Gebetsriemen genannt und werden für das Morgengebet von den erwachsenen (älter als 13 Jahre) Männern jeden Tag angelegt mit Ausnahme an *Schabbat* und den Festtagen. Ein *Tefillin* wird um den linken Arm gewickelt und der zweite um den Kopf: Die *Tefillin* stellen die unsichtbare Verbindung zwischen dem Menschen und Gott dar. Sie werden auch »Bundeszeichen« gennant. Daher werden sie nicht am *Schabbat* angelegt, da *Schabbat* selbst eine Verbindung zwischen dem jüdischen Volk und Gott symbolisiert.

Die Tefillin von Herschel[3]
1944 war Herschel 23 Jahre alt. Er war als Zwangsarbeiter im ungarischen Munkatabor[4] tätig. Zu Beginn des Winters 1944 wurde er nach Mauthausen deportiert. In seinem

2. Rabbinerische Organisation, die als Tribunal zur Zeit der *Mischna* diente und die jüdische Jurisprudenz erarbeitete.
3. Es handelt sich um eine wahre Geschichte, die vom Vater des Autors erlebt worden ist.
4. Ungarisches Wort für Zwangsarbeitslager.

Rucksack befanden sich, neben einigen persönlichen Sachen und Lebensmitteln für drei Tage, sein Gebetbuch und seine Tefillin. Als er an der Grenze zwischen Ungarn und Österreich ankam, leerten zwei SS-Offiziere seinen Rucksack. Dabei fragte einer der beiden Offiziere, was das für Dinge in dem Rucksack seien. Herschel erklärte ihnen, was Gebetsriemen seien und daß er sie jeden Tag zum Gebet anlege. Der eine Offizier sagte zum anderen: »Laß ihm seine Sachen. Wenn er jeden Tag betet, ist er ganz sicher kein Kommunist.«

Der Gebetsaufbau

Schema Israel

Weil von dem Gebet in der *Tora* gesagt wird: »Sprich von ihnen (...), wenn du dich niederlegst und wenn du aufstehst (...)«, wird das *Schema* sowohl am Abend wie auch am Morgen gesprochen. Es ist das »Credo« des jüdischen Volkes.

Das Achtzehnbittgebet (Amida/Schmone Esre)

Das Achtzehnbittgebet wird von der Gemeinde im Stehen gebetet. Seinem Namen nicht ganz entsprechend enthält es 19 Bitten: Zu Beginn und am Ende befinden sich jeweils drei Bitten, zwischen denen am Wochentag dreizehn weitere gesprochen werden.

1. *Awot* (»Vorfahren«): »Gelobt seist Du, Ewiger, unser Gott und Gott unserer Väter, Gott Awrahams, Gott Isaaks und Gott Jaakows (...)«
2. *Gwurot*: Macht Gottes
3. *K'duschat haschem*: Heiligkeit des Namen Gottes
   Die vom Vorbeter gesprochenen Bitten werden von der Gemeinde, die mindestens aus zehn Männern bestehen muß, laut wiederholt. Sie stehen auf Zehenspitzen, während sie im Anschluß an die ersten drei Bitten das »Echo der Engel« singen: »Heilig, heilig, heilig ist der Ewige. Erfüllt ist die ganze Erde von Seiner Herrlichkeit.« Damit verdeutlichen sie das Ziel des Menschen, so rein und sündenlos wie ein Engel zu werden.
4. *Bina*: Bitte um Intelligenz und Verstehen
5. *Teschuwa*: Bitte um Rückkehr zu Gott; sie vollzieht sich in drei Stufen: Zuerst stellt man die eigene Sünde fest und erkennt sie an, danach bedauert der Mensch sie und trägt seine Bitte zu Gott, um im dritten Schritt seine Entscheidung zu treffen und darauf aufzupassen, daß das Vergehen sich nicht wiederholt.

6. *Slicha*: Bitte um Vergebung
7. *Ge'ula*: Bitte um Erlösung
8. *Refua*: Bitte um Gesundheit und Besserung
9. *Birkat Haschanim*: Gebet für ein reiches Jahr
10. *Kibuz Galujot*: Bitte um das Zusammen- und Nach-Hause-Bringen der verbannten Juden
11. *Din*: Bitte um Gerechtigkeit, die das Gericht und die damit verbundene Gerechtigkeit, selbst gerichtet zu werden, einschließt
12. *Birkat Haminim*: zusätzlich eingefügte Bitte, vor der Irrlehre bewahrt zu werden und daß den Verleumdern keine Hoffnung gegeben sei
13. *Zaddikim*: Bitte für gerechte Menschen im Volk
14. *Binjan Jeruschalajim*: Bitte um den Wiederaufbau Jerusalems
15. *Malchut Bet David*: Bitte um die Wiederaufrichtung des Königreiches Davids in Jerusalem
16. *Kabalat Tefila*: Bitte um die Annahme der Gebete und ihrer Gewährung
17. *Awoda*: Bitte für den Dienst im Tempel; Hoffnung auf das Kommen des Messias und auf den Wiederaufbau und die Wiedereinweihung des Tempels
18. *Hodaa*: Dankgebet für Gottes Güte und seine Wunder
19. *Schalom*: Bitte um Frieden auf der Welt und Segen für das Volk Israel

Die *Amida* wird jeweils in den drei täglichen Gebeten am Morgen, Nachmittag und Abend von den Juden gebetet.

Der Morgengottesdienst wird *Schacharit* gennant, der des Nachmittags *Mincha* und der am Abend *Arwit* oder *Maariw*.

Der Name *Arwit* bzw. *Maariw* wird aus dem Wort »*Erew*« entlehnt, was Abend oder Vorabend bedeutet. *Schacharit* stammt von dem hebräischen Wort für Morgen »*Schachar*«, während *Mincha* »freiwilliges Opfer« bedeutet. Dieses freiwillige Opfer fand am Nachmittag statt und wird durch Gebete desselben Namens ersetzt. An Neumondstagen, *Schabbat* und Feiertagen wird ein zusätzliches Gebet gespochen anstelle der zusätzlichen Opfer, die zur Zeit der Tempel gebracht wurden. Dieses wird als *Mussaf* bezeichnet, was »Zusatz« bedeutet.

Die Entstehung der Gebetbücher

Das jüdische Wochengebetbuch stimmt praktisch zu 99% auf der ganzen Welt überein, obwohl es unterschiedliche Entwicklungen, Schulen und Strömungen gegeben hat. Die zwei unterschiedlichen Abstammungen sind die der *Aschkenas* (Althebräisch: »Deutschland«), die nach dem okzidentalen Ritus beten, und die *Sepharden* (Althebräisch: »Spanien«) der orientalischen Abstammung.

Nach der Zerstörung des zweiten Tempels 70 n.Chr. gab es große Wanderbewegungen der Juden aus Israel in alle Welt, die noch von den einsetzenden Vertreibungen durch die Inquisition verstärkt wurden. Somit entwickelten sich schon bald unterschiedliche Riten, die sich der jeweiligen Gegend entsprechend mit deren Traditionen vermischten. So entstanden die *aschkenasischen* und *sephardischen* Gebetbücher.

Ihre Unterschiede zeigen sich in zahlreichen Merkmalen, wie z.B. in dem *Kaddisch*-Gebet.

Die geschichtliche Entwicklung

Wir lernen aus den Sprüchen der Väter (*Pirkej Awot*) in der ersten *Mischna*: »Mosche empfing die *Tora* vom Sinai und übergab sie Joschua, Joschua gab sie den Ältesten, die Ältesten den Propheten und die Propheten den Männern der großen Synagoge.«

Nachdem Mosche der erste religiöse und politische Anführer des noch jungen Volkes war, wurde nach seinem Tod eine Synode von 70 Männern einberufen, die über wichtige Dinge des religiösen Lebens entschieden. Nach dem babylonischen Exil gründeten Esra und Nehemia im Anschluß an ihre Rückführung der Verbannten nach Jerusalem ein neues Gerichtshaus, das *Sanhedrin*, das das geistige Zentrum des jüdischen Volkes bildete. Es setzte sich aus 120 Mitgliedern zusammen, die wichtige Entscheidungen für das Volk trafen.

Aufgrund der Zerstörung des zweiten Tempels 70 n.Chr., der damit verbundenen Besetzung Jerusalems und dem Verbot der Religionsausübung durch die Römer verlegte sich das religiöse Zentrum zunehmend nach Jawne.

Nach dem markanten Einschnitt in der jüdischen Geschichte konnte sich kein Zentrum lange halten. Das geistliche Zentrum wanderte mit den großen Wanderbewegungen zuerst nach Babylonien, anschließend nach Spanien und Deutschland. In dieser Epoche der *Gaonin*, die bis zum Beginn der ersten Kreuzfahrten um 1040 n.Chr. reichte, wurden die ersten Gebetbücher für die in der Diaspora lebenden Juden entwickelt.

Das *Schema Israel* ist das Credo des jüdischen Volkes, die Basis der *Tora* und der Lebensverhältnisse. Das *Schmone Esre* wurde von Esra zur Zeit des Tempelbaus verfaßt. Es umfaßt alle wichtigen allgemeingültigen Bitten.

In dieser Zeit waren nur die Morgen- und Nachmittagsgebete festgeschrieben, da sie sich nach dem Opferkult im Tempel richteten: Das am Nachmittag dargebrachte Opfer brannte die Nacht durch bis zum nächsten Morgen. Dagegen wurde das Abendgebet noch freiwillig gehalten, bis es unter Rabbi Gamliel als verpflichtend eingeführt wurde. Raw Amram Gaon verfaßte 1040 n. Chr. das erste Gebetbuch, dem er einen besonderen Aufbau gab:

- Morgengebet
- Psalmen
- *Schema*
- Psalm 145, in dem man um die Segnung einer guten Arbeit bittet, damit man einen guten Lebensunterhalt bekommt. Man soll es mehrmals am Tag vortragen, weil Gott nach der Tradition mit seinem Volk den speziellen Bund geschlossen hat, daß Er den Betenden um so mehr hilft, je häufiger sie das Gebet sprechen.

Zwischen Ende des 16. und Anfang des 17. Jahrhunderts vollendete Rabbi Nehorai die letzte Version des *Siddur*, das als »modernes Gebetbuch« bis heute gültig ist. Der Aufbau der Gebete, wie sie schon Raw Amram Gaon eingeführt hat, ist sehr wichtig, da er eine Reihenfolge der Elemente vorschreibt: Jeden Morgen geht man zu Gott als dem »König der Könige«, lobt Ihn in Gesängen, um Ihn gnädig zu stimmen, und spricht das *Schema*, mit der Folge, daß Er danach bereit ist, die 19 Bitten zu erfüllen.

Diese spezielle Ordnung der täglichen Gebete ist der Inhalt des *Siddur* (von *Seder* – »Ordnung«). Der *Machsor* (»zurückkommender Zeitraum«) dagegen ist das Gebetbuch für jeden einzelnen Feiertag.

Im Hebräischen heißt das Gebet *Tefila*, dessen Verb *lehitpalel* heißt, das auch die Bedeutung »sich richten, sich beurteilen« besitzt. Seine Herkunft von dem Stamm *palol* – »unterscheiden, klarmachen, entscheiden« deutet ebenfalls auf das Geschehen, das sich im Gebet vollzieht: Der sich an Gott Wendende richtet seinen Blick auf sich selber, um seine eigenen Handlungen und seine Seele zu beurteilen. Gott braucht dies nicht dargestellt zu werden, da Er alle unsere Wünsche und Nöte besser kennt als wir selber. In dem Gebet geht es letztlich nicht darum, Gott mitzuteilen, sondern unsere Bitten auf ein geistig höheres Niveau zu heben, damit Gott sieht, daß wir Seine Segnung auch verdienen. Gleichzeitig grenzen wir uns dadurch von den anderen Menschen ab.

Als höchstes Gebet des Tages gilt das *Schmone Esre*, das im Unterschied zu allen anderen Gebeten leise gesprochen wird, weil es ein »intimes Gebet« zu Gott ist, das »von Herz zu Herz« geht. Dies war bei dem Gebet von Channa der Fall, als sie, wie es in 1. Sam 1,13 geschildert ist, zu Gott leise betete. Seine größte Intensität besitzt das Gebet, wenn es mit lautlos bewegten Lippen unter Tränen vollzogen wird. Nach einem Spruch der Rabbiner hat derjenige, der »dreimal am Tag das *Schmone Esre* betet, seinen Platz im Himmel sicher«.

Das Beten vor dem Beten

Ein Chassid fragte Reb Chajim von Zanz: »Was tut der Rebbe vor dem Beten?« Letzterer antwortete ihm: »Ich bete, um fähig zu sein, richtig zu beten.«

Einswerden mit den Kindern Israels
Reb Jechiel Michel von Zlotschow sprach vor dem Gebet gern folgende Weisheit: »Ich will einswerden mit allen Kindern Israels, mit denen, die mehr sind als ich und mit denen, die weniger sind als ich. Für die, die mehr sind als ich, wünsche ich mir, daß durch sie mein Gebet emporgetragen werde. Für die, die weniger sind als ich, wünsche ich mir, daß durch mich ihr Gebet erhöht werde.«

Gebet bei der Arbeit[5]
Reb Levi Jizchak von Berditschew sah eines Tages einen Kutscher im *Tallit* und mit den Tefillin, als er gerade dabei war zu beten, während er die Räder seiner Kutsche ölte. Der Berditschewer Zaddik wandte sich an Gott und sagte: »Sieh, wie heilig es ist, Dein Volk! Sogar wenn ein Chassid die Räder einer Karosse ölt, betet er zu Dir im Tallit und mit Gebetsriemen.«

Das von Herzen kommende Gebet
Der Baal Schem Tow hatte die Angewohnheit zu sagen: »Wenn ein Gebet von Herzen kommt, steigt es zum Himmel auf und zerreißt das Firmament, auch wenn derjenige, der betet, nicht seinen Sinn versteht.«

Langes Gebet wegen Halbherzigkeit
Reb Ouri von Strelisk machte in einer Stadt halt und begab sich in die *Synagoge*. Dort betete er lange, und die Gemeinde mußte warten, bevor mit dem Achtzehnbittgebet begonnen werden konnte. Der Rabbi der Stadt sagte zu Reb Ouri: »Wir lesen im Talmud (Traktat Berachot 31a), daß Rabbi Akiwa, als er mit der Gemeinde betete, die Angewohnheit hatte, schnell zu beten, aber daß er, wenn er allein war, lange betete. »Warum zwingst du die Gemeinde zu warten?« Der Rebbe von Strelisk antwortete: »Der Talmud sagt noch etwas anderes: Als Rabbi Akiwa spürte, daß die Gemeindemitglieder mit ihm beteten, mit der gleichen Intensität und dem gleichen Eifer, so betete er schnell. Aber als er allein betete und gewahr wurde, daß die Gemeindemitglieder nur mit halbem Herzen beteten, mußte er lange beten, um auch ihre Gebete annehmbar zu machen.«

Gebet für ein Glas Wodka
Reb Jaakow Jitzchak von Pschys'cha, der sogenannte heilige Jude, wurde schwer krank, und seine Chassidim gaben ihm einen Monat Abstinenz von jeglichen alkoholischen Getränken und einen Monat Beten für seine Heilung auf .
Ein Bauer kam in die Stadt und ging in das gewohnte Gasthaus, um einige Gläser Wodka zu sich zu nehmen. Der Gastwirt warnte ihn, daß sie sich an einem Tag abso-

5. Diese Geschichte wird auch Reb Mosche Leib von Sassow zugeschrieben.

luter Abstinenz befanden und daß es ganz und gar verboten sei, Alkohol zu trinken. Der Bauer begab sich also zur Synagoge und betete mit all seiner Kraft: »Gott, heile den heiligen Rebbe, damit ich wieder meinen Wodka trinken kann.« Kurz darauf begann Reb Jaakow Jitzchak, sich besser zu fühlen und sagte: »Das Gebet dieses Bauern war aufrichtiger als all eure flehentlichen Bitten; diesem Gebet verdanke ich meine sofortige Heilung.«

Brabbeln wie ein Baby

Reb Levi Jizchak von Berditschew hörte einmal eine Person in der Synagoge, die die Gebete so schnell aufsagte, daß die Worte unverständlich waren. Er näherte sich dem Chassid und brabbelte einige unverständliche Silben vor sich hin. Der Chassid bat ihn, das Gesagte zu wiederholen. Reb Levi Jitzchak brabbelte wieder einige unverständliche Silben. Daraufhin sagte ihm der Mann: »Ich weiß überhaupt nicht, was Sie mir sagen wollen.« Daraufhin sagte Reb Levi Jizchak ihm: »Aber genauso sagst du die Gebete auf. Du liest so schnell, daß du die Worte verbindest, so daß sie unverständlich werden. Du mußt deutlich zu Gott sprechen, genauso wie du von mir erwartest, daß ich deutlich mit dir spreche.« Der Chassid antwortete ihm: »Aber das ist überhaupt nicht nötig. Bevor ein Säugling mit dem Sprechen anfängt, spricht er Worte aus, die für jedermann unverständlich sind, außer für die Eltern. Dennoch verstehen die Eltern ihr Kind. Sie wissen, wann es trinken will, wann es essen will und ob es spielen will. Gott ist unser Vater, und Er versteht ganz genau, was ich ihm sage, auch, wenn es für sie Gebrabbel zu sein scheint.«

Schabbat

Der Heilige, Er sei gesegnet, sagte Mosche:
»Ich habe ein wunderbares Geschenk in Meiner Schatzkammer;
sein Name ist *Schabbat.*
Ich möchte es dem jüdischen Volk geben;
geh und kündige es ihnen an.«
(Traktat Schabbat 10b)

Der heilige Tag

Der allwöchentliche Tag der *Schabbat*-Ruhe ist ein einzigartiger Begriff im Judentum. Kein anderer für die Juden heiliger Tag wird in den zehn Geboten erwähnt. Der *Schabbat* vollendet den Schöpfungsprozeß: »In sechs Tagen schuf Gott Himmel und Erde (...), und am siebten Tag ruhte Er sich aus und erholte sich.« (Exodus 20,2)

Nach dem Auszug aus Ägypten, aus der langjährigen Sklaverei, verkörperte *Schabbat* außerdem soziale Gerechtigkeit. Es ist ein Ruhetag für alle, unabhängig von ihrer gesellschaftlichen Stellung, sogar für einen Sklaven oder Fremdling.

Als die Söhne Israels in die Sinaiwüste eintraten, schickte Gott ihnen Himmelsmanna, aus dem man Fladenbrot zubereiten konnte. Jeden Tag sammelten die Söhne Israels das Himmelsmanna, um es am gleichen Tag zu essen. Am sechsten Tag aber befahl Mosche, doppelt so viel Manna wie sonst zu sammeln, damit es für zwei Tage reiche, weil der siebte Tag ein Ruhetag sein soll, ein *Schabbat* der Erholung, der Gott gewidmet ist. Ganz besonders hat Gott auf die Vorlage des Mannas geachtet: Es fiel nicht auf die Erde, sondern auf eine Tauschicht und anschließend bedeckte es eine weitere Schicht aus Tau. So blieb es sauber und frisch bis zu dem Augenblick, da es aufgehoben wurde. In Erinnerung an diese Vorlage legen wir die *Schabbat*-Brote zwischen die Tischdecke und ein weiteres Deckchen.

Die Herrin des Hauses zündet vor dem Eintritt des *Schabbat* zwei Kerzen an. Auf dem Tisch liegen zwei Brotlaibe, die zwei Portionen Himmelsmanna symbolisieren.

Während des Mahls werden traditionelle Lieder, die den *Schabbat* preisen, gesungen.

Die 39 verbotenen Arbeiten

Auf dem Vers »du wirst keine Arbeit verrichten« (Ex 20,10) basierend haben unsere Weisen eine Liste von 39 Hauptarbeiten erstellt, die in dem Traktat Schabbat des *Talmud* an verschiedenen Stellen gelehrt und entwickelt werden. Sie sind jene Arbeiten, die beim Organisieren des Baues der Stiftshütte notwendig waren; sie wurden *Awot* – »die Väter« oder »die Ur-Arbeiten« genannt. Es gibt andere Arbeiten, die ihnen ähnlich sind und *Toladot* (»die Nachkommen« oder »die abgeleiteten Arbeiten«) heißen. Das Prinzip des Verbots ist für beide Arten gleich.

Beispiele für Ur-Arbeiten und für ihre Ableitungen: 1. »Mähen« hat als Ableitungen »Geflügel rupfen« oder auch »Nägel schneiden«; 2. »Waschen« hat als Ableitungen »ein schmutziges Wäschestück spülen, schleudern oder reiben«; etc.

Diese 39 Arbeiten und ihre Ableitungen wurden im *Talmud* und anderen Werken rabbinischer Weisheitsbefugnis' entwickelt, einige wurden schon in der *Tora* erwähnt, wie »pflügen« und »ernten« (Ex 34,21), »backen« in bezug auf das Manna (Ex 16,23) oder auch »Feuer anzünden« (Ex 35,3).

Es ist interessant anzumerken, daß die *Tora* für die verbotenen Arbeiten den Begriff *Melacha* gebraucht, der eine schöpferische, körperliche Aktivität charakterisiert im Unterschied zu *Awoda*, der für eine körperliche Arbeit ohne den Aspekt des Schöpferischen steht. Das bedeutet, daß die verschiedenen, während des *Schabbats* verbotenen Arbeiten nicht unbedingt auf körperlicher Anstrengung basieren; es handelt sich eher um ganz genau definierte Taten.

Maimonides zählt in seinem Werk über die Gesetze des *Schabbats* (Kap.7, §5) die 39 Hauptarbeiten, die am *Schabbat* verboten sind, in folgender Anordnung auf:

1. pflügen; 2. säen; 3. ernten; 4. Getreide zu Garben binden; 5. Korn dreschen; 6. Korn schwingen; 7. auslesen; 8. sieben; 9. mahlen; 10. kneten; 11. backen (kochen, braten); 12. mähen; 13. bleichen oder waschen; 14. (Wolle) kämmen; 15. färben; 16. (Wolle) spinnen; 17. Schleifen oder Schlingen machen; 18. Fäden spannen; 19. Fäden flechten; 20. Knoten öffnen; 21. binden; 22. aufknoten oder losbinden; 23. nähen; 24. zerreißen; 25. bauen; 26. niederreißen; 27. einen letzten Hammerschlag ausführen; 28. (Tiere) einfangen; 29. töten oder schächten; 30. enthäuten; 31. gerben; 32. glätten; 33. schneiden; 34. schreiben; 35. (etwas Ge-

schriebenes) ausradieren oder auslöschen; 36. Furchen ziehen; 37. Feuer anzünden; 38. Feuer ausmachen; 39. transportieren.[1]

Alle *Schabbat*-Verbote verlieren ihre Kraft, wenn es um die Rettung eines Menschenlebens geht.

In unserer Zeit würden also solche Tätigkeiten wie Ein- und Ausschalten der Elektrogeräte, Autofahren, Telefonieren, Ein- und Ausschalten des Fernsehers als ein Verstoß gegen die Gesetze des *Schabbat* gelten, weil sie mit den 39 Verboten des jüdischen Gesetzes verbunden sind. Allerdings ist es erlaubt, unterschiedliche technische Neuerungen, wie automatische Lichtschalter, zu benutzen, vorausgesetzt daß man noch vor dem Eintritt des *Schabbat* die Zeit des Ein- und Ausschaltens eingibt. Außerdem ist es verboten, am *Schabbat* zu rauchen. Hier geht es nicht um eine Arbeit, sondern um das Verbot, an diesem Tag Feuer zu machen und zu benutzen.

Es war an einem Freitagabend, als Reb Levi-Jizchak von Berditschew sich in die Synagoge begab und einen jungen emanzipierten Juden traf, als dieser gerade seine Pfeife rauchte. Der Rebbe hielt an und sagte ihm: »Hast du vergessen, daß heute Schabbat ist?« »Nein«, antwortete der junge Mann. Der Rebbe sprach weiter: »Du weißt vielleicht nicht, daß es an Schabbat verboten ist zu rauchen?« – »Doch«, sagte der freche junge Mann. Da richtete Reb Levi-Jizchak von Berditschew die Augen zum Himmel und wandte sich an Gott: »Hast Du gehört? Es ist sicher, daß er gegen eine gute Anzahl Deiner Gebote verstößt, aber andererseits wird ihn niemand dazu bringen, eine Lüge auszusprechen.«

Vorbereitung zum Schabbat

Üblicherweise beginnt die *Schabbat*-Vorbereitung am Freitagmorgen mit dem Kochen köstlicher Speisen, der Säuberung des Hauses, dem eigenen Baden und Schneiden der Fingernägel usw., damit wir fühlen, daß *Schabbat* ein besonderer Tag mit einer besonderen Atmosphäre ist. Man sollte schöne und feierliche Kleidung anlegen. Der Tisch wird mit einer festlichen Tischdecke und schönem Porzellan und Besteck gedeckt. In der Mitte des *Schabbat*-Tisches thront ein Leuchter mit mindestens zwei Kerzen, die am Beginn des *Schabbats* von der Hausherrin angezündet werden. Dabei spricht sie folgenden Segensspruch:

»Gelobt seist Du, *Haschem*, unser Gott, König der Welt, der Du uns durch Deine Gebote geheiligt und uns befohlen hast, das heilige *Schabbat*-Licht zu entzünden.«

1. Um mehr Einzelheiten hinsichtlich dieser 39 Hauptarbeiten und ihrer Ableitungen zu erfahren, rät der Autor den Lesern und Leserinnen, sich auf die zahlreichen Bücher zu beziehen, die über den *Schabbat* geschrieben wurden.

Der *Midrasch* erzählt (Bereschit Rabba 17), daß Eva durch ihre Sünde im Garten Eden das Licht der Welt ausgelöscht hat. Deshalb müssen die Frauen Evas Verfehlung wiedergutmachen und dieses Weltlicht durch die *Schabbat*-Kerzen anzünden. Durch das Verdienst dieser *Mizwa* wird die jüdische Frau, die jeden Freitag regelmäßig die *Schabbat*-Kerzen ansteckt, gelehrte und fromme Kinder haben, um deretwillen sie jede Woche beim Entzünden betet. In manchen Gemeinden, besonders bei den *Chassidim* von Lubawitsch, ist es üblich, daß junge Mädchen ihre eigenen Kerzen vor dem Entzünden ihrer Mütter anstecken. Diese Tradition wurde von dem letzten Lubawitscher Rebbe, Reb Menachem Mendel Schneeurson *Sazal*[2], betont empfohlen.

Die zwei Kerzen symbolisieren die zwei Aussprachen in den zehn Geboten »*sachor* – erinnere« und »*schamor* – hüte«, die von Gott am Sinai jedesmal während der Nennung der Zehn Gebote ausgesprochen wurden. In den meisten jüdischen Siedlungen werden die Kerzen ungefähr 18 Minuten vor dem Sonnenuntergang angezündet und brennen mindestens bis nach dem *Kiddusch*[3].

Eine chassidische Geschichte:
Eine Frau, die sehr geschwollene Beine hatte und der die Ärzte nicht helfen konnten, kam zu Reb Schalom von Belz und bat ihn, für ihre Gesundheit zu beten. Da es viele Leute gab, die den Rebbe aufsuchten, ging die Frau zu der Ehefrau des Rebbe und bat diese, ihr Ersuchen beim Rebbe einzureichen. Die Ehefrau des Rebbe sagte ihr: »Zünde eine zusätzliche Kerze zu deinen Schabbat-Kerzen an, und du wirst geheilt sein.«
Einige Wochen später erzählte diese Frau Rebbe Schalom, wie sie dank der Hinweise seiner Ehefrau geheilt wurde. Der Rebbe fragte seine Frau später: »Wie bist du auf die Idee gekommen, eine zusätzliche Kerze anzünden zu lassen und daß dies sie heilen würde?« – Sie antwortete ihm, daß in den Psalmen geschrieben steht: ›Dein Tora-Wort ist ein Licht für meine Beine.‹[4] »Ich habe gedacht, daß, wenn die Tora-Worte, die ein Licht sind, heilen können, sie ein Licht dieser Heiligkeit ihren Schabbat-Kerzen hinzufügen sollte und daß dies ihre Beine heilen würde.«

»Die zusätzliche Seele« (Neschama Jetera)

Gott segnet den *Schabbat*, indem er dem Menschen eine zusätzliche Seele gibt. Sie ist eine höhere, eine vollkommene Seele, so wie es die künftige Welt ist.

2. *Sazal* ist die Abkürzung für *Secher Zaddik Liwracha* – »Das Erinnern des Gerechten sei ein Segen.«.
3. Segensspruch über den Wein, um den *Schabbat* oder einen Festtag zu heiligen.
4. Psalm 119,105.

Diese zusätzliche Seele ermutigt zur Ruhe, zur Freude und zur Entspannung, die es erlaubt, ohne Sorge und Zwang zu essen und zu trinken.

Die drei Buchstaben des Wortes ›*Schabbat*‹ bilden die ersten Buchstaben der Worte *Schäna Beschabbat Taanug* – »Während des *Schabbats* ist der Schlaf ein Genuß«.

Die zwei *Schabbat*-Kerzen symbolisieren ebenfalls die zwei Seelen, die man an *Schabbat* besitzt.

Am Ende des *Schabbats* nimmt uns Gott die zusätzliche Seele wieder ab. Während wir uns von der Seele trennen, sprechen wir einen Segen über die duftenden Kräuter.

Erew Schabbat in der Synagoge

Der Freitagabendgottesdienst in der Synagoge (oder zu Hause, wenn es keinen *Minjan* gibt) ist einer der inspirierendsten Gottesdienste unserer Liturgie. Er besteht aus zwei Elementen: zunächst aus der *Kabalat Schabbat*, dem Empfang des *Schabbats*, und zum anderen aus *Maariw*, dem Abendgottesdienst.

Üblicherweise singt der Vorbeter in den meisten Synagogen nach dem wöchentlichen *Mincha*gebet gemeinsam mit den Mitbetenden das Lied *Jedid Nefesch* – »Innigster Freund, barmherziger Vater«. Dieses Gedicht wurde von dem israelischen *Kabbalisten* Reb Elieser Asikri im 16. Jahrhundert verfaßt. Sein Thema ist die große Liebe, die ein Mensch gegenüber Gott fühlen sollte.

Der *Talmud* erklärt im Traktat Schabbat 119a, daß die religiösen Männer, wenn *Schabbat* kurz bevorstand, ihre schönsten Gewänder anzogen und zueinander sprachen: »Laßt uns hinausgehen, um die Königin *Schabbat* zu begrüßen!«

In der kabbalistischen Zeit im 16. Jahrhundert in Israel verschönerten die Rabbiner die *Kabalat Schabbat*, indem sie in die Felder gingen, um den *Schabbat* mit Lobgesang zu empfangen. So wurde die Liturgie der *Kabalat Schabbat* zum ersten Mal in ihrer modernen Fassung, die wir noch heute praktizieren, gefeiert. Zu ihrer Lesung steht der Vorbeter auf der Bühne in der Mitte der Synagoge. Anschließend kehrt er zu seinem Lesepult im vorderen Bereich der Synagoge zurück. Die *Kabalat Schabbat* besteht zunächst aus sechs Psalmen (95-99 und 29), deren Thema Gottes Herrschaft über das Universum ist. Manche Rabbiner erklären, daß sich diese sechs Psalmen auf die sechs Schöpfungstage beziehen.

Auf ihre Lesung folgt das *Lecha Dodi*, das Rabbi Schlomo Halewi Alkabez im 16. Jahrhundert in Zfad verfaßte. In dem *Schabbat*-Lied wird der *Schabbat* mit einer Braut verglichen. Wir lernen im *Midrasch*, daß jeder Tag einen Partner hat – der Sonntag den Montag, der Dienstag den Mittwoch, Donnerstag den Freitag – nur der *Schabbat* partnerlos ist. Deswegen hat Gott veranlaßt, daß das jüdische Volk die »Königin *Schabbat*« zu seiner Braut nimmt. Sie wird auch als Königin bezeichnet und Gott oder die heilige Atmosphäre, die an diesem Tag zu spüren ist, als ihr König.

Zum Singen der letzten Strophe dreht sich die Gemeinde in der Erwartung der Ankunft des *Schabbat* zur Ausgangstür der Synagoge. Früher war es Tradition, zum *Lecha Dodi* die Synagoge zu verlassen, während des Singens das Gebäude einmal zu umkreisen, um dabei den *Schabbat* wie eine richtige Königin zu empfangen. In manchen chassidischen Kreisen gibt es den Brauch, daß die *Chassidim*, während des Singens der letzten Strophe von *Lecha Dodi*, um die *Bima*[5] im Kreis tanzen.

Da dieser Gottesdienstteil einen sehr fröhlichen Moment darstellt, werden die Trauernden erst nach dem feierlichen und freudigen *Lecha Dodi* zu ihrem ersten Trauer-*Schabbat* in der Synagoge mit folgenden Worten begrüßt:

»Möge der Allgegenwärtige sie mit allen, die um Zion und Jerusalem trauern, trösten.«

Im Anschluß daran folgen die Psalmen 92 und 93. Sie beziehen sich nicht nur auf jeden *Schabbat*, sondern auch auf den ewigen *Schabbat* der messianischen Zeit.

Wenn ein Feiertag auf einen Freitag oder *Schabbat* fällt, wird die *Kabalat Schabbat* auf die Psalmen 92 und 93 gekürzt. In anderen Gemeinden wird mit dem Psalm 29 begonnen und mit einer verkürzten Fassung des *Lecha Dodi* fortgefahren, auf die dann die Psalmen 92 und 93 folgen.

Anschließend ruft der Vorbeter alle Teilnehmenden mit den Worten: »Preist *Haschem*, den Gepriesenen!« zum Gebet. Darauf antworten alle Anwesenden: »Gepriesen sei *Haschem*, der Gepriesene, für immer und ewig!«

Anschließend liest man das Abendgebet.

Direkt vor der *Amida* steht die gesamte Gemeinde auf und spricht aus Exodus 37 die Verse 16 und 17, das Kapitel *Weschamru*. Es bestätigt den speziellen Bund zwischen Gott und dem jüdischen Volk, da *Haschem* die Welt in sechs Tagen geschaffen hat, am siebten Tag aber ruhte.

Erew Schabbat zu Hause

»Friede mit euch!« (Schalom alechem)

Zum Ursprung:
Für jede Person sind bei jeder *Mizwa*, der sie auf dem Weg begegnet, von Gott zwei Engel angestellt. Der eine, der gute Engel, ist ihr Verteidiger im göttlichen Gericht, wenn sie die *Mizwa* erfüllen wird, der andere, der schlechte Engel, ist als Ankläger in Gottes Gericht tätig, wenn die göttliche *Mizwa* nicht erfüllt ist.

5. Estrade mit Lesepult in der Mitte der Synagoge.

Rabbi Josse, der Sohn Jehudas, lehrt im *Talmud*, Traktat Schabbat 119a, daß jeder Mensch von zwei Engeln am Vorabend des *Schabbat* von der Synagoge nach Hause begleitet wird, jeweils ein guter und ein schlechter Engel.

Wenn jemand, begleitet von seinen zwei Engeln, heimkehrt und die *Schabbat*kerzen brennen, den Tisch schön gedeckt und das Bett frisch bezogen sieht, wird der gute Engel sagen: »Es sei der Wille Gottes, daß es auch am nächsten *Schabbat* so sei.« Dabei wird der schlechte Engel gezwungen, gegen seinen Willen »Amen« zu sprechen. Wenn jemand aber nach Hause kommt, während das Haus für *Schabbat* noch nicht vorbereitet ist, wird der schlechte Engel sagen: »Es sei der Wille Gottes, daß es am nächsten *Schabbat* auch so sei.« Der gute Engel aber wird nun gezwungen, gegen seinen Willen »Amen« zu sprechen.

Zu diesen Engeln, den sogenannten Dienstengeln, singen die Hausherrn dreimal das »*Schalom Alechem*« – Friede mit euch, Dienstengel, Engel des Höchsten, des Königs aller Könige, des Heiligen, gelobt sei Er.

In seinem Anschluß spricht der Hausherr das Gebet *Ribon kol ha'olamim* – »Herrscher aller Welten«, das ebenso wie *Schalom alechem* einen noch jungen Ursprung im 17. Jahrhundert hat. Es beginnt mit einer alphabetischen Auflistung von Gottes Tugenden, auf die verschiedene Bitten um Seinen Segen folgen.

Daraufhin singt der Hausherr das Kapitel 31, *Eschet chajil*, aus den Sprüchen Salomos, das Lied der tüchtigen Frau.

Reb Baruch von Medzibuzh sprach einmal an einem Schabbat-Vorabend in seinem eigenen Haus den Gruß an die Engel des Friedens, um danach das Hausgebet zu sprechen. Aber im Anschluß an den Satz: »Ich danke Dir, Haschem, unser Gott, für alle Gnade, die Du uns erwiesen hast und die Du in Zukunft auch erweisen wirst«, hielt er inne, schwieg einen Augenblick und sprach: »Warum danke ich Dir für zukünftige Gnade? Warum warte ich nicht mit dem Dank, bis die Gnade gekommen ist?«, und sofort antwortete er sich selbst: »Wahrscheinlich werde ich nicht fähig sein, Gott gemäß zu danken, wenn er mir einst Gnade erweisen wird, deshalb muß ich Ihm nun im voraus danken.« Und Tränen liefen ihm aus den Augen.

Reb Mosche Zwi von Sawrany, sein Schüler, hatte aus einer Ecke das Gesagte mit angehört. Ergriffen von dem Weinen des Maggids näherte er sich diesem und sagte: »Warum das Weinen? Ihr habt gut gefragt und gut geantwortet.« Reb Baruch von Medzibuzh sagte daraufhin: »Wegen welcher unmoralischen und deshalb tadelnswerten Tat werde ich nicht fähig sein, künftig zu danken? Dieser Gedanke hat mich zum Weinen gebracht.«

Kiddusch

Mit dem *Kiddusch* heiligen wir den *Schabbat* und bekennen, daß er ein Erbe und eine Erinnerung an die Schöpfung der Welt und an den Auszug aus Ägypten ist. Üblicherweise trinken alle Anwesenden ein wenig von dem *Kiddusch*-Wein. Anschließend waschen sie sich ihre Hände, bevor der Hausherr den Segen über die zwei *Challot*[6] spricht. Jeder bekommt ebenfalls ein Stück *Challa*, das mit Salz bestreut oder in Salz eingetunkt ist, und wiederholt den gerade gesprochenen Segen. Danach kann das feierliche Abendessen mit verschiedenen Salaten, Fisch, Fleisch und anderen Delikatessen beginnen.

Semirot und Oneg Schabbat

Zwischen dem Verzehr der unterschiedlichen Speisen singt man verschiedene *Semirot* (»Lieder«) zur Ehre des *Schabbat*. Einige der Liedautoren bleiben anonym. Wir finden nur Spuren ihrer Namen im Akrostichon[7]. Bei einigen *Semirot* dagegen sind die Verfasser bekannt. Ihre Melodien sind so populär, daß sie regelmäßig auf *chassidischen* Festivals in Israel und Amerika gesungen werden.

Wenn man freitags abends in einer guten Gesellschaft diese *Semirot* zwischen den köstlich zubereiteten Speisen zu *Schabbat* im Licht der brennenden Kerzen singt, bekommt man schon einen Vorgeschmack auf das Paradies und den ewigen *Schabbat* der messianischen Zeit. Das ist, was unsere Weisen *Oneg Schabbat*, »den Genuß des *Schabbat*«, nennen.

Übrigens lernen wir im *Talmud*, Traktat Berachot 57b, daß das Feuer, der Honig, *Schabbat*, der Schlaf und der Traum jeweils ein Sechzigstel von etwas darstellen; unter anderem stellt der Honig das Sechzigstel des Mannas dar und *Schabbat* ein Sechzigstel der künftigen Welt.

Reb Baruch von Medsibuzh war es gewohnt, zahlreiche Gäste am Schabbat-Tisch zu bewirten. Einer dieser Gäste war ein israelischer Jude, der in Europa reiste und traurig war. Er hörte nicht auf, sich über die Zerstörung des Tempels zu beklagen. Während des Schabbat-Mahls wandte sich Reb Baruch von Medsibuzh seinem Gast zu und sagte zu ihm: »Erinnere dich, was in der Semirot geschrieben steht:›Ihr, die ihr Gott liebt und die ihr danach trachtet, daß der Tempel wieder aufgebaut wird, freut

6. Plural von *Challa;* weiches Weißzopfbrot, das zu Ehren *Schabbats* und anderer Feierlichkeiten gebacken wird.
7. Jeweils der erste Buchstabe einer Gedichtszeile, die zusammen ein Wort oder einen Satz ergeben.

euch und seid froh an Schabbat‹.«[8] Reb Baruch sprach weiter: »Falls du dich also wirklich danach sehnst, daß der Tempel wieder aufgebaut wird, höre auf zu klagen und freue dich am Schabbat-Tag!«

An einem Schabbat, als Herschel mit seinem Sohn die Semirot sang, erzählte er von Erinnerungen aus seiner Jugendzeit. Sein Vater, Reb Jehuda, war der einzige von den sechs Brüdern, der weder als Rabbiner noch als Kantor tätig war. Er lebte in einem Dorf in Ungarn und handelte mit Geflügel. Aber an Schabbat widmete er sich ganz und gar der Freude des Schabbats und seinen Ritualen. Zwischen den verschiedenen Gängen der Mahlzeit sang er, wie üblich, die verschiedenen Semirot. Als er das Schabbat-Lied »Ka Ribon« sang, fügte er zwischen die Worte »(...) Du bist der König, König aller Könige« ein paar jiddische Worte ein, die lauteten: »Oj Tatte, sießer Melech« – »Oh Vater, süßer König«.
Herschel erzählte seinem Sohn: »Als mein Vater diese jiddischen Worte sang, strahlte er und fühlte sich selbst wie ein König. Die ganze Woche über mühte er sich ab, um seinen Lebensunterhalt zu verdienen, aber an Schabbat fühlte er sich wirklich wie ein König, der die Königin Schabbat empfängt.«

Das Tischgebet schließt das feierliche *Schabbat*abendessen. Manche frommen Juden lernen danach entweder Auszüge aus dem *Talmud*, oder sie erfüllen die uralte Tradition *Schnajim Mikra Wa´achat Targum*, nämlich die Texte der *Tora*-Lesung des folgenden Tages zweimal auf hebräisch und einmal die aramäische Übersetzung des Onkelos[9] zu lesen.

»Zeichen des Bundes« (Ot Berit)

Von den verschiedenen Bündnissen, die Gott mit dem jüdischen Volk verbinden, werden drei Bündnisse als »Zeichen des Bundes« benannt. Diese sind die *Brit Mila* – (Beschneidung), der *Schabbat* und die *Tefillin* – Gebetsriemen. Die Männer sollen nach ihrer *BarMizwa* die *Tefillin* jeden Tag zum Morgengebet anlegen außer an *Schabbat* und Feiertagen. Dazu erklärt der *Talmud* in Traktat Menachot 36b, daß die *Tora* über die *Tefillin* schreibt: »Binde sie zum Zeichen an deine Hand (...)« (Dtn. 6,8), während über den *Schabbat* geschrieben steht: »Zwischen Mir und den Kindern Israels ist er ein ewiges

8. Auszug aus dem *Semirot* des Freitagabends.
9. Onkelos war ein Neffe des Kaisers Titus, der im Jahre 68 n.Chr. den Tempel zerstören ließ. Zum Judentum übergetreten, wurde er als »Onkelos Hager – Onkelos, der Übergetretene« berühmt. Er übersetzte die fünf Bücher Mosche für die verbannten Juden ins Aramäische, die damalige jüdische Umgangssprache.

Zeichen.«(Ex. 31,13). Wenn schon der *Schabbat* ein Zeichen des Bundes zwischen Gott und Seinem Volk ist, dann ist ein darüber hinausgehendes Zeichen nicht notwendig.

Der Schabbat-Morgen in der Synagoge

Schacharit und Tora-Lesung

Während des *Schacharit*, dem Morgengebet, ziehen die Männer den *Tallit* ohne die *Tefillin* an.

Der Aufbau des Gebets ist dem der Woche ähnlich. Es werden nur einige Psalmen hinzugefügt, um einige Begriffe des *Schabbats* zu erklären. So werden vor den *Schema Israel*-Segenssprüchen drei Texte eingefügt, die die ständige Erneuerung der Natur durch Gott beschreiben, das Lob über den Schöpfer und Seiner Schöpfung aussprechen und den *Schabbat* preisen.

Die *Amida* des *Schacharit* hat die Besonderheit, daß sie nur sieben Bitten beinhaltet, deren mittlere »Heiligkeit des Tages« heißt.

Nach der *Amida* wird die heilige Lade geöffnet und eine *Tora*-Rolle ausgehoben. Die sich anschließende *Tora*lesung wurde schon von Mosche Rabbeinu eingeführt. Im wöchentlichen Rhythmus werden ihre Teile gelesen. Direkt am ersten *Schabbat* nach *Simchat Tora* beginnt man mit der ersten *Parascha* (»Perikope«), Gen 1,1-6,8, an die sich die jeweils folgenden anschließen, bis man an *Simchat Tora* die Reihe mit der *Parascha Wesot haberacha* – »Dies ist der Segen« (Dtn 33,1-34,12) beendet. Dazu werden jedesmal sieben Personen aufgerufen, die Segenssprüche über die *Tora* zu sprechen: als erstes ein *Kohen*[10], danach ein *Levi*[11] und zuletzt fünf Männer, die weder *Kohaniten* noch *Leviten* sind und *Israel* genannt werden. Nach ihnen wird eine achte Person aus der Gemeinde, der *Maftir* – »Zusätzlicher«, zu weiteren Segenssprüche über die *Tora* aufgerufen. Der Vorbeter wiederholt jeweils den letzten Auszug aus der *Parascha.* Zu verschiedenen *Schabbatot* und Feiertagen wird für den *Maftir* ein Abschnitt aus einer zweiten *Tora*-Rolle vorgelesen.

Am Ende der *Tora*lesung hebt ein Mann die *Tora* in die Höhe, damit alle Anwesenden die Schrift sehen können. Er setzt sich anschließend mit der Rolle hin, während ein weiterer hinzukommt, die *Tora* zusammenrollt und mit ihrem Mantel bekleidet.

10. Ein *Kohen* oder *Kohanit*, ein von väterlicher Seite abstammender Nachkomme der *Kohaniten*, der Tempelpriester.
11. Ein *Levit*, ein von väterlicher Seite abstammender Nachkomme der *Leviten*, der Diener der *Kohaniten* und Psalmsänger im Tempel.

Daran schließt sich die *Haftara* an, ein sich auf die *Parascha* beziehender Auszug aus den Prophetenbüchern. Diese *Haftara*lesung wurde zu der Zeit, als König Antiochus die *Tora*lesung verboten hatte, von den damaligen Rabbinern als ihr Ersatz eingeführt, da für den Herrscher die Prophetenbücher eine geringere Bedeutung als die *Tora* hatten. Als die *Tora*-Lesungen später wieder gefahrlos möglich waren, behielt man den Brauch trotzdem bei.

Segen für den neuen Monat

Am *Schabbat* vor dem Neumond wird nach den *Tora*- und *Haftara*lesungen um Segen für den neuen Monat gebeten. Der Vorbeter verkündet mit der *Tora*rolle in den Händen den Tag, an welchem *Rosch Chodesch* (der erste Tag eines Monats) gefeiert wird. Gemeinsam mit der Gemeinde bittet er Gott um einen guten und gesegneten Zeitraum.

Mussaf

Nach den *Tora*- und *Haftara*-Lesungen[12] wird die *Tora*-Rolle in die heilige Lade eingehoben. Anschließend betet die Gemeinde das *Mussaf*-Gebet, das von dem Vorbeter laut wiederholt wird. *Mussaf* bedeutet »Zusatz«: Es ist ein zusätzliches Gebet als Ersatz für das zusätzliche Opfer am *Schabbat*tag im Tempel.

Das vierte Bittgebet von *Mussaf* (»Heiligkeit des Tages«) beginnt mit den Worten *Tikanta Schabbat* (...) (»Du hast den Schabbat angeordnet [...]«), die die 22 Buchstaben des Alefbet in umgekehrter Reihenfolge, also von Taw bis Alef, als Anfangsbuchstaben der ersten 22 Wörter haben. Sein Inhalt ist die Perikope von Num 28,9-10, die über das Zusatzopfer spricht:

»Und am *Schabbat* zwei fehlerlose einjährige Schafe und zwei Zehntel Feinmehl, mit Öl vermengt als Speiseopfer und sein Gußopfer. Das Ganzopfer an jedem Schabbat nebst dem ständigen Opfer und seinem Gußopfer.«

Vor dem Ende des *Mussaf* liest man verschiedene *Talmud*-Auszüge und den ersten Vers des Tagespsalms, den früher die *Leviten* im Tempel gesungen haben. Er unterstreicht den Einfluß des *Schabbats* auf die sechs Tage der Woche. Mit folgenden Worten endet er: »Am *Schabbat* sagten sie: Ein Psalmlied für den *Schabbat*tag. Es ist ein Psalmlied der Zukunft, für eine Zeit, die ganz *Schabbat* und Ruhe für ein ewiges Leben ist.«

12. Am *Schabbat* vor dem Neumond wird das *Mussaf*gebet erst nach der Verkündigung des Neumonds gesprochen.

Daraufhin sprechen alle Trauernden das Lern-*Kaddisch*, bevor der Gottesdienst mit dem *Alenu* beendet wird.

In manchen Gemeinden schließt man den Gottesdienst mit *An'im Semirot*, »dem Lied der Ehre Gottes«. In anderen Synagogen wird dies schon vor der *Tora*-Lesung gesungen. Bei beiden Traditionen ist es aber üblich, dazu aufzustehen und die heilige Lade zu öffnen. Dieses wunderschöne heilige Lied wurde von Rabbi Jehuda Hachassid, einem deutschen Gelehrten und *Kabbalisten* des 12. Jahrhunderts, geschrieben. Aufgrund seiner großen Heiligkeit singt man das Lied nicht täglich, sondern nur am *Schabbat* und an Feiertagen oder sogar aus Ehrfurcht nur an *Rosch Haschana* und *Jom Kippur*.

Nach dem Gottesdienst folgt das *Kiddusch*, ehe man sich zur zweiten Mahlzeit, dem Mittagessen, begibt.

Der Schabbat-Mittag zu Hause

Nach dem Morgengottesdienst wird im allgemeinen der *Kiddusch* über den Wein in der Synagoge gesprochen.

Wenn der Hausherr anschließend nach Hause zurückkehrt, wiederholt er dort den *Kiddusch* über den Wein. Alle Familienmitglieder waschen sich daraufhin die Hände und sprechen den Segensspruch über zwei Brotlaibe oder *Mazzot*[13]. Wie am Vorabend besteht das Mittagessen aus Fisch, Fleisch und verschiedenen Delikatessen wie vor allem dem *Tscholent*[14]. Während des Mittagessens singt man zwischendurch verschiedene *Semirot*.

Eine Frau stellte sich beim Reb Israel, dem Maggid von Kozhnitz, vor und beklagte sich, daß ihr Ehemann sich von ihr scheiden lassen wolle. Der Maggid fragte die Frau, warum dieser sich von ihr scheiden lassen wolle. Sie erklärte ihm, daß in ihrer Familie der Kugel[15] mit dem Hauptgericht aufgetragen würde, nach dem Fisch und nach dem Tscholent. Sie erläuterte, daß der Kugel in der Familie ihres Mannes gleich nach dem Kiddusch serviert würde und daß sich ihr Mann jedesmal beklage, daß, wenn er bei ihr beim Kugel angekommen sei, er dann bereits mehr als satt sei und er den Kugel nicht mehr genießen könne. Aber sie wolle ihre eigene Tradition nicht aufgeben. So sagte ihr der Maggid: »Von jetzt an wirst du zwei Kugel für

13. Plural von *Mazza* (Matzen); ungesäuertes Brot, das an *Pessach* gegessen wird.
14. Traditionelles Gericht aus weißen Bohnen, Gerste, Kartoffeln, Eiern, Fleisch und Markknochen, das man freitags zubereitet und das man bis zur *Schabbat*-Mahlzeit am Samstagmittag im Ofen läßt.
15. Eine Art Kuchen aus Nudeln und Rosinen, der das Hauptgericht des *Schabbat*-Mahls begleitet.

den Schabbat zubereiten. Einen wirst du direkt nach dem Kiddusch auftragen, den anderen wirst du mit dem Hauptgericht servieren, so daß der Brauch eines jeden eingehalten wird, und dein Ehemann wird keinen Grund mehr haben, sich scheiden lassen zu wollen.«
Der Maggid von Kozhnitz riet also seiner eigenen Frau und seinen Chassidim, zwei Kugel für jeden Schabbat zuzubereiten. Bis heute ist es bei den Nachkommen von Kozhnitz üblich, diesen zweiten Kugel sofort nach dem Kiddusch zu verzehren, und er wird Scholem Bajis Kugel[16] genannt.

Mincha an Schabbat

Eine gute Stunde vor dem *Schabbat*-Ausgang sammelt sich die Gemeinde wieder in der Synagoge, um gemeinsam den Nachmittagsgottesdienst zu halten. Sein zentrales Thema ist die Erlösung. Zu diesem Zeitpunkt an *Schabbat* empfängt Gott wohlwollend unsere Gebete und hat selber Sehnsucht nach der Erlösung des Menschen.

Wir beginnen *Mincha* mit Psalm 145 und schließen das Gebet *Uwa Lezijon Goel* – »Ein Erlöser wird nach Zion kommen.« an. Dies wurde von den Rabbinen zur Zeit der mündlichen *Talmud*-Überlieferung eingeführt. Es behandelt als Hauptthema die Heiligung Gottes durch die Engel, denen wir uns in der Heiligung Gottes anschließen. So steht geschrieben: »Heilig, heilig, heilig ist *Haschem* der Heerscharen, die ganze Erde ist erfüllt von Seinem Ruhm (...) Gesegnet sei der Ruhm *Haschems* von Seiner Stätte aus (...) *Haschem* wird für immer und ewig regieren (...)«

Die *Tora*-Lesung von *Mincha* kündigt die nächste *Schabbat*-Lesung an, die dieselbe wie am Montag- und Donnerstagmorgen ist. Sie wurde durch Esra dem Schreiber für die Geschäftsleute der kleineren Städte, die sonst keine Gelegenheit zum Hören der Lesung hätten, eingerichtet. Drei Personen werden zur *Tora* gerufen: ein *Kohen*, ein *Levi* und ein *Israel*.

Nach dem Einheben der *Tora* wird die *Amida* gesprochen. Sie beschreibt die messianischen Zeiten, in denen alle Völker *Haschem* als König über die ganze Erde und Israel als das auserwählte Volk anerkennen werden. Insgesamt umfaßt die *Amida* sieben Bitten, deren vierte, die Heiligkeit des Tages, mit den Worten endet: »Gelobt seist Du, *Haschem*, der Du den *Schabbat*-Tag heiligst.«

Daran schließen sich drei Verse dreier Psalmen an, die sich auf Gottes himmlische Gerechtigkeit beziehen und gleichzeitig an den Tod von Jossef, Mosche und König David erinnern, da alle drei an einem *Schabbat* zur *Mincha*-Zeit gestorben sind.

16. Frieden im Haushalt.

In der Zeit vom ersten *Schabbat* nach *Simchat Tora* bis *Pessach* werden üblicherweise die Psalmen 104 und 120-134 gesprochen. In der sich anschließenden Zeit zwischen *Schabbat* nach *Pessach* und *Rosch Haschana* lernt man jede Woche ein Kapitel aus den Sprüchen der Väter.

»Die dritte Mahlzeit« (Se'uda Schlischit)

Man ißt die dritte Mahlzeit, *Se'uda Schlischit*, nach dem *Mincha*-Gebet entweder zu Hause oder in der Synagoge. Sie wird mit *Semirot*, Lobgesängen und Erklärungen zur *Tora* begleitet. In der chassidischen Kultur hat die *Se'uda Schlischit* eine sehr große Bedeutung. Bis auf den heutigen Tag versammeln sich viele *Chassidim* um ihren Rebbe, um von ihm Weisheitsworte zu hören, gemeinsam in Geselligkeit *Semirot* zu singen und den *Schabbat* zu genießen.

> Es war an einem Schabbat-Nachmittag während der Seuda Schlischit, und der Baal Schem Tow erklärte einem Kreis von Chassidim den wöchentlichen Tora-Auszug. In einem Nebenzimmer befanden sich weitere, weniger gelehrte Chassidim, die Psalmen sprachen. Der Maggid von Meseritch, der neben dem Baal Schem Tow saß, dachte: »Wie glücklich bin ich darüber, ein Nahestehender des Baal Schem Tow zu sein und in den Genuß seiner Tora-Erklärungen zu kommen. Wie schade für diese einfachen Menschen, die sie nicht verstehen und nur Psalmen sprechen können.« – In diesem Augenblick unterbrach der Baal Schem Tow sein Lehren und forderte jeden Chassid auf, seine Hände auf die Schultern desjenigen zu legen, der neben ihm saß. Er selbst legte seine Hände auf die Schultern seiner beiden Tischnachbarn. Alle Chassidim fühlten sich, als ob sie in den Himmel kämen und hörten Engelsstimmen, die Gottes Preisungen sangen. Die Milde dieser Gesänge löste Tränen in den Augen der Chassidim aus, und der Maggid dachte: »Wie glücklich wäre ich, wenn ich nur einmal in meinem Leben Psalmen mit so viel Eifer singen könnte.« Der Baal Schem Tow bat also seine Chassidim, die Augen zu öffnen und sagte ihnen, daß die herrlichen Gesänge, die sie gehört haben, nicht von Engeln gesungen worden sind, sondern daß es diese einfachen Leute im Nebenzimmer waren, die die Psalmen mit großem Eifer sprachen.

In bezug auf die Vorbereitungen zu *Schabbat* wird in Exodus 16,25 das Wort *hajom* – »dieser Tag« dreimal benutzt. Diesbezüglich haben unsere Weisen erklärt, daß man drei Mahlzeiten zu Ehren des *Schabbats* einnehmen soll. Sie symbolisieren zum einen die drei Vorfahren Awraham, Jizchak und Jaakow, zum anderen die drei Teile des *Tanach*[17]: der Pentateuch, die Prophetenbücher und die heiligen Schriften.

17. Abkürzung für *Tora*, *Newiim* und *Ketuwim* – »Pentateuch, Prophetenbücher und die Hagiographen«.

Diese dritte Mahlzeit wird allgemein auch *Schalosch Se'udot* – »die drei Mahlzeiten« genannt, weil die drei Mahlzeiten des Tages in dieser einen dritten inbegriffen sind.

Die *Se'uda Schlischit* besteht aus dem Verzehr eines Stück Brots, von ein wenig Obst und etwas Fisch, damit man die Möglichkeit bekommt, die Segenssprüche über das Brot und die Tischgebete zu sagen. Wir nehmen das Essen zu einem Zeitpunkt ein, wenn wir keinen Hunger haben, um den *Schabbat* zu ehren und die *Mizwa* zu erfüllen, daß wir nicht essen, weil wir durch die Gerichte dazu verführt werden, sondern weil Gott es uns befiehlt. Wenn wir also die dritte Mahlzeit einnehmen, heiligen wir ebenfalls die zwei vorangegangenen. Es ist, als hätten wir die drei Mahlzeiten Gott gewidmet.

Es besteht auch die Tradition, den Psalm 23, in dem Gott als ein Hirte, der für uns sorgt, beschrieben wird, dreimal zu singen. Ohne seine Großzügigkeit würden wir so hilflos wie Schafe ohne ihren Hirten sein.

Der Schabbat-Ausgang (Mozaej Schabbat)

Der *Schabbat* ist zu Ende, sobald die drei ersten kleinen Sterne am Himmel sichtbar sind. Die genaue Zeit des *Schabbat*-Endes variiert von Stadt zu Stadt und von Land zu Land entsprechend den Breiten- und Längengraden. Die Rabbiner haben die Aufgabe, die genaue Zeit für ihre Stadt auszurechnen und sie den Gemeindemitgliedern mitzuteilen, eventuell durch einen Gemeindekalender, der den Gemeindemitgliedern zur Verfügung gestellt wird. Dennoch verlängert man den *Schabbat* um einige Minuten, »um das Heilige über das Weltliche auszudehnen«. Das *Arwit*-Gebet am Abend wird somit um einige Minuten hinausgezögert. Während der *Arwit-Amida* im vierten Bittgebet, das dem Lob der Intelligenz gewidmet ist, schiebt man ein besonderes Gebet ein: *Ata Chonantanu* – »Du hast uns durch Gnade Intelligenz gegeben«, indem man sich bei Gott für die Intelligenz bedankt und Ihn darum bittet, uns neue Tage frei von Sünden zu schenken.

Am Schluß des *Schabbats* wird zu Hause eine kleine Zeremonie durchgeführt, die *Hawdala* – »Trennung des *Schabbats* von den anderen Wochentagen« – heißt.

Gott Awrahams

Sobald der *Schabbat* beendet ist, spricht die Hausherrin ein Gebet auf *Jiddisch*: *Gott fun Awrohom* – »Gott Awrahams«. Dieses Gebet wird vor der *Hawdala* gesprochen. Reb Levi Jizchak von Berditschew verfaßte dieses Gebet auf *Jiddisch*, es sollte eine Inspirationsquelle sein, da das *Jiddische* die Gebrauchssprache der osteuropäischen Juden war und damit auch die Frauen, die das Hebräische nicht beherrschten, dieses Gebet aufsagen und verstehen konnten.

Übersetzung des Gott fun Awrohom (Auszug)

Gott Awrahams, Jizchaks und Jaakows, schütze Dein Volk Israel, in Deinem Gelobtsein vor allem Bösen, wenn der geliebte, heilige *Schabbat* fortgeht, damit die kommende Woche, der nächste Monat und das Jahr komme, um vollkommenen Glauben zu bringen.

»Die Trennung« (Die Hawdala)

Man wird darauf achten, die *Hawdala* über einem Weinbecher zu sprechen, eventuell kann man auch ein anderes Getränk dazu nehmen, wie z.B. Bier. Als die Juden nach dem Exil in Babylonien nach Israel zurückkehrten, waren die Zeiten schwer, und nicht jeder konnte sich Wein erlauben. Deshalb führten die Mitglieder des Großen *Sanhedrin* das Gebet »*Ata Chonantanu*« in das Abendgebet am *Schabbat*-Ausgang ein. Als sich die Situation der Juden in Israel verbesserte, führten die Rabbinen den Brauch der *Hawdala* mit Wein wieder ein. Damit dieser Brauch blieb, erlaubten sie die Verwendung anderer Getränke, wie z.B. Bier, für eventuelle schwere zukünftige Zeiten. Manche Hausherren lassen den Wein über den Becher laufen, als Omen des Wohlstands für die neue Woche.

Die *Hawdala* beginnt mit einleitenden Versen, die das Vertrauen in Gott ausdrücken. Für die *Hawdala* benutzt man neben dem Weinbecher duftende Kräuter, wie z.B. Gewürznelken und eine aus mehreren Dochten geflochtene Kerze (*Hawdala*-Kerze). Die *Hawdala* setzt sich aus vier Segenssprüchen zusammen:

Der Segensspruch über den Wein. Dieser wird erst am Ende der Zeremonie getrunken.

Der Segensspruch über die duftenden Kräuter. Diese werden im allgemeinen in ein Kästchen gelegt; sie werden unter allen Anwesenden herumgereicht, damit das süße Aroma des *Schabbats* auf die anderen Tage der Woche übergeht. Das Einatmen dieser Düfte tröstet uns über den Verlust der zusätzlichen Seele des *Schabbats* hinweg (*Neschama Jetära*), die uns am Ausgang des *Schabbats* verläßt.

Der Segensspruch über das Feuer wird über die angezündete *Hawdala*-Kerze gesprochen. Es ist üblich, die Flamme anzusehen, wie sie auf den Nägeln der rechten Hand glänzt. In diesem Segen wird Gott, der Schöpfer des Feuers, gepriesen. Das Feuer, Grundlage aller Technik, symbolisiert die Wiederaufnahme der Arbeit. Der *Talmud* erzählt im Traktat Pessachim S. 54a, daß am Schluß des ersten *Schabbats* Adam zwei Steine genommen hat und sie aneinander gerieben hat, so daß Funken entstanden, was ihm erlaubte, das Feuer zu beherrschen.

Dann wird der Segensspruch der *Hawdala*, also der Trennung zwischen dem Heiligen des *Schabbats* und dem Weltlichen der Woche, gesprochen. Am Ende des Segensspruches wird man ein wenig Wein auf die *Hawdala*-Kerze gießen, und dann trinkt man den Wein aus dem Weinbecher. Es ist üblich, sich mit den Fingerspitzen ein wenig Wein auf die Augenlider als Omen für Intelligenz und Weitblick sowie ein paar Tropfen Wein in das Innere der Hosentaschen zu streichen, als Omen für Wohlstand. Daraufhin singt man einige *Semirot* so, als ob man durch Lieder die Königin *Schabbat* zurückbegleiten würde.

Das *Hamawdil* – »der, der unterscheidet« – ist eines der bekanntesten *Semirot*, die nach der *Hawdala* gesungen werden.

Übersetzung des »Hamawdil« (Auszug)

Der, der unterscheidet zwischen heilig und weltlich, möge Er unsere Sünden verzeihen. Möge Er unsere Nachkommen und unseren Besitz mehren wie Sand und wie die Sterne in der Nacht.

Der Tag ging vorbei wie der Schatten einer Dattelpalme. Ich werde Gott anrufen, daß Er für mich verwirklicht, was der Wächter sagte: »Die Morgendämmerung ist gekommen und auch die Nacht.« (...)

Der Prophet Elijahu/Elias (Elijahu Hanawi)

Es ist üblich, nach der *Hawdala* ein Loblied auf den Propheten Elijahu zu singen. Da das Einhalten des *Schabbats* die Erlösung beschleunigt, ist der *Schabbat*-Ausgang ein bevorzugter Moment, um den Propheten Elijahu aufzufordern zu kommen, denn Elijahu ist dazu bestimmt, die Erlösung anzukündigen. Unsere Weisen berichten, daß der Prophet Elijahu an jedem *Schabbat*-Ausgang in den Garten Eden eintritt und die Preisungen derer, die den *Schabbat* einhalten, verzeichnet. Unsere Weisen fügen hinzu, daß das Singen von Lobliedern auf Elijahu ein gutes Omen ist, um in der kommenden Woche Erfolg zu haben.

Manche Leute beenden dieses Loblied mit dem Wunsch: *Schawua Tow* – »Gute Woche«.

Begleitung der Königin (Melawe Malka)

Nach der *Hawdala* und um den *Schabbat*-Ausgang zu ehren, nimmt man ein Festmahl zu sich, das man *Melawe Malka* – »Begleitung der Königin Schabbat« – nennt. Unsere Weisen erklären, daß derjenige, der den *Schabbat* bei seinem Ausgang begleitet, vom *Schabbat* belohnt werden wird. Deshalb singt man Loblieder und zündet Kerzen an, um die Königin *Schabbat* zu begleiten. Während dieses Festmahls verzehrt man warme Lebensmittel, die speziell zu dieser Gelegenheit zubereitet werden.

Diese Mahlzeit wird auch »Mahlzeit des König David« genannt. Da er wußte, daß sein Todestag ein *Schabbat* sein würde, schenkt König David seinen Angehörigen eine Mahlzeit nach jedem *Schabbat*, den er überlebt hatte. König David, der auch »Süßer Sänger Israels« – »*Ne'im Smirot Israel*« genannt wird, ist der Grund dafür, daß man während der *Melawe Malka* viele *Semirot*-Loblieder singt.

Die Belohnung des Schabbats

Ein gewisser Jossef Mokir Schabbat – »derjenige, der den Schabbat ehrt« (so genannt wegen seiner zahlreichen Ausgaben zu Ehren des Schabbats) – hatte einen reichen, nicht-jüdischen Nachbarn. Die Astrologen sagten diesem voraus, daß Jossef in den Besitz all seiner Reichtümer kommen würde.

Um diese Voraussage zu umgehen, verkaufte er all seine Reichtümer und kaufte einen Edelstein, den er an seinem Hut befestigte.

Eines Tages, als er gerade über eine Brücke ging, blies der Wind seinen Hut fort, und dieser fiel ins Wasser. Der Edelstein wurde von einem Fisch verschlungen. Der Fisch wurde gefangen und zum Markt gebracht, genau zu Beginn des Schabbats. Der Fischer fragte: »Aber wer kauft denn zu dieser späten Stunde noch Fisch?« – »Bieten sie ihn Jossef an, der den Schabbat ehrt«, riet man dem Fischer.

Jossef kaufte ihn, beeilte sich, ihn zuzubereiten und entdeckte in ihm den Edelstein, verkaufte diesen nach Schabbat und wurde reich.

Ein alter Herr[18] traf ihn und sagte ihm: »Derjenige, der zu Ehren des Schabbats Geld ausgibt, dem gibt der Schabbat es zurück.«

Der Schabbat und die Kuh

Es war einmal ein frommer Jude, der eine Kuh besaß, mit der er sein Feld pflügte. Eines Tages verkaufte er sie an einen Nicht-Juden, der sie an den sechs Wochentagen für sich arbeiten ließ. Es kam der Schabbat, und da weigerte sich die Kuh aufzustehen, um auf die Felder zu gehen.

18. Im allgemeinen, wenn man den Ausdruck »ein alter Herr« im *Midrasch* bzw. im *Talmud* findet, wird diese Person mit dem Propheten Elijahu gleichgesetzt.

»Gib mir mein Geld zurück!« rief der Nicht-Jude aus, »du hast mir ein faules Tier verkauft!«
»Was ist los?« fragte der Jude erstaunt. »Nie hat die Kuh sich geweigert zu arbeiten!«
Der Nicht-Jude erzählte, was geschehen war, und der vorherige Besitzer verstand sofort. Er ging zu der Kuh und flüsterte ihr ins Ohr: »Bei mir mußtest du dich am Schabbat ausruhen, da ich die Mizwot der Tora befolge. Nun aber gehörst du einem Nicht-Juden, der nicht zu den Geboten des Schabbats gezwungen ist.«
Zum großen Erstaunen des Nicht-Juden stand das Tier auf und folgte ihm brav. Er sagte dem Juden: »Ich werde dich nicht eher gehen lassen, bevor du mir nicht gesagt hast, was du der Kuh ins Ohr geflüstert hast; denn obwohl ich sie geschlagen habe, wollte sie nicht aufstehen.« Der Jude antwortete ihm: »Ich habe ihr nur einfach erklärt, daß sie mir jetzt nicht mehr gehöre und, da sie nun im Besitz eines Nicht-Juden sei, sie nicht mehr gezwungen ist, den Schabbat einzuhalten.« – Der Nicht-Jude war perplex und rief aus: »Wenn ein Tier ohne Intelligenz versteht, daß man den Schabbat einhalten muß, um so eher muß ich, ein Mensch mit Verstand, die Gebote des Schöpfers einhalten.«
Er brachte die Kuh in den Stall, und später trat er zum Judentum über. Er wurde der große Meister Rabbi Jochanan ben Torta. (Auf aramäisch heißt eine Kuh »Torta« oder »Tora«).

Die Tränen des Chafez Chajim

Ein Rabbiner hielt einst eine Vorlesung in Miami über das Leben und die Werke des Chafez Chajim. Er erzählte unter anderem eine Geschichte, deren Ende er nicht kannte. Sie handelte von einem jungen Studenten aus der Jeschiwa des Chafez Chajim in Radin, der am Schabbat dabei erwischt wurde, eine Zigarette zu rauchen. Als die Rabbiner von dieser Entweihung am heiligen Tag erfahren hatten, entschieden sie, den Jungen von der Jeschiwa zu verweisen, doch der Chafez Chajim bat um ein Gespräch mit dem Jungen, bevor irgendeine Entscheidung getroffen werden sollte. Das Gespräch jedoch kannte der Vorleser nicht und sagte, er würde alles darum geben, um zu erfahren, was der Chafez Chajim dem jungen Mann gesagt hatte, damit er nie wieder gegen den Schabbat verstoße.
Nach der Vorlesung kam ein älterer Mann zu ihm, der ihm sagte, daß er der schuldige Jeschiwa-Student sei, und erzählte, was zwischen ihm und dem Chafez Chajim geschehen war.

»Es war in den Jahren um 1920, der Chafez Chajim war in den Achtzigern. Ich war sehr ängstlich, weil ich in sein Haus gehen mußte, um ihn dort anzutreffen.
Als er in das Zimmer kam, in dem ich gewartet hatte, nahm er meine Hand und drückte sie in seinen Händen, wartete eine Weile und hob sie an sein Gesicht.
Ich erblickte sein sanftes Gesicht und sah, daß seine Augen geschlossen waren. Als er sie öffnete, waren sie voller Tränen.

Der Chafez Chajim sagte mir mit Schmerz und Verwunderung: »Schabbes (...), Heiliger Schabbes!«, und er begann zu weinen. Mein Herz zerbrach fast, und ich war noch ängstlicher als zuvor.
Tränen rollten über seine Wangen, und eine Träne fiel auf meine Hand. Wenn ich jetzt an diese Träne denke, fühle ich noch immer ihr Brennen.
Mir ist klargeworden, daß er nicht zornig, sondern sehr enttäuscht von mir war, da ich ihn persönlich betrogen hatte. Der Chafez Chajim befürchtete die Konsequenzen meiner Tat, aber er vertraute mir, und ich wurde nicht von der Jeschiwa verwiesen. Ich habe nie wieder an Schabbat geraucht und nie mehr in meinem Leben eine Zigarette angerührt.«

Rauchen – auf ungewohnte Weise
Ein junger, atheistischer Jude näherte sich dem Reb Meir Leibusch, auch Malbim genannt, am Schabbat-Tag und fragte ihn mit einem leicht provokanten Ton: »Darf ich am Schabbat-Tag rauchen, wenn ich die Zigarette auf eine neue, ungewohnte Weise halte?« – »Natürlich«, antwortete der Malbim, »nur drehe die Zigarette in die andere Richtung und lege das glühende Ende zwischen deine Lippen.«

Du sollst an Schabbat nicht arbeiten
Ein Ladeninhaber beschwerte sich bei Reb Israel Jizchak von Alexander, daß sein Geschäft nicht erfolgreich sei. Der Alexanderer Rebbe wußte, daß der Laden auch am Schabbat geöffnet war, und er schlug dem Inhaber vor, als Partner von 15% mit in sein Geschäft einzusteigen, ohne daß er Geld investiere, und er versprach ihm, daß das Geschäft erfolgreich sein werde. Der Ladeninhaber war einverstanden, und ein Vertrag wurde unterschrieben. Der Rebbe fügte hinzu: »Jetzt besitze ich einen siebten Teil von dem Geschäft, ich wähle den Schabbattag dazu aus, mein Teil zu sein. Der Schabbat-Profit wird meiner sein, und der Profit der sechs weiteren Tage der Woche wird deiner sein. Deshalb wird an Schabbat der Laden geschlossen sein, da dieser Teil meiner ist. Und jetzt, mein lieber Geschäftspartner, geh und sei erfolgreich!«
Der Ladeninhaber befolgte die Anweisung des Rebbes, und sein Geschäft wurde in der Tat erfolgreich.

Eine fette Ente zu Ehren des Schabbats
Unter den armen Anhängern des Reb Mosche Leib von Sassow, die diesen regelmäßig um Almosen baten und für deren Lebensunterhalt der Rebbe sorgte, befand sich ein Mann mit Namen Reb Salke. Jede Woche gab ihm der Rebbe eine bestimmte Summe Geld.
Es geschah, daß die Frau des Rebbe sich auf den Markt begab, um zu Ehren des Schabbats eine Ente zu kaufen. Aber ausgerechnet an diesem Tag hatten die Bauern nur wenig Enten und verlangten sehr viel Geld dafür, die Frau jedoch hatte sehr wenig Geld dabei und konnte deshalb keine Ente kaufen. Da aber beobachtete sie, wie

die Frau des Reb Salke eine dicke fette Ente erstand und den geforderten hohen Preis bezahlte.
Darüber wurde die Frau wütend und erzählte den Vorfall ihrem Ehemann: »So etwas passiert also«, sprach sie aufgeregt, »mit diesem Mann, er erhält aus deiner Hand Geld für seinen Lebensunterhalt, und er hat nichts anderes mit unserem Geld zu tun, als es sich gutgehen zu lassen und fette Enten zu kaufen.« »Nun gut, Frau«, sagte der Reb Mosche Leib. »Ich wußte nicht, wie anspruchsvoll er ist. Ich werde ihm ab heute sein Geld für die Woche verdoppeln, damit er auf nichts verzichten muß.«

Gut Schabbes![19]
Ein ehemaliges Küchenmädchen, das bei Reb Elimelech von Lisensk arbeitete, erzählte einmal aus der Zeit ihres Lebens, als sie für den heiligen Rebbe tätig war: »Es gab immer viel in der Küche des Rebbes zu tun, und in der Woche kam es oft vor, daß unter den Küchenmädchen Streit ausbrach. Aber jeden Freitagnachmittag, vor dem Schabbat, umarmten wir uns alle, und wir sagten einander: »Verzeih mir für das Böse, das ich dir während der Woche angetan habe. Gut Schabbes!«

Es ist noch nicht Schabbat
Als Reb Israel von Rizhin noch ein Kind war, spielte er an einem Freitagnachmittag draußen, und sein älterer Bruder forderte ihn auf, nach Hause zu gehen, weil Schabbat beginnen würde. Der junge Israel schaute in den Himmel und sagte: »Es ist noch nicht Schabbat. Ich kann es dir sagen, indem ich nur den Himmel betrachte. Wenn der Schabbat beginnt, ändert der Himmel ganz und gar sein Aussehen.«

Einen Rettich für den Rebbe
Ein Chassid ging an einem Schabbat-Nachmittag in die Synagoge des Reb Wolf von Sbarazh, setzte sich in die erste Reihe und begann, ein Stück Rettich zu essen und schmatzte dabei heftig. Die Chassidim um ihn herum begannen, sich über ihn aufzuregen, und murmelnd baten sie diesen großen Mann aufzuhören, um das Meditieren des heiligen Rebbe nicht zu stören. Reb Wolf vernahm dieses Gemurmel und sah das Gesicht des Chassid, wie dieses immer röter wurde. Der Rebbe sagte laut: »Ich wünsche mir nichts so sehr, als ein Stück Rettich zu essen. Hat vielleicht jemand ein Stück Rettich für mich?« Da stürzte der Mann, von seiner Scham befreit, auf den Rebbe zu und bot ihm ein Stück Rettich an, das der Rebbe ganz ruhig vor den erstaunten Gemeindemitgliedern verzehrte. Und so rief der Chassid statt den Tadel der Chassidim ihren Neid hervor.

19. Jiddischer Ausdruck, der »Einen guten Schabbat!« bedeutet.

Rosch Haschana

Rabbi Jochanan sagte: »Der Heilige, Er sei gelobt,
hatte sich wie ein Kantor in einen *Tallit*[1] gewickelt
und zeigte Mosche Rabbeinu die Gebetsordung.
Dabei sprach Er zu ihm:
›Immer wenn Israel sündigt, soll es die Gebete in dieser Ordung sprechen,
und Ich werde ihm verzeihen.‹«
(Talmud, Traktat Rosch Haschana 17b)

Die Bußgebete

Bevor wir uns dem Fest *Rosch Haschana* zuwenden, ist es wichtig, eine kurze Einführung zu den *Slichot*-Gebeten (Bußgebeten) zu geben, da diese Gebete jedes Jahr in der letzten Woche vor *Rosch Haschana* jeden Morgen vor dem eigentlichen Morgengottesdienst, mit Ausnahme am *Schabbat*, gesprochen werden. In früheren Zeiten ging der *Schamasch*, der »Synagogendiener«, ungefähr eine Stunde vor der Morgendämmerung in die Straßen, um die Männer aufzuwecken, damit sie pünktlich zu den *Slichot* in der Synagoge erschienen.

Das traditionelle Sprechen der *Slichot*-Gebete entstammt der Zeit der *Geonim*[2], ungefähr im 11. Jahrhundert, und wurde danach in allen jüdischen Gemeinden der Welt angenommen.

Ab *Rosch Chodesch Elul* ist es in den *sephardischen* Gemeinden üblich, *Slichot*-Gebete zu lesen und zu büßen. Die *aschkenasischen* Gemeinden dagegen beginnen die *Slichot* am Sonntagmorgen mindestens vier Tage vor *Rosch Haschana*. Die Gebete werden bis *Erew Jom Kippur* vorgetragen.

1. Gebetsschal.
2. Plural von *Gaon;* zwischen dem 7. und 12. Jahrhundert wurden die anerkanntesten Rabbinen als *Gaon* bezeichnet, was Genie bedeutet.

In allen Gemeinden der Welt wird morgens ab *Rosch Chodesch Elul* bis *Jom Kippur* das *Schofar*[3] geblasen, um das Gewissen der Menschen aufzuwecken und sie zur Buße anzuregen und um den Satan zur Verzweiflung zu bringen. Dabei unterscheidet man drei verschiedene Klänge: einen langgezogenen Ton, den *Tekija*, drei mittellange Klänge, *Schewarim*, und *Schofarot*, ein neunmaliges kurzes Blasen.

Ein weiterer Brauch wird ab *Rosch Chodesch Elul* gehalten: die Lesung des Psalms 27 sowohl nach dem Morgen- wie auch nach dem Abendgottesdienst bis zum *Schmini Azeret*[4].

> Der Nemirower Rebbe verschwindet an jedem Morgen zur Zeit der Slichot. Der Rebbe bleibt unauffindbar (...)
> Die Juden von Nemirow beteuern, daß ihr Rebbe – statt die Gottesdienste in ihrer Synagoge zu leiten – jeden Morgen zum Himmel aufsteigt, um für das Volk Israel und die Mitglieder seiner Gemeinde vor Gott um Verzeihung zu bitten.
> Da taucht ein Litwak[5] auf, der sehr vernunftsbestimmt, charismatisch und pragmatisch ist und sich deswegen über diese kindischen Erzählungen lustig macht, und darüber, was er als »ganz unwahrscheinliche chassidische Erzählung« bezeichnen würde.
> Ein Mensch aus Fleisch und Blut, sei es auch ein Zaddik, kann nicht jeden Tag zum Himmel aufsteigen, so wie man seine Einkäufe im gewohnten Lebensmittelgeschäft machen würde.
> Immer noch in der Logik seines Litwak entschließt dieser sich dazu, selbst zu überprüfen, wohin der Rebbe geht. Er fängt an, ihm überallhin zu folgen. Am Abend gelingt es ihm, sich in das Haus des Zaddik einzuschleichen, und er versteckt sich unter dessen Bett. Die Nacht vergeht, und der Litwak versucht, seine Müdigkeit wie auch seine Angst, die der Nemirower Rebbe dennoch einjagt, zu überwinden. Er hat vor allem Angst davor, auf frischer Tat des Spionierens vom Rebbe selbst ertappt zu werden, ein Vergehen, das im äußersten Fall Blasphemie wäre.
> Lange vor der Morgendämmerung wacht der Rebbe auf, nimmt die rituelle Waschung vor und zieht bäuerliche Kleidung an. Er nimmt einen Sack und eine Axt mit, geht aus dem Haus und auf den Ortsausgang zu in Richtung der Wälder, in beachtlichem Abstand gefolgt von dem Litwak. An einer Stelle beginnt der Rebbe, Holz zu fällen und Reisigbündel zu machen, die er in den Sack steckt. Als er seine Arbeit beendet hat, kehrt er in sein Dorf zurück, begibt sich in das Armenviertel und klopft an die Tür eines alten verfallenen Hauses. Er hört eine leise Frauenstimme: »Wer ist da?«

3. Widderhorn, in das man insbesondere an *Rosch Haschana* bläst.
4. Achter Tag nach dem Anfang von *Sukkot*.
5. Litauischer Jude, dessen Philosophie sich dem *Chassidismus* entgegengesetzt; auch *Mitnaged* – »Gegner« genannt. Die Auseinandersetzungen zwischen *Chassidim* und *Mitnagdim* (Plural) sind weithin bekannt in der Geschichte des *Chassidismus*.

»Wassili«, antwortet der Zaddik.
»Welcher Wassili? Ich kenne keinen Wassili«, sagt die Frau.
»Ich bin Wassili der Holzfäller; ich habe gutes Holz zu verkaufen und habe gesehen, daß dein Schornstein nicht raucht.«
»Ich bin arm und krank und habe nichts, um dein Holz zu bezahlen«, spricht die Frau.
Der Rebbe, alias Wassili, argumentiert weiter: »Mein Holz ist nicht teuer, nur drei Kopeken, und wenn du jetzt kein Geld hast, macht das nichts, du kannst mir das Geld später geben.«
»Woher willst du, daß ich das Geld finde, um dir das Holz auch nur auf Kredit zu bezahlen (...)?«, jammert die Frau.
Der Rebbe, der ungeduldig wird, antwortet ihr: »Frau, ich verstehe dich nicht; ich vertraue dir für drei Kopeken. Warum hast du kein Vertrauen in Gott? Er wird dir helfen, diese drei Kopeken zu finden und mehr noch.« Der Rebbe läßt sie nicht mehr weiterreden, sondern geht in das baufällige Haus, legt die Holzscheite in den Kamin, macht Feuer und beginnt, die Slichot des Tages aufzusagen (...)
Beeindruckt von der Wohltätigkeit des Rebbes machte sich der Litwak nie mehr über die Legende des Nemirower Rebbe lustig; er wurde ein begeisterter Chassid (...)
Und wenn jemand sagte, daß der Rebbe während der Slichot zum Himmel aufsteigt, fügte er hinzu: »Und noch höher vielleicht!«[6]

Die verschiedenen Namen für Rosch Haschana

Als eines der vier in der *Mischna* festgeschriebenen Neujahrsfeste wird *Rosch Haschana* (*Rosch* – »Kopf« und *Haschana* – »Jahr«) am ersten und zweiten *Tischri* gefeiert.

Rosch Haschana ist der Tag der Geburt der Menschheit, denn an diesem Tag wird der Geburtstag des ersten Menschen, Adam, gefeiert, der am sechsten Tag

6. Diese fiktive Geschichte des jiddischen Schriftstellers Jizchak Leib Peretz basiert auf einer Geschichte, die von Reb Zwi-Hirsch von Sidatschow erzählt wird. In seiner Fassung handelt es sich um Reb Mosche-Leib von Sassow und nicht um einen anonymen *Zaddik* aus Nemirow. Die kranke Frau ist keine Jüdin, sondern eine Christin; die Geschichte spielt nicht während der *Slichot*, sondern mitten im Winter; der *Zaddik* sagte die Mitternachts-Klagelieder über die Zerstörung des jüdischen Tempels (*Tikun Chazot*) auf, und der *Litwak* ist kein *Litwak*, sondern Reb Zwi-Hirsch von Sidatschow selbst. Ansonsten sind die Geschichte und ihre Moral identisch: Einer kranken und verlassenen Frau zu helfen, sei sie Christin, ist wichtiger, als durch das Gebet in den Himmel aufzusteigen. In seiner Geschichte erzählt Reb Zwi-Hirsch von Sidatschow vielmehr seinen Beitritt zur *chassidischen* Bewegung unter der Leitung des Sassower Rebbes.

der Schöpfung geschaffen wurde. Mit dem alljährlichen »Geburtstagsfest« erinnern sich die Menschen auch daran, daß Gott Adam seine Sünden vergeben hat, und sind zuversichtlich, daß Gott ihnen ebenso ihre Sünden vergeben wird. Gott gab nach der Schaffung des Menschen den Befehl, den ersten Tag des siebten Monats zu feiern.

Der vorangehende Monat *Elul* dient zur Vorbereitung des großen Festes und hat deswegen keinen eigenen Feier- oder Trauertag. An dem »Neujahr für die Menschheit« ziehen die Menschen die Bilanz ihres Verhaltens der vergangenen elf Monate, weil für die Gläubigen »Neujahr« auch immer Gerichtstag (*Jom Hadin*) bedeutet. Schon in der Zeit der *Mischna*-Verfassung wurde das Konzept des Jahrestages der Weltschöpfung eingeführt. Manche Rabbiner sind der Meinung, daß *Rosch Haschana* eher für den Jahrestag der Geburt Adams steht und *Haschem* am Jahrestag der Schöpfung oder der Geburt Adams alle Seine Geschöpfe richte. Daher stammt der Name *Jom Hadin* – »Tag des Gerichts«.

> Als Reb Pinchas von Koretz eines Tages ins Bethaus kam, fiel sein Blick auf ein Betpult. »An Rosch Haschana wird auch über dieses Pult gerichtet«, sprach er, »ob es erhalten bleiben oder zerbrechen soll.«

Neben den Namen *Rosch Haschana* und *Jom Hadin* gibt es noch weitere Bezeichnungen für dieses Fest: *Jom Hasikaron*, der Erinnerungstag an Jizchaks Opferung, und *Jom Terua*, der Tag des *Schofar*blasens. Dieses unterschiedliche Blasen ist ein Ruf zu der jüdischen Gemeinschaft und zerbricht die Herzen, um sie zur Buße und Rückkehr aufzurufen.

Das Fest ist durch viele symbolische Riten geprägt, die alle zum Erhalten eines guten neuen Jahres wichtig sind. An *Rosch Haschana* hat das Essen eine besondere Bedeutung. Im allgemeinen sollen die Juden am Feiertag der Woche, dem *Schabbat*, gut essen, wie es schon das *Schabbat*lied, *Ma Jedidut Menuchatech* (»Wie köstlich ist deine Ruhe, du Königin *Schabbat*«) vorschreibt, das von einem anonymen Verfasser komponiert wurde, dessen Vornamen, Menachem, dem Akrostichon folgt.

»Am Freitag bereitet man alle Arten von Leckerbissen zu, und solange es noch Tag ist, werden die fettreichen Hühner auf verschiedene Weisen vorbereitet, so daß man würzige Speisen an allen drei Mahlzeiten genieße. Wir erfreuen uns am Mahl, an den leckeren Geflügel-, Wachtel- und Fisch-Gerichten.«

Dieses gilt nur für *Schabbat* und die Feiertage, da man nach der jüdischen Ethik an den Wochentagen nur essen soll, um zu leben, und nicht leben soll, um essen zu können.

Die Speisen an Rosch Haschana

Die Mahlzeiten und Speisen an *Rosch Haschana* weisen eine lange Tradition auf:

Anstelle von Zopfbroten werden runde *Challot* gebacken, auf die zur Geschmacksverbesserung normalerweise Salz gestreut wird, das bei jeder Mahlzeit auf einem Teller auf dem Tisch steht. Das Salz wird in der Zeit zwischen *Rosch Haschana* und dem Ende von *Sukkot* durch reichlich Honig ersetzt, mit dessen Süße man um ein süßes gesegnetes Jahr bittet. Das hebräische Wort für Honig ist *D´wasch*, das den Zahlenwert 306 besitzt. Dieser ist auch der Zahlenwert von *Aw Harachamim* (»barmherziger Vater«). So erbitten wir an diesem Tag von *Rosch Haschana*, der auch *Jom Hadin*, der Tag des Gerichts ist, bei Gott Barmherzigkeit für uns. Wir hoffen auf die Barmherzigkeit Gottes, wenn Er uns an diesem Tag richtet.

Im Anschluß daran ißt man ein Stück in Honig getunkten süßen Apfel und sagt dabei folgenden Segensspruch:

»Gelobt seist Du, Ewiger, unser Gott und König der Welt, der Du die Frucht des Baumes erschaffen hast. Es sei Dein Wille, Ewiger, unser Gott und Gott unserer Vorfahren, daß Du für uns ein gutes und wie Honig süßes Jahr erneuerst.«

Als Symbol der Fruchtbarkeit wird viel Fisch gegessen, besonders Karpfen in Form von *gefillte Fisch*. Beim Essen der Speise spricht man folgendes:

»Es sei Dein Wille, Ewiger, unser Gott und Gott unserer Vorfahren, daß wir wie Fische fruchtbar werden und uns wie sie vermehren.«

Auf traditionelle Art werden auch die Köpfe von Fischen zubereitet, wie auch Gehirn oder Zunge vom Rind. Bevor man jedoch diese Gerichte zu sich nimmt, sagt man folgende Segenssprüche:

»Es sei Dein Wille, Ewiger, unser Gott und Gott unserer Vorfahren, daß wir am Kopf und nicht am Schwanz sind.«

Diejenigen, die ein Stück eines Schafkopfes verzehren, sagen dazu:

»Es sei auch Dein Wille, daß wir an die Verdienste unseres Vorfahren Jizchak von Dir erinnert werden.« Diese Speise erinnert uns nämlich an seine Opferung.

Da das jiddische Wort für Möhren »mehr« heißt, ißt man dieses Gemüse reichlich mit Honig gesüßt und spricht den Segen:

»Es sei Dein Wille, Ewiger, unser Gott und Gott unserer Vorfahren, daß unsere Verdienste sich vermehren.«

Es ist üblich, an dem Feiertag zum ersten Mal im Jahr Granatäpfel zu essen, die ein Symbol für den Wunsch sind, daß das kommende Jahr fruchtbar und verdienstvoll werden möge. Bei dem Verzehr spricht man die Worte:

»Es sei Dein Wille, Ewiger, unser Gott und Gott unserer Vorfahren, daß unsere Verdienste sich wie die Samen des Granatapfels vermehren.«

Durch den Verzehr von Porree bittet man Gott, daß er alle Feinde von einem fern hält. Porree heißt auf hebräisch *karate*, was in einem Wortspiel an das Wort *schejikartu* (»vernichten«) erinnert. Dabei sagt man den Segensspruch:

»Es sei Dein Wille, Ewiger, unser Gott und Gott unserer Vorfahren, daß unsere Feinde vernichtet werden.«

All diese symbolischen Lebensmittel wurden schon im *Talmud*, im Traktat Horajot 12a, erwähnt. Man ißt sie mit dem Ziel, daß das neue Jahr unter einem guten Omen steht. Es gibt noch weitere Speisen, die ein solches Omen symbolisieren, wie zum Beispiel Kürbis, Datteln oder Kohl, die nach verschiedenen Traditionen gegessen werden.

In der Ukraine gab es eine Tradition, den Kindern Geflügelleber zu geben, da das jiddische Wort für Leber *leberlech* ist, das ähnlich wie *leb ehrlich* klingt. Damit verbinden die Eltern den Wunsch, daß ihre Kinder ehrlich aufwachsen.

Neben diesen Speisen trinkt man Brühe, ißt Fleisch und beendet die Mahlzeit mit Süßigkeiten, z.B. Kuchen.

An *Schabbat* und den Feiertagen wird keine festgelegte Sorte Wein getrunken, aber an *Rosch Haschana* sollte es ein süßer Weißwein sein, weil Weiß die Farbe der Reinheit ist.

Damit sich auch die ärmeren Gemeindemitglieder die traditionellen Speisen leisten können, sollen alle Menschen besonders in der Zeit zwischen *Slichot* und *Jom Kippur* wohltätig sein.

Nüsse werden dagegen an *Rosch Haschana* ganz gemieden, weil das Wort den Zahlenwert 17 hat. Dieser ist derselbe, den auch das Wort *Chet* umfaßt, das »Sünde« bedeutet. Mit Nüssen verbindet sich deshalb ein schlechtes Omen, das man nicht durch das Kosten dieser Speise auf sich beziehen will.

Ein armer Jude hatte eine eitrige Wunde an seinem Kopf. Die Ärzte konnten ihm nicht helfen und sagten, wenn es kein Wunder gäbe, würde der Eiter das Gehirn anstecken. Als er verstanden hatte, daß sein Leben in Gefahr war, ging er sofort zu dem Zaddik von Radoschitz, Reb Jissachar Beer, und flehte um Hilfe. Der Rebbe schaute die Wunde an, holte aus einer Schublade eine Salbe, schmierte sie auf ein Stück Stoff und legte es auf die Wunde. Dabei gab er die Anweisung, den Verband 24 Stunden nicht abzunehmen und nach dieser Zeit wieder zu ihm zu kommen. Am nächsten Tag ging der kranke Mann erneut zu seinem Rebbe. Dieser nahm das Pflaster ab und sah, daß die Wunde verheilt war. Darauf bat der Mann den Rebbe, die Wunde um der Sicherheit willen noch einmal einzusalben. Der Rebbe tat ihm den Gefallen. Tags darauf sah man nichts mehr von der Wunde. Mit leichtem Herzen ging der Jude geheilt nach Hause.

Reb Nathan David von Schidlowitz, zu dieser Zeit zu Gast bei dem Zaddik von Radoschitz, wurde Zeuge des Geschehens. Er bat den Zaddik, ihm auch ein wenig von jener Heilsalbe zu geben. Darauf antwortete der Zaddik von Radoschitz, daß in dieser Salbe kein Heilmittel wäre, sondern nur die Reste der mit Honig vermischten

Äpfel des Rosch-Haschana-Abends. »Du weißt doch, mein lieber Sohn«, sprach der Zaddik, »wenn wir die Äpfel mit dem Honig essen, sagen wir: ›Es sei Dein Wille (...), daß Du uns ein gutes und wie Honig süßes Jahr erneuerst.‹ Von diesen Äpfeln habe ich die Salbe hergestellt. Siehst du, was die Kraft des Glaubens bewirkt.«

Der Aufbau des Gottesdienstes

Vor dem eigentlichen Feiergottesdienst am ersten Abend von *Rosch Haschana* wird ein Gebet von Rabbi Avraham Chasan (Spanien, 13. Jh.), das *Achot Ketana* (»kleine Schwester«), gelesen. Die Anfangsbuchstaben seiner neun Strophen ergeben von oben nach unten gelesen wiederum den Namen des Verfassers. Mit diesen Worten tritt Israel vor Gott, wie es im Hohenlied beschrieben ist, wie eine »kleine Schwester«, die Gottes Schutz braucht. Die ersten acht Strophen enden mit dem jeweils gleichen Satz: *Tichle Schana Wekileloteha* (»Laß dieses Jahr mit seinem Fluch beenden.«). In dem neunten Vers wird ein Hoffnungslicht für das neue Jahr aufgezeigt, das mit einem Segen beginnen soll: *Tachel Schana Uwirchoteha* (»Laß das Jahr mit seinem Segen anfangen.«).

Vor der *Amida* steht eine Lesung eines biblischen Satzes, in dem *Rosch Haschana* erwähnt wird: *Tik'u Bachodesch Schofar (...)* – »Blaset am Neumond in das *Schofar*, wenn der Mond am Tage unseres Festes verhüllt ist, denn es ist ein Gesetz für Israel, ein Recht für den Gott Jaakows!«.

Die *Amida* (*amod* – »stehen«) von *Rosch Haschana* wird wie bei jedem Abendgottesdienst im Stillen vorgetragen.

Über das ganze Jahr lautet der Schluß der *Amida* immer gleich, nur an *Rosch Haschana* hat er ein besonderes Ende: *Osse haschalom* – »Gelobt seist Du, Ewiger, der Du Frieden schaffst.« In dem Zusammenhang wird durch ein Spiel mit den Wortwerten an den Engel *Safriel* gedacht, der die Aufgaben hat, die guten und schlechten Taten zu zählen. In dieser Erinnerung wird Gott gebeten, seinen Segen für ein gutes neues Jahr zu geben.[7]

Daran schließt sich die Lesung von Psalm 24 an. Sie wiederholt sich an jedem ersten Tag der Woche, weil sie das Thema der majestätischen Herrschaft Gottes über die Welt hat. Hier wird dieser Psalm nun aus denselben Gründen an den Anfang des neuen Jahres gestellt.

Der Gottesdienst schließt mit *Alenu.*

Während des *Kaddisch*-Gebets wird der Lobspruch *Le'ela min kol birchata* (»Hoch über jedem Lob [...]«) zu *Le'ela le'ela mikol birchata* (»Hoch, ja hoch über

7. Die hebräischen Wörter, die in der Liturgie verwendet werden, nämlich einerseits *osse haschalom* und andererseits *Safriel*, haben denselben Zahlenwert 381.

jedem Lob [...]«) abgeändert. Das Wort *Le'ela* wird wiederholt, damit wir um so mehr die Majestät Gottes in diesem Zeitraum des Gerichts bestätigen. Dagegen werden die Wörter *min kol* in ein Wort *mikol* zusammengezogen, um die Anzahl von 28 Wörtern des Paragraphen zu behalten. Sie repräsentieren die Anzahl menschlicher Erfahrungen des Lebens, die in Pred 3,2-8 beschrieben sind.

Wünsche zu Rosch Haschana

Nach dem *Arwit*-Gottesdienst begrüßt man sich üblicherweise mit folgenden Worten:

Leschana towa tikatewu wetechatemu
Lealtar lechajim towim uleschalom!
»Möget ihr zu einem guten Jahr eingeschrieben und gesiegelt werden,
umgehend, zu einem guten Leben und zum Frieden!«

Dieser Wunsch gründet im *Talmud* auf dem Traktat Rosch Haschana 6b, der mitteilt, daß an *Rosch Haschana* während des himmlischen Gerichtes bei Gott drei Bücher geöffnet werden: eines für die unbestrittenen Sünder, eines für die unbestrittenen Gerechten und eines für die Menschen dazwischen. Die Gerechten werden umgehend zu einem guten Leben für das nächste Jahr eingeschrieben; die Sünder werden umgehend zum Tode verurteilt. Das Urteil über die Menschen, die weder zu den unbestrittenen Sündern noch zu den unbestrittenen Gerechten gehören, wird an *Jom Kippur* gefällt. Diese Periode gibt diesen Leuten Zeit, ihre schlechten Taten zu bedauern und zu büßen. Solche Menschen werden in das dritte Buch eingetragen. Wenn sie es danach wert sind, werden sie zum Leben eingetragen, wenn sie es nicht wert sind, dagegen zum Tode verurteilt.

Diese Tradition brachte die Menschen dazu, einander nicht nur »*Schana towa*! – Gutes (neues) Jahr!« zu wünschen, sondern ebenfalls »*Lealtar lechajim towim uleschalom* – Möget ihr für ein gutes Jahr eingeschrieben und besiegelt werden!«. Der *Jom Kippur*-Wunsch »*Gmar chatima towa*! – Habe eine gute Unterschrift!« gründet auf demselben Prinzip.

Schacharit und Mussaf

Die Morgengottesdienste der beiden Feiertage weisen grundsätzlich den üblichen Aufbau auf, unterscheiden sich aber voneinander in ihren Lesungen. Zum Thema »Vergebung der Sünden« wird der Psalm 130 verlesen, der beschreibt, daß Gott den Menschen ihre Sünden vergeben muß, weil sie sonst zum Tode verurteilt sind. Weitere Bitten und Gedichte schließen an das Thema an.

An beiden Tagen von *Rosch Haschana* wie auch an *Jom Kippur* ist es üblich, daß der Rabbiner, der Vorbeter und weitere Gläubige im Morgengottesdienst ein weißes Gewand tragen, das *Kittel* heißt. Es symbolisiert Reinheit, erinnert gleichzeitig an ein Leichentuch wie an das weiße Leinenkleid des Oberpriesters im Jerusalemer Tempel.

Im Anschluß an die Wiederholung der *Amida* liest die Gemeinde das Gebet *Awinu Malkenu* – »Unser Vater, unser König (...)«, das aus 44 Versen besteht. Sie beschreiben verschiedene Bitten im Zusammenhang mit der Sündenvergebung und das Einschreiben in die göttlichen Lebensbücher. Die Gemeinde bittet Gott, obwohl sie die Vergebung nicht verdient, daß Er so im Namen derjenigen handeln soll, die um Seines Namens willen gestorben sind.

Der erste Vers bestätigt unsere Sünden: »Unser Vater, unser König, wir haben vor Dir gesündigt.«

Die Gemeinde hat zahlreiche Argumente, um die göttliche Vergebung zu bekommen und spricht verschiedene Bitten vor Gott aus. Das stärkste Argument wird in dem letzten Vers vorgebracht: »Unser Vater, unser König, sei uns gnädig und antworte uns, obwohl wir keine verdienstvollen Taten aufweisen können; erweise uns Milde und Güte und rette uns!«, den die Betenden im Chor mit einer weltweit einheitlichen, bekannten Melodie wiederholen.

Das Awinu Malkenu

Zum Ursprung:
Das Traktat Taanit (25b) berichtet über mehrere Ereignisse, die an den in Trokkenzeiträumen verfügten Fastentagen vorkamen.

Rabbi Eliezer ben Horkenos verkündete 13 Fastentage – aber es fiel immer noch kein Regen. Am Ende des dritten Fastentages verließen die Gläubigen ohne Hoffnung die Synagoge. Da rief Rabbi Eliezer: »Habt ihr euch schon das Grab bereitet? Denn da unsere Bitten um Regen nicht erhört wurden, bleibt uns nichts übrig, als vor Hunger zu sterben.« Die ganze Gemeinde brach in Schluchzen aus, und es begann zu regnen.

Rabbi Eliezers Eingreifen beeindruckte die Gemeinde derart, daß sie aufrichtig ihre Sünden bereute. Diese *Teschuwa* (»Umkehr«) führte dazu, daß die Gebete erhört wurden und Regen fiel.

Ein anderes Mal, als Rabbi Eliezer im Namen der Gemeinde betete und das *Schmone Esre* (Achtzehnbittgebet) rezitierte, das an Fastentagen aus 24 Bitten besteht, wurde sein Gebet nicht erhört. Da stand Rabbi Akiwa auf, stellte sich vor den *Tora*schrein und betete: »Unser Vater, unser König, wir haben keinen König außer Dir; Unser Vater, unser König, hab Mitleid mit uns um Deines heiligen Namens willen.« Sofort begann es zu regnen (...) Seitdem ist dieses Gebet klassisch geworden und wird als wichtiges Gebet an Fastentagen und in tragischen Momenten vorgetragen.

Die zehn Bußtage, die an *Rosch Haschana* beginnen und an *Jom Kippur* enden, bilden eine ernste Zeit – auf hebräisch heißen diese Tage *Jamim Hanoraim*, die »furchterregenden Tage«; deshalb haben unsere Weisen bestimmt, daß jeden Tag nach der *Amida* von *Schacharit* und von *Mincha* das *Awinu Malkenu* rezitiert werden soll. Am *Schabbat* jedoch sagt man das *Awinu Malkenu* nicht auf, weil Rabbi Akiwa dieses Gebet für die Fastentage verfaßt hat, und es sich also für *Schabbat* nicht eignet. Einzige Ausnahme ist *Jom Kippur* nach dem *Neila*-Gebet, also am Ende des *Schabbat*. Bei dieser Gelegenheit werden die Verse 23 bis 27 verändert.

Denn das an *Rosch Haschana* gefällte Urteil wird an *Jom Kippur* besiegelt. Der Ausdruck *kotwenu* – »schreib uns ein« – wird in *chotmenu* verwandelt. Ist es notwendig, daran zu erinnern, daß Rabbi Akiwa dieses Gebet zu einer Zeit verfaßt hat, da das jüdische Volk sündigte? Ebenso sündigen wir ständig vor *Haschem* und vor den Menschen; deshalb ist die Formel *Awinu Malkenu* von Rabbi Akiwa gerechtfertigt. *Haschem* ist unser Vater, der uns liebt und sich um uns sorgt. Wie können wir Ihm gegenüber undankbar sein? *Haschem* ist auch unser König, der allmächtig ist und dem wir Achtung und Huldigung schulden – wie haben wir es gewagt, uns gegen Ihn aufzulehnen? Nichtsdestoweniger wird *Haschem* immer barmherzig wie ein Vater sein und sich wie ein König um das Wohlergehen Seines Volkes sorgen; deshalb fassen wir in dieser tragischen Zeit unserer Existenz, den zehn hohen und ernsten Tagen, Mut und nähern uns *Haschem* als Vater und König.

Angesichts der Ernsthaftigkeit dieses Gebets öffnet man die heilige Lade, um das *Awinu Malkenu* zu beten, so als ob wir die Tore des Himmels öffnen würden, damit unsere Gebete ohne Hindernisse Gott erreichen.

Normalerweise wird an allen Feiertagen wie auch an *Rosch Chodesch*[8] das *Hallel*[9] vor der *Tora*lesung gesprochen. An *Rosch Haschana* und *Jom Kippur* ist dies dagegen nicht der Fall.

Der *Talmud* berichtet im Traktat Rosch Haschana 32b, daß die Dienstengel Gott einmal fragten: »Wie kommt es, daß das jüdische Volk das *Hallel* vor Dir nicht an *Rosch Haschana* und *Jom Kippur* spricht?«

Gott antwortete den Engeln: »Ist es richtig, daß das jüdische Volk, wenn der König der Welt auf dem Richterstuhl sitzt – mit den Büchern der Lebenden und der Toten – das *Hallel* singen soll?«

8. Erster Tag eines Monats.
9. Fröhliche Lobpsalmen.

Das Ausheben der Tora und die Toralesung an Rosch Haschana

An *Rosch Haschana* werden wie an allen anderen Feiertagen zwei *Tora*rollen aus der heiligen Lade herausgehoben. Eine der beiden dient der *Parascha*[10] des Tages und die zweite dem *Maftir*[11]. Zu den Gelegenheiten von *Rosch Haschana, Jom Kippur* und sogar an *Hoschana Rabba* (s. *Sukkot*) wird ein zusätzliches Gebet während des Aushebens der *Tora* gesprochen. Dieses Gebet folgt auf die »13 Eigenschaften der Barmherzigkeit Gottes«.

Aus der *Tora* wird am ersten Morgen die Verheißung Jizchaks an Awraham und Sara gelesen, da Jizchaks Geburt auf den ersten *Tischri* fällt, während am zweiten Morgen die Geschichte von Jizchaks Opferung (*Jom Hasikaron*) gehört wird. Aus den Propheten erfolgt am ersten Tag die Lesung über Channas beispielhaftes Beten in 1. Samuel und am zweiten Tag Gottes Verprechen der Sündenvergebung an das jüdische Volk aus Jeremia 31.

Das Schofar und die Ordnung des Schofar-Blasens

Im *Talmud*, Traktat Rosch Haschana 16a, wird das *Schofar* als das Horn eines Widders beschrieben. Es erinnert an die Opferung Isaaks, an dessen Stelle ein Widder geschlachtet wurde. Unter Umständen kann auch das Horn eines Steinbocks benutzt werden, aber alle anderen Horntypen sind für das *Schofar*-Blasen an *Rosch Haschana* nicht geeignet. So ist zum Beispiel das Horn einer Kuh ungeeignet, da es an die Sünde mit dem goldenen Kalb erinnert. Das *Schofar* sollte gebogen sein, um zu symbolisieren, daß der Mensch, je mehr er seinen Charakter beugt, desto mehr Verdienst erhalten wird.

Obwohl Frauen von dem Gebot, das *Schofar* zu hören, befreit sind, da diese *Mizwa* mit der Zeit verbunden ist, existiert der weltweite Brauch, daß die Frauen mit den Männern das *Schofar* hören.

Das *Schofar*-Blasen auf dem Horn eines Widders soll die Herzen der Menschen aufwecken, damit sie die Rückkehr zu Gott vollziehen. Das *Schofar*-Blasen allein kann uns nicht siegen lassen über unsere schlechte Neigung zur Sünde und uns zur Buße führen. Unser Bemühen muß uns zuerst zur Selbstbeobachtung und zu unserer Beziehung zu Gott führen. Wenn diese hergestellt ist, wird das *Schofar*-Blasen helfen, über uns selbst zu siegen. Mit dem *Schofar*-Blasen soll

10. Abschnitt der *Tora*, der jede Woche oder am Feiertag gelesen wird.
11. Aufgerufene Person, die während des letzten Teils der *Tora*lesung an *Schabbat*- und Feiertagen eine Segen über die *Tora* spricht.

der Satan zur Verzweiflung gebracht werden. Die Gemeinde weiß nicht genau, zu welchem Zeitpunkt der durchdringende Ton erklingt, um so erschreckender und »aufweckender« wirkt er. Nach Lesung der *Tora* und vor dem *Mussaf*-Gebet ertönt zum ersten Mal das *Schofar.* Man liest zunächst siebenmal den Psalm 47, damit wir uns daran erinnern, daß das Volk Israel Jericho siebenmal umrundet hatte, ehe die Mauern durch den Klang des *Schofar* eingestürzt sind. Dieser Psalm wurde ausgewählt, weil in seiner Mitte der Vers steht: »*Ala Elokim bitrua, Haschem bekol schofar.*« – »Gott erhebt sich beim Schall des *Schofar, Haschem* beim Tone des *Schofar.*«

Im Anschluß werden sechs Verse aus verschiedenen Psalmen vorgetragen, deren Akrostichon die Worte *kera satan* – »Zerreiße den Satan!« formt.

Insgesamt sollte man 100 *Schofar*-Klänge hören, die auf drei Arten geblasen werden können:

1. Die *Tekia*: ein langgezogener klagender Ton
2. Die *Schewarim*: drei mittellange aufschluchzende Klänge
3. Die *Terua*: neun kurze schluchzende Töne

Die *Schofar*-Klänge enden mit einer *Tekia-Gedola*, einer großen oder längeren *Tekia*, die ermutigend und triumphierend klingt. Sie bringt den Satan so zur Verzweiflung, daß er bei den zahlreichen Klängen meint, das Messias-*Schofar* zu hören, und damit weiß, daß er vor der Stunde der Erlösung das jüdische Volk nicht mehr anschuldigen darf.

In 1Kön 5,18 stehen die Worte *Ejn satan we´ejn pega ra* – »Es gibt weder Satan, noch eine schlechte Strafe«. Deren Initialien bilden das Wort *Schofar.*

Manche Rabbinen erklären, die drei verschiedenen Klänge seien zu Ehren unserer Vorfahren Awraham, Jizchak und Jaakow.

Reb Simcha Bunem von Pschys'cha erzählte seinen Chassidim die Reise des Reb Elasar Roke'ach von Amsterdam nach Israel.

Die Schiffsüberfahrt fiel in die Zeit von Rosch Haschana. In der ersten Nacht der Feier gab es einen Sturm, der Wasser in das Schiff trieb, so daß dieses zu sinken drohte. Die Reisenden versuchten, das eingedrungene Wasser aus dem Schiff zu schöpfen. Reb Elasar Roke'ach dagegen betete und meditierte konzentriert. Es war noch tiefste Nacht, als die Reisenden feststellten, daß sie das Schiff vor dem Untergang nicht retten konnten und sie alle sterben mußten. Einer erlaubte sich, Reb Elasar in seiner Meditation zu stören, um ihm das bevorstehende Schicksal zu schildern. Der Rebbe sprach, daß, wenn es so sei, man sich bemühen müsse, das Schofar zu blasen, wenn der erste Sonnenstrahl am Horizont zu sehen sei. Die Menschen folgten Reb Elasar Roke'achs Anweisung. Sofort nach dem Schofarblasen hörte der Sturm auf, und die Matrosen konnten das Schiff wieder reparieren.

Reb Simcha Bunem von Pschys'cha erklärte, daß, als Reb Elasar Roke'ach wünschte, daß das Schofar zur ersten Gelegenheit geblasen werden solle, er kein Wunder von Gott erwartet habe. Ganz im Gegenteil: Als ihm die schreckliche Situation bewußt wurde, sehnte er sich danach, die Mizwa mit dem Schofar zumindest dieses letzte Mal zu blasen. Durch seinen Verdienst wurde das Schiff mit seinen Reisenden gerettet.

Das Mussaf-Gebet

An beiden *Rosch-Haschana*-Tagen und ebenfalls an *Jom Kippur* wird nach dem *Schofar*blasen und dem Einheben der *Tora* allein von dem Kantor oder dem Vorbeter vor der leisen *Amida* das Gebet *Hineni heani* – »hier bin ich Armer mit guten Taten« gesprochen. Der Kantor sollte es mit sehr viel Gefühl singen, da er *Haschem* und den Menschen erklärt, daß er nicht würdig ist, um der Gemeinschaft willen zu beten. Dabei fleht er *Haschem* an, daß Er sein Bittgebet um das Wohlergehen der Menschen willen, die ihn zu seinem Amt ernannt haben, annimmt. Er hofft, daß *Haschem* den Satan zum Schweigen verpflichtet, und daß die Gebete, die er sprechen wird, erhört werden.

Während der Wiederholung des Vorbeters wird in der Mitte des dritten Bittgebets die berühmte *Unetane Tokef* von Rabbi Amnon von Mainz gemeinsam von dem Vorbeter und der Gemeinde gesprochen. Zu diesem Gebet wird die heilige Lade geöffnet.

Lekel Orech Din

Am zweiten Tag von *Rosch Haschana* zu Beginn des dritten Bittgebets, der »Heiligung des Namen Gottes«, direkt vor der Lesung des *Unetane Tokef*, wird das *Pijut* (»Gedicht«) *Lekel Orech Din* – »Zu Gott, der die Menschen auf das Gericht vorbereitet« gelesen. Dazu wird die heilige Lade geöffnet. Das Gedicht wurde am ersten Tag in der *Amida* von *Schacharit* gesprochen. Es enthält 22 Verse, deren Akrostichon das hebräische Alphabet formt. Sie zeichnen verschiedene Eigenschaften Gottes. Der Autor ist unbekannt.

Unetane Tokef

Die Geschichte:
Dieses Gebet ist einer der berührendsten Texte der gesamten Liturgie. Es wurde vor ungefähr 1000 Jahren von Rabbi Amnon von Mainz in Deutschland verfaßt. Es entwickelte sich zu einem Höhepunkt in der Wiederholung der *Mussaf-Amida* des Kantors an *Rosch Haschana* und *Jom Kippur*.

Der Legende nach war Rabbi Amnon ein berühmter, beliebter und ansehnlicher Mann, der nicht nur in der jüdischen Gemeinschaft angesehen war, sondern bei allen Bürgern der Stadt Mainz. Selbst der Bischof war von seiner Intelligenz beeindruckt und wurde sein Freund.
Nach einigen Jahren bat der Bischof den Rabbi, sich taufen zu lassen, und versprach ihm damit noch viel mehr Ehre und Reichtum. Rabbi Amnon verweigerte aber diese Ehre und blieb seinem Glauben treu. Das befriedigte den Bischof nicht, so daß er ihn zu zwingen versuchte. Um Ruhe zu haben und ein wenig Zeit zu gewinnen, sprach Rabbi Amnon zu dem Bischof, daß er drei Tage überlegen und ihm danach eine Antwort geben wolle. Nach Hause zurückgekehrt, wurde ihm erst bewußt, was er da gesagt hatte. Wie konnte er seinen Gott verraten und überlegen, Ihm untreu zu werden? Es betrübte ihn so sehr, daß er drei Tage fastete und weinte. Seine Angehörigen konnten ihn nicht trösten. Für seinen Verdruß gab es keine Heilung. Nach den drei Tagen sandte der Bischof einen Boten zu Rabbi Amnon. Er teilte dem Gesandten mit, daß er nicht mit zum bischöflichen Palast ginge. Daraufhin schickte der Bischof eine größere Delegation, um ihn zu holen. Seine Antwort aber blieb die gleiche: Er ginge nicht mit. Als der Bischof dies hörte, wurde er sehr wütend und schickte Soldaten, die den Rabbi, wenn es nötig wäre, mit Gewalt bringen sollten. Als Rabbi Amnon nun zum Bischof kam, fragte dieser ihn, weshalb er trotz seines Versprechens nicht nach drei Tagen zu ihm gekommen sei. Der Rabbi antwortete, daß er seine Schuld anerkenne und selbst sein Strafmaß festlegen wolle. »Meine Zunge hat gesprochen und dich angelogen. Deshalb soll man sie mir herausschneiden.« Damit wollte Rabbi Amnon Gottes Namen heiligen. Der Bischof entgegnete: »Deine Zunge, die immer gut sprach, lasse ich nicht abschneiden. Aber deine Füße, die nicht zu meiner Einladung gekommen sind, werde ich abschlagen lassen, ebenso wie deine Hände.« Dazu gab er den Befehl weiter.
Als aber der Bischof allein war, kehrte er zu menschlicheren Gefühlen zurück und wollte den Befehl zurücknehmen. Leider war es zu spät. Sein Sekretär, Vater Ignaz, der Rabbi Amnon haßte, hatte schon das Urteil vollstreckt. Jedesmal, wenn man ein Gliedmaß abgeschnitten hatte, fragte Vater Ignaz den Rabbi, ob er das Christentum annehmen wolle. Natürlich verneinte Rabbi Amnon jedesmal. Am Ende hatte er sowohl die Beine wie auch die Hände abgetrennt und wurde mit seinen Gliedmaßen in einem Sarg liegend nach Hause geschickt (...)
Am Vorabend von Rosch Haschana herrschte große Traurigkeit in Rabbi Amnons Haus. Der heilige Märtyrer versuchte seine Verwandten zu trösten: »Heute ist eine Feier. Wir sollten uns freuen.«
Rabbi Amnon forderte, die ganze Zeit in dem Sarg liegen zu bleiben, und wollte sich nicht pflegen lassen. Er sagt den Rabbinern, die zu Besuch kamen: »Nur Gott kann mich heilen; wenn Er es will, wird Er es tun.«
Am ersten Tag von Rosch Haschana wünschte Rabbi Amnon, zur Synagoge gebracht zu werden. Die Rabbiner der Stadt Mainz trugen den Sarg dorthin. In diesem wurde er neben der heiligen Lade abgesetzt, wo der echte Opferaltar war. Dieses Opfer

mußte von Gott angenommen werden. Es wurde mit den Gebeten und Tränen der ganzen Gemeinde begleitet. Es war ein wirklich trauriger Anblick, den prächtigsten Juden in einem solchen Zustand zu sehen.
Als der Vorbeter während der Wiederholung der Mussaf-Amida die Heiligung beginnen sollte, bat Rabbi Amnon ihn zu schweigen. Mit einer kräftigen Stimme sprach er: »Und jetzt wird das Keduscha Gebet sich zu Dir erheben, weil Du, unser Gott, unser König bist.«
Daraufhin sprach er das Gebet Unetane Tokef.
Als er es beendet hatte, verließ seine Seele seinen geschundenen Körper.
Drei Tage später erschien Rabbi Amnon Rabbi Kalonimos ben Meschulam, einem der Gelehrten in Talmud und Mystik der Stadt Mainz, in einem Traum und lehrte ihn den Text des Unetane Tokef mit der Bitte, es in alle jüdischen Gemeinden der Welt zu schicken, so daß es in die Liturgie eingetragen werden kann. Dieser Wunsch wurde erfüllt. Sein Gebet wurde Teil der Gottesdienste an Rosch Haschana und Jom Kippur.

Die Übersetzung des Unetane Tokef (Auszug):

Wir wollen jetzt die Macht der Heiligkeit dieses Tages berichten, weil es furchterregend und erschreckend ist. An ihm wird sich Dein Reich erheben und Dein Thron auf Gnade gefestigt sein, und Du wirst auf ihm in Wahrheit thronen. Es ist wahr, daß Du allein es bist, der richtet, beweist, weiß und Zeuge ist; der schreibt und besiegelt, zählt und berechnet und allem gedenkt, was vergessen wurde. Du wirst das Buch der Erinnerung öffnen, es wird sich selbst lesen, und in ihm ist jedermanns Unterschrift.

Wenn das große *Schofar* geblasen werden wird, wird ein leiser und dünner Klang hörbar sein. Die Engel werden in Aufregung versetzt und ergriffen von Angst und Beben. Und sie werden sagen: Da ist der Tag des Gerichts (...)

In der *Amida* des *Mussaf* gibt es statt eines zentralen Bittgebets drei Bittgebete: *Malchujot*, *Sichronot* und *Schofarot*. Bei allen ertönt das *Schofar*.

Malchujot (*melech* – »König«): Nach der Rezitierung des *Alenu* während des vierten Bittgebets, das die Macht Gottes und die Besonderheiten seines Königtums beschreibt, wird nach dem Schlußsatz »Gelobt seist Du, Ewiger (...), der Du Israel und den Gedenktag geheiligt hast« jeweils neunmal während der leisen *Amida* und während ihrer lauten Wiederholung das *Schofar* geblasen.

Sichronot (»Erinnerungen«): Im fünften Bittgebet wird an die Schöpfung der Welt erinnert (»Du gedenkst des Werkes der Welt.«) und anschließend über die Sintflut, die Versklavung in Ägypten und den neuen Bund mit Awraham (Jizchaks Opferung) berichtet. Er bestraft die Bösen und belohnt die Guten. An das Ende »Gelobt seist Du, *Haschem*, Der Sich des Bundes erinnert« schließt sich ein lautes *Schofar*blasen an.

Schofarot: Das sechste Bittgebet erinnert an die Momente in der Geschichte, in denen das *Schofar* geblasen wurde, wie bei Gottes Offenbarung am Sinai, und in denen es einst geblasen werden wird, wenn das Exil des Volkes beendet werden wird und der Messias kommt, und ebenso in dem *Jubeljahr*[12]. Der Schluß lautet »Gelobt seist Du, *Haschem*, der Du mit Erbarmen auf den Klang der *Terua* Deines Volkes Israel hörst.« und endet mit einem weiteren *Schofar*blasen.

In der Diaspora der jüdischen Gemeinde wird zwischen dem achten und dem neunten Gebet der Priestersegen gelesen, der in Israel täglich erteilt wird, wenn es *Kohanim* gibt.

Zum Ende des letzten Bittgebets des *Mussafs* (»Bitte um Frieden auf der Welt und Segen für das Volk Israel« – *Schalom*) wird die heilige Lade für das Gebet *Hajom Teamzenu* – »Kräftige uns heute. Amen« zum letzten Mal geöffnet.

Dieses Gebet klingt wie eine Herausforderung an Gott. Von außen scheint es, als bildeteten wir uns ein, gegen Gott duellieren zu können, an diesem furchtbaren Tag noch mit Forderungen an ihn zu kommen. Hier zeigt sich aber genau ein Prinzip des Judentums: Wir stehen an diesem Gerichtstag vor Gott und wissen, daß wir von Seinem Erbarmen und gutem Willen abhängig sind. Nichtsdestotrotz sind wir vertrauensvoll, daß Gott unsere Gebete und Buße barmherzig annehmen wird.

Deshalb sprechen wir die folgenden sieben Verse laut wie eine Herausforderung:

Hajom Teamzenu:
Kräftige uns heute. Amen.
Segne uns heute. Amen.
Erhöhe uns heute. Amen.
Suche uns heute zum Guten. Amen.
Erhöre heute unser Flehen. Amen.
Nimm heute unser Gebet in Erbarmen und Wohlgefallen an. Amen.
Unterstütze uns heute mit der rechten Hand Deiner Gerechtigkeit. Amen.

Danach beendet der Vorbeter das *Mussaf*-Gebet mit folgenden Worten:

»Möge Gerechtigkeit, Segen, Erbarmen, Leben und Frieden unser und das ganz Israels für ewig sein; gelobt seist Du, Ewiger, Der den Frieden erschafft.«

Im Anschluß an das *Kaddisch*-Gebet, das die Heiligung Gottes ausruft, ertönt wieder aufgrund unterschiedlicher Traditionen zehn- oder vierzigmal hintereinander das *Schofar*. Damit wird noch einmal der Versuch unternommen, Gott von einer möglichen negativen Entscheidung abzuhalten.

12. Nach sieben siebenjährigen Zyklen wurde die Erde unter dem jüdischen Volk in Israel neuverteilt und die Gefangenen und die Sklaven freigelassen. Dieses fünfzigste Jahr war das Jubeljahr. Um dieses Jubeljahr anzukündigen, blies man das *Schofar*.

Grundsätzlich haben an beiden Tagen die Gottesdienste mit denselben Ablauf. Die Unterschiede liegen nur in verschiedenen *Tora*-Lesungen und *Pijutim*[13]-Gedichten.

Der Rosch Haschana-Nachmittag

Manche Gemeinden feiern an *Rosch Haschana Mincha* und *Arwit* zusammen, während andere zweimal den Gang zur Synagoge auf sich nehmen.

Rosch Haschana ist die einzige Feier, die zwei Tage sowohl in Israel wie in der Diaspora dauert.[14] Das Fest wird als ein langer Doppeltag betrachtet. Deshalb werden alle oben beschriebenen Rituale und Bräuche am zweiten Abend genau wie am ersten Abend ausgeübt.

Taschlich

Am ersten Tag von *Rosch Haschana*[15] ist es üblich, nach dem *Mincha* und vor dem Sonnenuntergang zum Meer, Fluß oder See zu gehen und das Gebet *Taschlich* (»du wirst wegschicken«) zu sprechen. Diejenigen, denen dies an *Rosch Haschana* nicht möglich ist, können es bis zum 23. *Tischri*, außer an *Schabbat* und *Jom Kippur*, sprechen. Dieses Wasser, zu dem man geht, muß ein »lebendiges Wasser« mit Fischen sein, um die Menschen daran zu erinnern, daß ihre Existenz genauso zerbrechlich ist wie das Leben der Fische, die jederzeit von Fischern gefangen werden können und an Land sterben müssen. Wenn die Menschen am Wasser stehen, leeren sie symbolisch ihre Taschen. Dabei werfen sie speziell für diese Handlung eingesteckte Brotkrumen ins Wasser. Auf diese Weise werden symbolisch die Sünden ins Wasser geworfen, indem an die Zusage erinnert wird: »Du wirst ihre Sünden ins Meer werfen.« Dazu liest man Micha 7,18-20 und einige Psalmen.

Die Idee, zum *Taschlich* an ein Wasser zu gehen, läßt an die Opferung Jizchaks denken. Der *Midrasch* berichtet: Als Awraham mit Jizchak auf dem Weg zur Opferung war, kam der Satan und verwandelte sich in einen Fluß, um sie am Weitergehen zu hindern. Als die beiden bis zum Hals im Wasser waren, schrie Awraham zu Gott: »Herr der Welt, Du hast mich auserwählt und Dich mir offenbart; jetzt ist mein Leben in Gefahr; wenn ich oder mein Sohn ertrinken werden, wer wird dann Deinen Willen ausüben? Wer wird die Einzigartigkeit Deines heiligen

13. Plural von *Pijut*, Gedicht, das an Feiertagen in das Gebet eingefügt wird.
14. Normalerweise wird in Israel jede biblische Feier einen Tag kürzer gefeiert.
15. Erst am zweiten, wenn der erste Tag auf einen *Schabbat* fällt.

Namens weiterverkünden?« Umgehend sprach Gott mit dem Satan, und der Fluß wurde trocken.

Als er noch jung war, hatte Reb Naftali von Ropschitz einmal versäumt, mit seinem Lehrer, Reb Jaakow Jizchak, dem »Seher von Lublin«, zum Taschlich an den Fluß zu gehen. Als der Zaddik und seine Chassidim bereits auf dem Rückweg waren, sahen sie Reb Naftali zum Fluß laufen. Einer der Chassidim rief ihm zu: »Was rennst du so? Du siehst doch, daß der Rebbe bereits nach Hause geht. Was bringt es dir, ob du früher oder etwas später dein Ziel erreichst?« Naftali antwortete: »Ich will noch schnell zum Fluß kommen und versuchen, einige der Sünden einzusammeln, die unser heiliger Rebbe ins Wasser geworfen hat. Sie will ich als Schatz in meinem Herzen verwahren.«

Die Sühne (Kaparot)

In der Zeit der *Teschuwa*, den sieben Bußtagen zwischen *Rosch Haschana* und *Jom Kippur*, sollen alle Menschen, auch die Kinder, die *Kaparot* (»Sühne«) begehen. Obwohl dazu in der ganzen Woche die Möglichkeit besteht, ist der günstige Zeitpunkt der Nachmittag vor *Jom Kippur*.

Jeder Mann nimmt dabei einen weißen Hahn und jede Frau ein weißes Huhn, schleudert sie dreimal über ihren Kopf und spricht gleichzeitig: »Das wird mein Austausch, meine Sühne sein. Dies wird für mich sterben.« Danach wird das Tier geschlachtet, die Innereien werden den Vögeln und Haustieren gegeben und das Fleisch den Armen gespendet. Wenn man diese Innereien den Tieren gibt, zeigt man ihnen gegenüber Erbarmen, wie man es auch durch die Gebete von Gott gegenüber sich selbst erwartet. Beim Spenden des *Kaparot*-Fleisches für die Armen sollte man sehr vorsichtig sein, um den Beschenkten nicht in Verlegenheit zu bringen, daß er meint, der Geber wolle seine eigene Sünde auf den Nehmenden abschieben. Deshalb ist es auch erlaubt, als Ersatz für das Fleisch den Geldwert des Tieres direkt den Armen zu geben.

Selbst für ungeborene Kinder muß die schwangere Mutter die *Kaparot* ausüben.

Einige Tage vor Jom Kippur ging ein Chassid von Reb Elimelech von Lisensk mit der Bitte zu ihm, daß der Zaddik ihm zu sehen erlaube, wie er die Kaparot durchführt. Der Chassid, der schon jahrelang an den Feiertagen zum Rebbe ging, argumentierte, daß er schon die ganzen Jahre hindurch die Kaparot zu sehen wünschte. Und jetzt könne er es nicht mehr aushalten. Darauf fragte der Rebbe ihn: »Wie begehst du die Kaparot?«
Der Chassid antwortete: »Der heilige Rebbe scherzt wohl (...) Ich bin ein einfacher Mensch und ergreife das Gebetbuch, lese den Kaparottext, nehme den Hahn, schwinge

ihn dreimal über meinen Kopf und bringe ihn zum Schächter, um ihn schächten zu lassen. Danach gebe ich das Fleisch der Wohlfahrtsküche für die Armen.«
»Ich mache es genauso«, sagte der Rebbe, »aber ich bin sicher, daß du darauf achtest, einen weißen Hahn zu nehmen, während es für mich egal ist, ob er weiß, schwarz oder andersfarbig ist.«
Der Chassid besaß eine so große Sehnsucht, die Kaparot zu sehen, daß der Rebbe ihm riet, in ein Dorf mit einem gewissen Juden zu gehen, bei dem er sehen könne, wie die Kaparot durchzuführen sei. So machte der Chassid sich zu der genannten Adresse auf, die sich als die gepachtete Gaststätte eines Wirtes erwies. Dort angekommen, bemerkte er, daß das Haus mit betrunkenen Bauern voll war. Er setzte sich in eine Ecke der Stube und beschloß zu warten, bis der Wirt sich um ihn kümmern würde und die anderen Gäste die Wirtschaft verlassen hätten. So stellte er sich in seiner Ecke schlafend.
Der Wirt rief seine Frau und bat sie, ihm ein Heft aus dem Wohnzimmer zu bringen. Aus diesem begann er laut zu lesen: »An diesem und jenem Tag habe ich nicht zur richtigen Zeit gebetet, an diesem und jenem Tag habe ich mich in meiner Rechnung vertan und ein paar Kopeken von einem armen Reisenden zu viel genommen, an diesem und jenem Tag, wenn ich zu viel Arbeit hatte, habe ich mich so verspätet, daß ich nicht mehr vor Schabbat in die Mikwe gehen konnte, an diesem und jenem Tag bin ich vor Müdigkeit eingeschlafen, ohne das Abendgebet zu sprechen (...)«
Als er alles gelesen hatte, brach er in Tränen aus und sagte: »Wehe mir, Herr der Welt, schon letztes Jahr habe ich gesündigt, schon letztes Jahr habe ich meine Sünden bedauert und Dir versprochen, daß ich nie mehr (...) Und was ist am Ende mit mir geschehen? Die ganze Zeit sündige ich mehr und mehr, auch wenn ich es nicht will. Bitte, Gott, was soll ich tun?« Er weinte und weinte bitterlich, bis er endlich ruhiger wurde. Danach bat er seine Frau, ihm ein anderes Heft zu bringen. Als er darin zu lesen begann, brach er sofort wieder in Tränen aus. »An diesem und jenem Tag ging ich in den Wald, um Holz zu holen. Dabei haben mich die Kosaken überfallen und mich so geschlagen, daß mir noch Wochen später meine Knochen schmerzten. Meine Tochter ist gestorben. An diesem und jenem Tag sind manche Kunden fortgegangen, ohne ihre Rechnung zu bezahlen (...)«, las er sein Unglück weinend vor. Am Ende schloß er das zweite Heft und sprach schluchzend zu Gott: »Herr der Welt, habe ich Dich nicht schon letztes Jahr gebeten, mir ein gutes, gesegnetes, glückliches und süßes Jahr zu geben? Ich vertraute darauf, daß Du es mir geben wirst. Was ist aber am Ende geschehen? (...)« Nachdem er sich in Ruhe ausgeweint hatte, fuhr er fort: »Wir haben heute Erew Jom Kippur, das heißt, daß es Zeit ist, Frieden zu schließen und sich einander zu verzeihen. Herr der Welt, Du schuldest mir nichts, und ich schulde Dir auch nichts. Wir sind quitt, okay?« Mit diesen Worten nahm er die zwei Hefte, wrang sie zu einer Rolle, schleuderte sie dreimal über seinen Kopf und sprach dreimal die dazugehörigen Worte: »Das wird mein Austausch, meine Sühne sein. Diese werden für mich sterben.« Und warf sie ins Feuer.

Am nächsten Tag kehrte der Chassid nach Lisenz zurück, wo er Rebbe Elimelech berichtete, was er gesehen und gehört hatte. Der Rebbe wünschte ihm alles Gute für den bevorstehenden Fastentag, segnete ihn und sprach: »Na, jetzt weißt du, wie man die Kaparot durchführen soll.«

Zom Gedalja

Am dritten *Tischri* wurde von den Rabbinern der *Talmud*zeit ein Fastentag in Erinnerung an Gedalja vorgeschrieben. Er war ein sehr angesehener jüdischer Anführer und von Nebukadnezar ernannter Statthalter von Judäa, als er während des babylonischen Exils von seinem Rivalen Ismael ermordet wurde. Mit seinem Tod im Jahr 580 v.Chr. wurde das letzte Hoffnungslicht Israels gelöscht.

Eigentlich wurde Gedalja an *Rosch Haschana* getötet, aber aufgrund der feierlichen Angelegenheit wurde das Fasten auf den dritten *Tischri* verschoben.

Wenn der dritte *Tischri* auf einen *Schabbat* fällt, wird der Fastentag auf den folgenden Sonntag (vierten *Tischri*) verlegt, da außer an *Jom Kippur* nie an einem *Schabbat* gefastet wird.

Das Fasten beginnt mit der Morgendämmerung und endet, wenn die ersten Sterne zu sehen sind.

Vor oder nach dem Schofarblasen?

Als Reb Heschel noch ein kleiner Junge war, entdeckte sein Vater ihn dabei, wie er sich in einer Ecke versteckt hatte und im Geheimen vor dem Schofarblasen gegessen hatte. Ärgerlich fragte sein Vater ihn: »Was machst Du, Heschele? Wer hat schon gehört, daß man vor dem Schofarblasen essen soll?« Unbeeindruckt antwortete der Junge: »Weißt du, Papa, das Ziel des Schofarblasens ist doch, den Satan zur Verzweiflung zu bringen. Ich habe mir überlegt, wenn der Satan sieht, daß ich esse, wird er denken, daß das Schofarblasen schon vorbei ist und es sich nicht mehr lohnt, zum göttlichen Gerichtshaus zu gehen, um uns anzuklagen.«

Die Gedanken des Schofarbläsers

In einem Jahr suchte Reb Levi Jizchak von Berditschew sehr lange nach jemandem, der es würdig wäre, in seiner Synagoge das Schofar zu blasen. Rosch Haschana stand kurz bevor. Obwohl viele Männer dieses Privileg, das Schofar zu blasen, erlangen wollten, indem sie behaupteten, Experten in den kabbalistischen Geheimnissen des Schofarblasens zu sein, gefiel Reb Levi Jizchak keiner von ihnen.

Eines Tages kam ein weiterer Kandidat, den Reb Levi Jizchak fragte, über welche Geheimnisse er meditiere, wenn er das Schofar in den Händen halte.

Der Mann antwortete Reb Levi Jizchak: »Rebbe, ich bin nur ein einfacher Mensch; ich verstehe nicht viel von den Geheimnissen der Tora. Aber ich habe vier Töchter in

heiratsfähigem Alter. Wenn ich in das Schofar blase, gehen mir folgende Gedanken durch den Kopf: Herr der Welt, gerade jetzt erfülle ich Deinen Willen; ich erfülle Deine heilige Mizwa und blase in das Schofar. Jetzt sollst Du auch machen, was mein Wille ist, und mir helfen, daß meine Töchter gute fromme Männer heiraten.«
Darauf antwortete Reb Levi Jizchak sofort: »Mein lieber Freund, Du hast die würdigsten Gedanken im Kopf. Du wirst das Schofar in meiner Synagoge blasen.«

Das Schofar des Messias
Reb David Mosche, der Sohn des Rizhiner Zaddik, erzählte, daß sein Vater an Rosch Haschana seines Todesjahres nicht in die Synagoge gehen konnte. So blieb er mit seinem Vater zu Hause und betete mit ihm in seinem Zimmer. Er erinnerte sich, daß das Gebet seines Vaters noch wunderbarer und heiliger als jemals zuvor war. Nach diesem Gebet sprach der Rizhiner Zaddik zu seinem Sohn: »Heute habe ich das Schofar des Messias gehört.«

Ein dünner Klang
Reb Menachem Mendel von Kotzk gab Reb Jechiel Meir von Gostinin die Ehre, die Mizwa des Schofarblasens in seiner Synagoge zu erteilen.
Obwohl er sich sehr bemühte, waren die herauskommenden Klänge sehr leise und farblos. Als die Gebete vorbei waren, gratulierte der Rebbe von Kotzk seinem Gast und sagte ihm, daß er besonders gut und schön geblasen habe. Dann erklärte er, daß der Text der Gebete *Uwaschofar gadol jitaka we kol demama daka jischama* normalerweise »Wenn das große Schofar geblasen wird, wird ein leiser und dünner Klang hörbar sein« bedeutet. Doch diesmal erklärte er ihm mit einem Wortspiel, daß »auch wenn das Schofar von einem großen Mann geblasen wird und trotzdem nur ein leiser und dünner Klang zu hören ist«, – *malachim jechafesun wechil urada jochesun* – »die Engel nichtsdestotrotz in Aufregung versetzt und von Angst und Beben ergriffen werden (...)«.
Diese Geschichte wurde auch von einem Chassid über Reb Chajim von Zanz erzählt, der seinen Rebbe trösten wollte, als dieser sich wegen seines leisen und schwachen Schofarblasens unbehaglich fühlte.

Eine Trommel für die Reue
An Rosch Haschana, als die Gemeindemitglieder wegen des Schofar-Blasens in der Synagoge versammelt waren und laut weinten, begann Reb Mendel von Rymanow seinen Vortrag mit einem Gleichnis: Ein Bauer, der sich noch nie aus seinem Heimatdorf entfernt hatte, war in einen Erbschaftsstreit verwickelt, und es geschah, daß er sich zum höchsten Gericht nach Wien begeben mußte. Als seine Angelegenheit beim Gericht erledigt war, hatte er die Absicht, sich die Stadt anzusehen. Er ging gemächlich durch die Gassen und über Plätze und wunderte sich über das rege Treiben. Auf einmal vernahm er ein lautes Trommelschlagen. Einen Vorbeieilenden fragte er, wel-

che Bedeutung das Trommeln habe. »Einfältiger Bauer«, beschimpfte ihn der Passant, »weißt du denn nicht, daß man, wenn ein Feuer ausbricht, die Trommel schlägt und daß damit das Feuer gelöscht wird?« – Der Bauer behielt dies im Gedächtnis. Bevor er sich auf die Heimreise begab, brachte er in Erfahrung, wo er eine Trommel bekommen könne und beschaffte sich dieses Instrument. In guter Stimmung begab er sich in die Heimat. Eines Tages brach in seinem Haus ein Feuer aus. Da schlug er auf seine Trommel, tat aber sonst nichts, um das Feuer zu löschen. Die Flammen wurden immer heftiger, und der Bauer trommelte so kräftig, wie er konnte. Das Feuer erlosch erst, als das Haus in Schutt und Asche lag.
Wenig Zeit war vergangen, als ein Reisender aus Wien in das Dorf kam. Der Bauer erkannte ihn als den Mann, der ihm damals in Wien den Rat mit der Trommel gegeben hatte. Der Bauer beklagte sich bei dem Städter und teilte ihm sein Leid mit. Jener jedoch sprach lachend: »Du einfältiger Bauer, meinst du wirklich, daß mit bloßem Trommelschlagen ein Feuer gelöscht werden könne? Das Trommelschlagen ist doch nur der Notruf, Wasser herbeizubringen, nicht mehr.« – Reb Mendel von Rymanow zögerte eine Weile und sprach schließlich: »Das Feuer ist die Begierde, die böse Leidenschaft, die in unserem Herzen wohnt; die Trommel ist das Schofar, durch das die Ermahnung zur Einkehr und zur Besserung geht; die Reue, die der Ermahnung folgen soll, ist das Wasser, mit dem der Brand gelöscht wird.« Als die betende Gemeinde dies hörte, empfand sie eine tiefe Reue.

Das Schofar im Kaffeekessel[16]

Wolf Fischelberg und sein Sohn liefen zwischen den Baracken in Bergen-Belsen mit der Hoffnung umher, Zigaretten in Brot umtauschen zu können, als ein Stein zu ihren Füßen aufschlug. Da sich in der näheren Umgebung keine weitere Person befand, war klar, daß sie gezielt beworfen worden waren.
»Was soll das sein?«, fragte Wolf seinen Sohn. »Nichts, nur schmeißt ein saurer Jude Steine«, antwortete den Sohn. »Saure Juden werfen keine Steine; es gehört nicht zu unseren Traditionen«, sprach der Vater.
Als er sicher war, daß niemand das Geschehen beobachtet hatte, und er allein war, hob Wolf Fischelberg den Stein auf. Er war mit einem Stück Papier umwickelt. Vater und Sohn gingen in eine Baracke, wo polnische Juden lebten. Dort las er das Schreiben. Es war von einem holländischen Juden, Chajim Borak, verfaßt, der damit mitteilte, daß er das Glück hatte, ein Schofar zu besitzen. Wenn die chassidischen Juden des Transports es am Rosch Haschana benutzen wollten, könnte es Chajim Borak in einem Kaffeekessel der Morgenverteilung einschmuggeln. Natürlich aber werden die polnischen Juden den Kaffee verlieren, da das Schofar nur mit einer geringen Menge

16. Nach der Erzählung »Schofar in a Coffee Cauldron«, in: Yaffa Eliach, Hasidic Tales of the Holocaust, New York: Vintage Books, 1982.

Kaffee bedeckt werde. Die polnischen Juden stimmten über diesen Vorschlag ab – die Mehrheit entschied sich für den Verzicht der Morgenration Kaffee am ersten Tag von Rosch Haschana.
Wie es auf dem Zettel notiert war, wurde ein Stein zu den Holländern zurückgeworfen. »Juden werfen nie umsonst Steine«, sagte Wolf seinem Sohn.
Das Schmuggeln des Schofars war erfolgreich. Niemand wurde verhaftet, noch wurde das Schofar beschädigt. Ein neues Problem entstand: Wie sollte man das Schofar blasen? Wenn es laut wäre und die Deutschen es hörten, würden alle ermordet werden. Wenn es leise wäre, könnten die Anwesenden vielleicht das Schofar nicht deutlich hören und die Mizwa erfüllen. Nach langer Diskussion zwischen verschiedenen Rabbinern wurde entschieden, das Schofar leise zu blasen. Gott wird sicherlich den leisen Klang des Schofars und die Gebete mit Seiner Barmherzigkeit annehmen.
Als Wolfs Tochter Mirjam das Schofar hörte, hoffte sie, daß dieser Klang den Stacheldrahtzaun Bergen-Belsens einreißen wird, wie früher durch den Ton des Schofars die Mauern Jerichos zerstört wurden. Als der Gottesdienst vorbei war, hatte sich nichts geändert. Der Stacheldrahtzaun stand noch immer – aber in den Herzen der Menschen war Wissen und Hoffnung: Wissen, daß der verborgene Klang eines Schofars eine Bresche in die Nazimauer der Demütigung und Sklaverei schlug, und Hoffnung, daß eines Tages Freiheit den Stacheldrahtzaun von Bergen-Belsen niederreißen wird.

»Warum bist du nicht schon früher zu mir gekommen?«
Als der große Rebbe von Karlin, Reb Aharon, am ersten Rosch Haschana-Tag das Schacharitgebet mit den Worten Hamelech hajoschew al kisej ram wenissa – »Der König, der auf einem hohen, erhabenen Thron sitzt« begann, wurde er bewußtlos und fiel zu Boden nieder. Nachdem er einige Minuten später wieder zu sich kam, wollten seine Chassidim wissen, was die Ursache seiner Bewußtlosigkeit war. Der Rebbe antwortete ihnen, daß er sich bei dem ersten Wort Hamelech – »der König« an die Geschichte im Talmud Traktat Gittin 56a und b erinnerte. Sie berichtet über Rabbi Jochanan ben Sakkaj, der aus Jerusalem wie ein Toter in einem Sarg herausgebracht wurde. Dieser kam zu Vespasian, kurz bevor er zum Kaiser von Rom gekrönt worden ist. Er begrüßte den Herrscher: »Friede mit dir, o König, Friede mit dir, o König.« Vespasian entgegnete ihm, daß er die doppelte Todesstrafe verdiene, weil er ihn erstens König genannt habe, ohne daß er ein König sei, und »zweitens«, sagte Vespasian, »wäre es wahr, daß ich König oder Kaiser bin, warum bist du dann nicht schon früher zu mir gekommen?«
Reb Aharon von Karlin sprach daraufhin, daß er, als er sich an diese Geschichte erinnerte, daran dachte, wenn er vor Gott, dem König aller Könige, erscheinen werde, Gott selbst ihn fragen wird: »Da du sagst, daß Ich der König, der auf einem hohen, erhabenen Thron sitzt, bin, und du Mich als den König anerkennst, warum bist

du dann nicht schon früher zu Mir gekommen? Warum hast du nicht schon früher gebüßt und stattdessen bis Rosch Haschana gewartet?«
Der Karliner fügte ergänzend hinzu, daß er sprachlos wurde, weil er kein Argument zu seiner Rechtfertigung hatte und in die Bewußtlosigkeit fiel.

Jom Kippur

Rabbi sagt: *Jom Kippur* sühnt alle Sünden, die in der *Tora* genannt werden,
ob man gebüßt hat oder nicht, ausgenommen die Sünde,
das Joch Gottes abzulehnen, absichtlich die *Tora* falsch zu interpretieren,
oder den Bund unseres Vaters Awraham zu verneinen (die Beschneidung).
In diesen Fällen, falls der Sünder gebüßt hat, sühnt *Jom Kippur;*
falls er nicht gebüßt hat, sühnt *Jom Kippur* nicht.
(Traktat Joma 85b)

Fastentag par excellence

Jom Kippur, der »Versöhnungstag«, ist *Schabbat Schabbaton*, der »*Schabbat* aller *Schabbat*« im jüdischen Festkalender und wird am zehnten Tag der »Umkehrtage (zu Gott)« gefeiert, die mit *Rosch Haschana* beginnen. Es ist eigentlich ein Fehler, *Jom Kippur* mit »Versöhnungstag« zu übersetzen. Die korrekte Übersetzung müßte »Tag der Sühne« lauten. Doch hat es sich eingebürgert, die Übersetzung »Versöhnungstag« zu benutzen.

Viele Leute halten die *Kaparot* am Tage des 9. *Tischri*, d.h. am Vortag von *Jom Kippur*, ab, um die Gebote der *Kaparot* an die *Mizwa* des Fastens von *Jom Kippur* anzunähern. In der Tat ist *Jom Kippur* einer der sechs Fastentage des Kalenders. Seine Besonderheit ist, daß er der einzige der sechs Fastentage ist, der von *Haschem* eingerichtet wurde und in der *Tora* erwähnt wird. Dieses totale Fasten, das eine halbe Stunde vor dem Sonnenuntergang des 9. *Tischri* beginnt, dauert ein wenig mehr als 25 Stunden, bis zum Erscheinen der Sterne, das den Tag des 10. *Tischri* beendet. Dieses Fasten ist absolut und dient dazu, die Seele zu kasteien, um sie zur Buße anzuregen.

An *Jom Kippur* fasten alle Juden, weil er trotz des freudigen Feierns der Tag ist, an dem man an Gottes Gericht teilnimmt. Deswegen werden zur Buße und zum eigenen körperlichen Empfinden alle materiellen Dinge auf das Notwendigste reduziert.

Das Fasten bezieht sich auf folgende fünf Bereiche:

1. Essen und Trinken
2. Waschen
3. Parfümierung und Kosmetik
4. Lederschuhe
5. Geschlechtsverkehr

Zu den fünf den Fastentag prägenden Verboten wiederholt sich die Zahl 5 bei der Anzahl der Gottesdienste wie auch der Sündenbekenntnisse. So findet neben den drei Gottesdiensten, die alltäglich begangen werden, ein Zusatzgottesdienst, wie er auch am *Schabbat*, an Feiertagen und an den halbfeierlichen ersten Tagen der Monate gefeiert wird, als ein besonderer Gottesdienst für *Jom Kippur* statt.

Das Fest fängt am Vorabend mit dem dreimaligen Sprechen des Gebetes *Kol Nidre* (»alle Gelübde«) an, mit dem die Betenden ihre gegen Gott ausgesprochenen Gelübde widerrufen. Es besaß einen besonderen Sinn für die Marranen, spanische und portugiesische Juden, die sich 1492 zwangsweise taufen lassen und allen jüdischen Riten auf die Bibel abschwören mußten, da ihnen sonst die Verbannung oder der Tod drohte. Nach 1492 konnten sie in Spanien ihr Judentum nur versteckt ausüben, weil sie im Falle der Entdeckung und Denunzierung vor die spanische Inquisition gebracht, dort gefoltert und getötet worden wären. Laut Volksmeinung liegt sogar der Ursprung des *Kol Nidre* in der Zeit der Marranen. Es wird aber schon im 9. Jahrhundert verfaßt worden sein.[1] Seine weltweit einheitliche Melodie singt der Vorbeter dreimal vor und die Gemeinde wiederholt sie dreimal wortwörtlich.

Wegen der Heiligkeit und Einzigartigkeit dieses Tages ist das Fasten obligatorisch, sogar an *Schabbat*. Dennoch wird ein Kranker, dessen Gesundheitszustand sich durch das Fasten verschlimmern könnte, sich in kleinen Mengen ernähren dürfen, aber nur auf medizinischen Rat und nach Rücksprache mit einem Rabbiner. Das gleiche gilt für eine Frau, die gerade entbunden hat. Während der drei ersten Tage nach der Entbindung ist es ihr streng verboten zu fasten. Vom vierten bis siebten Tag nach der Entbindung kann eine Frau essen oder fasten, je nach Meinung ihres behandelnden Arztes. Schwangere und stillende Frauen müssen während der gesamten Dauer von *Jom Kippur* fasten. Dagegen sind die Kinder bis zu ihrer religiösen Volljährigkeit (die Jungen mit 13 und die Mädchen mit 12 Jahren) vom Fasten befreit, aber es ist ihr Verdienst, wenn sie versuchen, einige Stunden zu fasten.

Die zwei folgenden Geschichten beschreiben sehr gut den Willen gläubiger Juden, auch in den Konzentrationslagern die Gebote an *Jom Kippur* einzuhalten, also zu fasten und nicht zu arbeiten.

1. Der Name des Verfassers wurde in der Tradition nicht überliefert.

Jom Kippur im Arbeitslager – ein Wunder der Menschlichkeit in der Hölle
Im Jahre 1944 befand sich Levi Jizchak Kohn, ein junger chassidischer Bub, mit seiner Familie und etwa 100 weiteren Juden im Arbeitslager Stockerau bei Wien. Als sich der Festtag von Jom Kippur näherte, begab sich eine Delegation zum Lagerkommandanten und bat darum, von der Arbeit befreit zu werden, und als Gegenleistung seien die Lagerarbeiter dazu bereit, auf das Essen an diesem Tag zu verzichten. Die Kinder waren vom Fasten selbstverständlich ausgenommen. Der Lagerkommandant gab sein Einverständnis.
In diesem Lager wurde das Essen von einer naheliegenden Fabrik geliefert, in der die Gefangenen arbeiten mußten. So wurden zum Frühstück und zum Mittagessen nur für die Kinder geringe Mahlzeiten herbeigebracht. Als die Nacht einbrach, ungefähr zu der Zeit, als das Fasten zu Ende ging, erschienen drei Elektroautos mit dem gesamten Essen für den ganzen Tag für die Fastenden, die sich sehr darüber freuten. Das war ein seltener Fall einer humanitären Geste, aber dieses Mal gab es ein glückliches Ende für die Deportierten.

Der Mut des Kapos[2]
Im Konzentrationslager Janowska, in der Nähe von Lemberg, gab es einige Chassidim, die Reb Israel Spira, den Bluzhower Rebbe baten, sich beim Kapo Schneeweiß einzuschalten, damit letzterer ihre Arbeiten am Jom-Kippur-Tag erleichtere. Schneeweiß war nie fromm gewesen, aber er war von der Anfrage des Bluzhower Rebbe beeindruckt und willigte in die Bitte ein. Am nächsten Tag unterrichtete er den Rebbe, daß er beabsichtige, den Rebbe und seine Freunde zu beauftragen, die Wohnungen der Offiziere am Jom-Kippur-Tag zu putzen. Er fügte hinzu: »Es steht außer Frage, daß ich euch vor den Deutschen verteidige, wenn etwas schiefgehe. Und vor allem sollte es in eurem Interesse sein, daß die Wohnungen gut gereinigt werden.«
Am kommenden Tag, Jom Kippur, putzten der Bluzhower Rebbe und die Chassidim die Wohnungen, wobei sie die Gebete auswendig sprachen, als gegen Mittag einige Offiziere in eine der Wohnungen eintraten und ein Tablett mitbrachten mit appetitlichen Speisen. Während des ganzen Jahres servierten die SS-Offiziere armselige Essensportionen, aber am Tag von Jom Kippur, wenn die Juden fasten mußten, servierten sie großzügige und köstliche Speisen.
Sie überprüften die Arbeit und befahlen den jüdischen Gefangenen zu essen. Reb Israel Spira erklärte den SS-Offizieren, daß dieser Tag der heiligste des Jahres sei und daß sie fasten mußten und nicht essen würden. Die Offiziere waren wütend, sie ließen Kapo Schneeweiß holen, dem sie sagten: »Sie sind für diese Juden verantwortlich. Wir kommen in zwei Stunden wieder, und wenn sie die Mahlzeit nicht zu sich genommen haben, werden Sie erschossen.« Schneeweiß streckte die Brust heraus

2. Nach: Even the Transgressors in Israel. In: Yaffa Eliach, Hasidic Tales of the Holocaust, New York: Vintage Books 1982.

und sagte den SS-Offizieren: »Wir Juden gehorchen dem Gesetz unserer Vorfahren. Heute ist Jom Kippur, ein Fastentag. Sie können mich jetzt erschießen, wenn Sie wollen. Ich werde sie nicht dazu zwingen, ihr Fasten zu unterbrechen. Übrigens faste ich heute auch!«

Einer der SS-Offiziere nahm seinen Revolver heraus und schoß auf Schneeweiß. Reb Spira und die Chassidim trauten ihren Augen nicht. Schneeweiß, der in der Öffentlichkeit gegen die jüdischen Gebote verstieß, hatte gerade öffentlich den Namen Gottes geheiligt und starb als Märtyrer um der jüdischen Ehre willen.

Essen am Vortag von Jom Kippur

Genauso wie das Fasten an *Jom Kippur* obligatorisch ist, ist es wichtig und verdienstlich, am Vortag des Fastens gut zu essen.

Unsere Weisen empfehlen uns sogar, mit Appetit am Fasten-Vortag zu essen, besonders Fisch und Fleisch, um die Mahlzeit festlich zu gestalten. Man sollte darauf achten, zwei Mahlzeiten am Tag zu sich zu nehmen. Die erste gegen Mittag, für die der Tisch mit schöner Tischdecke und schönem Geschirr gedeckt wird. Sogar einen Kerzenständer mit brennenden Kerzen sollte man auf den Tisch stellen (ohne Segensspruch). Es wird auch dazu geraten, sich die Hände zu waschen, um den Segensspruch über die *Challot* zu sprechen, welche in Honig getaucht werden.

Nach dem Tischgebet begeben sich die Männer – ungefähr gegen 14 Uhr – für den *Mincha*-Gottesdienst in die Synagoge.

Kurz nach dem Morgengebet, am Vortag von Jom Kippur, stellte sich ein Chassid bei Reb Schalom Ber von Lubawitsch vor und wünschte ihm »Gut Jom-Tow«[3] Der Lubawitscher Rebbe antwortete ihm: »Es ist wahr, daß wir einen Jom-Tow haben, einen Feier- und Freudentag, aber es ist auch der Vortag von Jom Kippur, und wir sollten büßen und unsere Dummheiten und Sünden bereuen und gute Vorsätze für die Zukunft fassen.« Der Chassid sagte dem Rebbe: »Gott hat uns gesagt, daß der Vortag von Jom Kippur ein Jom-Tow sei, und er hat uns aufgetragen, fröhlich zu sein. Am Nachmittag sollen wir das Minchagebet mit dem Widuj vortragen, und dann sei es der richtige Augenblick, um zu büßen. Und jetzt Rebbe, wollen Sie mir bitte ein Stück Kuchen geben?« Der Rebbe war zufrieden mit der Antwort des Chassids und gab ihm ein Stück von dem Kuchen, der in der Synagoge nach dem Morgengebet am Vortag von Jom Kippur verteilt wird, und sagte dem Chassid: »Da ist dein Stück Kuchen, möge Gott dir ein gutes, angenehmes und glückliches Jahr schenken.«

3. Jiddischer Ausdruck, um jemandem einen guten Festtag zu wünschen. Jom-Tow kommt aus dem Hebräischen und bedeutet »Ein guter Tag«.

Mincha am 9. Tischri

Am Ende des Achtzehnbittgebets sagen die Gottesdienst-Teilnehmer während des Gottesdienstes das *Widuj*, das Sündenbekenntnis, auf. Dieses wird mit leiser Stimme gesprochen, aber nicht während des Wiederholens der *Amida* von dem Vorbeter. Denn das Bekenntnis der Sünden ist ein wichtiges Element der Buße. Das *Widuj* wurde in die *Mincha*-Liturgie des 9. *Tischri* eingeführt, um den Menschen zu noch mehr Buße anzuregen. Er erwähnt eine ganze Serie von Sünden, die in alphabetischer Reihenfolge aufgezählt werden. Man hat dem Rabbi Simcha Bunem von Pschysche die Frage gestellt, warum das *Widuj* diese alphabetische Anordnung hat. Darauf antwortete er, daß sich das hebräische Alphabet auf 22 Buchstaben eingrenzen läßt. Im Gegensatz dazu ist die Liste unserer Sünden ohne Ende. Wir werden nicht wissen, wann unser Sündenbekenntnis aufhören wird. Viele Leute nutzen diesen Tag, um in die *Mikwe*[4] einzutauchen und sich von ihren Sünden zu reinigen.

Die letzte Mahlzeit vor dem Fasten (Se'udat Mafseket)

Die *Mizwa*, gut vor dem Fasten zu essen, ist an die Freude gebunden, die man im voraus verspürt, den großen Versöhnungstag zu genießen. Diese Mahlzeit erlaubt auch, wieder Kräfte zu sammeln, um das Fasten des darauffolgenden Tages anzugehen. Nochmals verzehrt man feine Lebensmittel wegen des feierlichen Charakters, aber man verzichtet auf schwer verdauliche Lebensmittel wie auf die Vorbereitung einer zu reichhaltigen Mahlzeit und auf alkoholische Getränke, um in bester Stimmung für das Gebet zu sein. Vor dem Essen wäscht man sich nochmals die Hände, um das Brot zu essen. Die Mahlzeit folgt auf das Tischgebet und endet spätestens eine halbe Stunde vor Sonnenuntergang.

Das Segnen der Kinder

Zu diesem Zeitpunkt segnen die Eltern ihre Kinder mit dem aronitischen Segen. Sie verwenden sich für die Vergebung ihrer Sünden und beten um den Genuß eines guten und glücklichen Jahres. Zu Söhnen wird gesprochen: »Gott lasse dich werden wie Ephrajim und Menasche.« (Gen 48,20) Zu Töchtern wird gesprochen: »Gott lasse dich werden wie Sara, Riwka, Rachel und Lea.« Für beide wird gesprochen: »Es segne dich der Ewige und behüte dich. Es lasse *Haschem* dir sein

4. Rituelles Tauchbad.

Angesicht leuchten und begnadige dich. Es wende *Haschem* dir sein Angesicht zu und gebe dir Frieden.« (Num 6,24-26)

Wenn der Tisch abgeräumt ist, zündet die Hausfrau die *Jom-Kippur*-Kerzen an und spricht den folgenden Segen: »Gelobt seist Du, *Haschem*, unser Gott, König der Welt, der Du uns geheiligt hast durch Deine Gebote und uns befohlen hast, das *Jom-Kippur*-Licht anzuzünden.«

Wenn *Jom Kippur* auf einen *Schabbat* fällt, sagt die Hausfrau: »Gelobt seist Du, *Haschem*, unser Gott und König der Welt, der Du uns geheiligt hast durch Deine Gebote und uns befohlen hast, das *Schabbat*-Licht und das *Jom-Kippur*-Licht anzuzünden.«

Alle zusammen sagen anschließend den *Schehechejanu*-Segensspruch auf: »Gelobt seist Du, *Haschem*, unser Gott und König der Welt, der Du uns Leben und Erhaltung gegeben und uns diese Zeit erreichen lassen hast!«

Nach der Feier des *Arwit* (Abendgottesdienst) am Vorabend des *Jom Kippur* beginnt der nächste Morgen mit *Schacharit* (Morgengottesdienst), auf den der *Mussaf* (Zusatzgottesdienst) folgt. Im Anschluß an *Mincha* (Nachmittagsgottesdienst) fängt eine Stunde vor Tagesschluß, d.h. bevor die ersten Sterne zu sehen sind, der *Ne'ila* (»Schließung«) und damit das Ende des Fastentages an, bei dem besonders um die Annahme der Gebete des Tages gebeten wird. Bei jedem der fünf Gottesdienste wird ein ihm entsprechendes Sündenbekenntnis gesprochen, in denen insgesamt 2 mal 22 Verfehlungen genannt werden. Die Sünden beginnen mit jeweils einem Buchstaben des hebräischen Alphabets, so daß die Nennung der 22 Verfehlungen symbolisch für die große Menge der tatsächlichen Sünden steht, die im einzelnen gar nicht aufzuzählen sind. Die Gemeinde wiederholt die vom Vorbeter gesprochenen Bekenntnisse laut, so daß jedesmal zehn Verfehlungen bekannt werden, die an die nicht eingehaltenen zehn Gebote erinnern.

Licht der Seele

Für die Leute, die einen nächsten Verwandten verloren haben, ist es üblich, eine Kerze zum Erinnern an den Verstorbenen anzuzünden, die mindestens den ganzen Tag von *Jom Kippur* brennen sollte. Diese Kerze heißt auf hebräisch *Ner Neschama*, das bedeutet »Licht der Seele«.

Es gibt auch noch den Brauch, bei dem verheiratete Männer eine Kerze anzünden, die *Ner Habari* genannt wird, das heißt »Licht der Gesundheit«. Diese verschiedenen Kerzen können entweder in der Synagoge oder zu Hause angezündet werden. Und man sagt keinen Segensspruch über sie auf.

Kol Nidre und Arwit

Ausnahmsweise bekleiden sich alle Männer am *Kol Nidre* mit dem *Tallit.* (Auch die Jungen, die ihre *Bar Mizwa* noch nicht gefeiert haben, dürfen den *Tallit* tragen, müssen dies aber nicht tun.) Falls die Sonne noch nicht untergegangen ist, sagt man den Segensspruch über den *Tallit* auf. In manchen Gemeinden, wie z.B. in Deutschland, spricht der Vorbeter den Segen über den *Tallit* laut vor, auch wenn die Sonne bereits untergegangen ist. Während des Gottesdienstes tragen die Männer einen weißen *Kittel*[5] zu Ehren des heiligen Tages und weil auch die Toten mit einem *Kittel* und einem *Tallit* beerdigt werden. Damit werden wir daran erinnert, daß der Tod und das Gottesurteil unabwendbar sind. Dies sollte ebenfalls ein Anreiz zur Buße sein.

Da die *Mincha* schon am Nachmittag gebetet worden ist, wird kein *Mincha*-Gottesdienst abgehalten, auch nicht für die Menschen, die es früher nicht gebetet haben. Trotzdem haben sie die Möglichkeit, es leise in der Synagoge zu beten.

Zu *Kol Nidre* werden zwei oder mehrere Torarollen aus der heiligen Lade gehoben. In den meisten Gemeinden werden sie in der Synagoge herumgetragen, damit alle die *Tora* küssen können. Während man mit ihnen herumgeht, spricht der Vorbeter siebenmal *Or sarua la Zaddik, uljischre lew simcha* – »Licht ist dem Gerechten gesät und denen, die geraden Herzens sind, Freude.«

Alle *Tora*rollen, außer zweien, werden wieder in die heilige Lade eingehoben; die zwei verbleibenden werden vom Rabbiner und von einer verdienstvollen Person der Gemeinde getragen. Sie stellen sich mit der *Tora*rolle neben den Vorbeter, um die *Kol Nidre* vorzutragen.

Der Vorbeter beginnt mit der folgenden Erklärung: »Mit der Zustimmung des Allgegenwärtigen und mit der Zustimmung der Anwesenden, in der Gegenwart des hiesigen Gerichts erklären wir, daß es erlaubt ist, mit den Sündigern zu beten.«

Das *Kol Nidre* ist eine Ungültigkeitserklärung aller Gelübde, Verbote, Verpflichtungen, Schwüre u.a., die von uns ausgesprochen wurden. Diese Erklärung, die uns erlaubt, mit Sündigern zu beten, entspricht gesetzlich der *Halacha*, und deshalb braucht man ein »Gericht« von drei Personen (der Vorbeter mit zwei Trägern der Torarollen). Manche Rabbiner erklären, daß für die *Kol Nidre* ein *Bet Din* von drei Personen gebraucht wird, da dieses Gebet als Ungültigkeitserklärung der Gelübde verstanden wird. In diesem Zusammenhang verstehen wir besser, daß Mosche, als er während des Krieges gegen Amalek betete, von Aaron

5. Jiddischer Name deutschen Ursprungs (Kutte), dessen Bedeutung »Leichentuch« ist. Vorbeter, Rabbiner und andere orthodoxe Männer tragen diesen Kittel auch an *Rosch Haschana* und am *Seder* von *Pessach.*

und Chur umgeben war. So also wird die Gemeinde anläßlich gemeinsamer Fastentage von drei Personen vertreten.

Dreimal Kol Nidre

Das *Kol Nidre*-Gebet wird dreimal von dem Vorbeter gesprochen. Die Anwesenden sprechen es leise mit dem Vorbeter zusammen, der diese *Kol Nidre* jedes Mal mit zunehmender Lautstärke spricht. Die zweite und dritte Wiederholung der *Kol Nidre* dient dazu, die Anwesenden mit dem Vorbeter zu verbinden, um die Gelübde und die verschiedenen Schwüre als ungültig zu erklären. Die zunehmende Lautstärke bei der Wiederholung des Gebetes dient dazu, das Gefühl der Ehrfurcht zu intensivieren.

> Es regnete in diesem Herbst, und viele ungarische Juden kehrten naß von der Arbeit ins Lager zurück. Es war am Vorabend von Jom Kippur. Etwa 60 fromme Juden haben vor dem Sonnenuntergang noch schnell das Abendessen heruntergeschluckt, weil sie wußten, daß Jom Kippur, der heiligste Tag im Jahr, anfangen würde und daß sie nach Sonnenuntergang weder essen noch trinken durften. Selbstverständlich war nicht die Rede davon, ein richtiges, gutes Festessen zu verzehren noch die Kaparot-Zeremonie auszuführen, noch in das Mikwe zu gehen oder festliche Gewänder anzuziehen. Sie hatten sogar kein Machsor[6] mit Jom-Kippur-Gebeten, um den gesamten Kol-Nidre-Gottesdienst abzuhalten. Nur Herschel hatte ein Siddur, ein Gebetbuch für das ganze Jahr, in dem nur ein Teil des Widuj geschrieben steht. Dank der Tatsache, daß Herschel aus einer Familie von Kantoren stammte, kannte er das Kol-Nidre-Gebet auswendig. So sang er mit seiner schönen, gefühlvollen Stimme dreimal die Kol Nidre in Gegenwart seiner 60 Lagergenossen. Anschließend betete er aus seinem Siddur das festliche Abendgebet einschließlich der Amida, so wie es in manchen Gebetsbüchern steht. Am Schluß der Amida sprachen sie den Widuj, wie er in dem Siddur geschrieben steht. Niemand kannte die anderen Gebete und Slichot, die die Pracht von Jom Kippur ausmachen, auswendig. Nach dem Widuj sprachen sie das Alenu-Schlußgebet, sie wünschten einander das übliche Jom Kippur Gmar Chatima Towa – »eine sofortige gute Besiegelung für das neue Jahr« und gingen schlafen, denn am nächsten Morgen mußten sie wieder zur Zwangsarbeit, und dies ohne zu essen und zu trinken.

Im Abendgebet folgt auf das anfängliche *Kol Nidre* die traditionelle Gottesdienststruktur. Während des Verlaufs der *Amida*, die der Vorbeter verliest, wird speziell für *Jom Kippur* ein Sündenbekenntnis und die Bitte um Vergebung gesprochen.

6. Spezielles Gebetbuch für die Festtage.

Arwit-Gottesdienst

Bis zur *Amida* ähnelt das *Arwit*-Gebet von *Jom Kippur* in seiner Struktur und in seinem Inhalt dem täglichen *Arwit.* Dennoch gibt es einen wichtigen Unterschied zu Beginn des *Schema Israel.* Der Vorbeter singt laut den ersten Satz: »Höre Israel, *Haschem,* unser Gott, *Haschem* ist einzig!« Daraufhin antworten die Anwesenden mit lauter Stimme: *Baruch schem kewod malchuto leolam wa'ed.* – »Gelobt sei der Name der Herrlichkeit Seines Reiches immer und ewig.« Der Vorbeter wiederholt diesen Satz mit lauter Stimme, anschließend setzt man das *Schema Israel* leise fort.

Der *Midrasch* (*Pirkej* des Rabbi Elieser, Kap. 46) vergleicht das Volk Israel an *Jom Kippur* mit Engeln, weil das jüdische Volk gebüßt und sündenfrei ist. Genauso wie die Engel weder essen noch trinken, essen oder trinken die Juden an *Jom Kippur* nicht. Genauso wie die Engel in Frieden vereint sind, so sind auch die Juden an *Jom Kippur* vereint. So wie die Engel weiße Kleidung tragen, sind die Juden an *Jom Kippur* mit dem *Kittel* bekleidet. Deshalb sagen die Juden an diesem Festtag laut: »Gelobt sei der Name der Herrlichkeit Seines Reiches immer und ewig«, was der universelle Lobgesang der Engel zu Gott ist. Der *Midrasch* (Dewarim Rabba 2:36) erzählt, daß Mosche, als er in den Himmel ging, um die *Tora* zu empfangen, die Engel Gottes dieses Loblied singen hörte. Mosche lernte es und lehrte es dem jüdischen Volk. Die Juden sagen es leise das ganze Jahr über auf und trauen sich nicht, es laut zu sprechen, da sie voller Sünde sind und es nicht verdienen, einen Engelsspruch aufzusagen.

Falls *Jom Kippur* auf einen *Schabbat* fällt, wird der *Weschameru* gelesen.

Schabbat oder nicht, das Folgende wird direkt vor der *Amida* gesprochen: »An diesem Tag sühnt er euch, euch von allen euren Sünden zu reinigen, vor *Haschem* sollt ihr rein werden!«

Das Sündenbekenntnis (Amida von Arwit und Widuj)

Die drei ersten Bitten sind dieselben wie bei der täglichen *Amida*: »Vorfahren«, »Gottesmacht« und »Heiligkeit des Namens Gottes«. Man schiebt hier die gleichen Abschnitte wie an *Rosch Haschana* ein. Die vierte Bitte ist »die Heiligkeit des Tages«, und die drei letzten Bitten sind die tagtäglichen: »Tempelreinigung«, »Dankgebet« und »Gebet für den Frieden«. Am Ende des »Gebetes für den Frieden« liest man den *Widuj.*

Ein Teil des *Widuj* zählt 24 Sünden auf, die in alphabetischer Reihenfolge genannt werden. Bei jeder Sünde dieser Aufzählung ist es üblich, sich mit der rechten Faust auf die linke Brust zu schlagen, als Zeichen der Reue und Kasteiung.

Einst fragte man Reb Jizchak von Worki, warum das Widuj der alphabetischen Anordnung folge. Reb Jizchak antwortete: »Ansonsten kann man doch nicht wissen, wann man aufhört, sich bei jedem Wort, das eine Sünde vertritt, an die Brust zu schlagen. Denn die Sünden sind ohne Ende, und das Bewußtsein über die Sünden ist auch ohne Ende, doch das Alphabet hat einen Anfang und ein Ende.[7]

Am Ende des *Widuj* wird die *Amida* abgeschlossen. Daraufhin werden ein paar *S'lichot* gesagt, für die man die heilige Lade öffnet. Sie wurden von verschiedenen Rabbinern der *Talmud*-Zeit verfaßt, manche erst später von den *Geonim* (bis zum 10. Jahrhundert).

»Auf daß unser Flehen zu Gott aufsteigt!« (Jaale)

Diese erste *Slicha* stammt von einem unbekannten Autor, der dieses Gebet in 24 Versen verfaßt hat; es folgt der alphabetischen Anordnung in umgekehrter Reihenfolge. Hier folgt die Übersetzung eines Auszuges des *Jaale*-Gebetes:

Unser Flehen, das wir heute bei Nacht zu *Kol Nidre* beten, soll zu Gott aufsteigen durch die Verdienste Jerusalems, dieser Stadt, die der Ort des Gebetes schlechthin ist, und unser Geschrei des Morgengebetes soll Dich erreichen, Gott, im Verdienst von Awraham, und unser Gesang soll Gnade finden bei Dir bis zum Abend.

Die zweite *Slicha*, *Selach na* – »Verzeih bitte« wurde von einem unbekannten Autor geschrieben. Sie bezieht sich auf die Bitte Mosches an Gott, daß Er dem jüdischen Volk nach der Sünde von Spionen verzeihe, als das Volk die Fähigkeit Gottes, Sein Volk in das heilige Land zu führen, anzweifelte. Da sprach Mosche zu Gott: *Selach na* – »Verzeih bitte« (Numeri 14,19).

Zwischen den verschiedenen *Slichot* sprechen der Vorbeter und die Anwesenden die dreizehn Eigenschaften der Barmherzigkeit Gottes. Diese können nur gesagt werden, wenn man den *Tallit* trägt; das ist ein Grund dafür, weshalb man am Abend von *Jom Kippur* den *Tallit* trägt.

Die folgende *Slicha*, *Omnam Ken* – »Es ist in der Tat wahr«, wurde von Rabbi Jom Tov Ben Jizchak verfaßt. Da die vorhergehende *Slicha* auf Mosches »Verzeih bitte« basiert, ist diese *Slicha* auf Gottes barmherzige Antwort *Salachti* – »Ich habe verziehen« gegründet.

Der *Machsor*[8] von Artscroll erwähnt in seinem Kommentar zu dieser *Slicha* die Geschichte von Rabbi Jom Tov Ben Jizchaks Lebensende:

7. Dieselbe Geschichte wird auch erzählt über Reb Simche Bunem, dem Zaddik von Pschys'cha, als er die Frage des Rebbes von Nikolsburg Reb Mordechaj Bannet beantwortete.
8. Spezielles Gebetbuch für Feiertage.

Die Geschichte geschah im Jahre 1190 in England nach der Krönung von Richard Löwenherz. Die Juden von York wurden im Schloß von York eingesperrt. Unter der Leitung ihres Rabbiners zogen sie es vor, sich das Leben zu nehmen, anstatt in die Hände der feindlichen Menschenmenge zu fallen und sich taufen zu lassen. Es gibt heute vor dem Schloß von York einen Gedenkstein, der an dieses Geschehnis erinnern soll.

Am Ende der *Slichot* wird die heilige Lade geöffnet, und die Gemeinde betet die *Awinu-Malkenu*-Litanei. Falls *Jom Kippur* auf einen *Schabbat* fällt, wird sie ausgelassen. In jedem Fall liest man zuerst den Psalm 24. Vers für Vers spricht der Vorbeter laut vor, und die Anwesenden wiederholen sie. Danach spricht der Vorbeter das ganze *Kaddisch,* und der Gottesdienst wird mit dem *Alenu* und Psalm 27 beschlossen. Nach dem Gottesdienst zerstreut sich die Gemeinde in ihre Häuser. Nur einige Leute werden noch nachts die *Mischnajot* über den Traktat *Joma* zu *Jom Kippur* studieren.

Das Vergeben an Jom Kippur

An dem großen Versöhnungstag sollen alle Juden nicht nur die Sünden gegen Gott bekennen, sondern auch die gegen Menschen gerichteten Verfehlungen bedauern, sich bei ihren Mitmenschen entschuldigen und sich mit ihnen aussöhnen. Nur dann wird auch Gott ihnen vergeben.

Als Beispiel für ein vorbildliches Verhalten erzählt man sich von Rabbi Abba[9], der einmal einen Menschen gesehen hatte, der in eine Hausruine ging, sich dort zur Ruhe legte und sofort einschlief. Plötzlich tauchte eine Schlange auf, die schon zum Biß an den Menschen ansetzte, als ein anderes Tier hinzu rannte und mit einem gezielten Zupacken die Schlange tötete. Von diesem Geschehen wachte der Mensch auf, erschrak, als er die Szene sah, und verließ schnell die Ruine. Jene stürzte plötzlich hinter ihm ein. Ganz verwundert trat Rabbi Abba auf den Menschen zu und sagte: »Du mußt ein Gerechter sein, denn gleich zweimal bist du von Gott gerettet worden: vor der Schlange und vor den einstürzenden Trümmern.« Der Mensch erwiderte ihm: »Nein, ich tue keine großen Taten, sondern achte nur darauf, daß ich jeden Abend vor dem Zubettgehen allen Menschen, die mich am Tag verletzt haben, verzeihe, damit sie es an *Jom Kippur* leichter haben und nicht an diesem Tag auch noch zu mir kommen müssen, um sich mit mir zu versöhnen.«

Der *Talmud* zählt mehrere Stellen auf, in denen die Größe der *Teschuwa* (Buße, Rückkehr zu Gott) gelehrt wird: Die Stelle, die von einem Büßer eingenommen

9. Persönlichkeit und religiöse Autorität des *Talmud.*

wird, ist heilig, so sehr, daß sich sogar ein perfekter Gerechter nicht an seinen Platz stellen kann (Berachot 34a). Die *Teschuwa* ist riesig und beschleunigt die Erlösung (Joma 86a). Die *Teschuwa* kann so wichtige Folgen haben, daß sogar die absichtlichen Sünden durch sie aufgehoben und als Verdienste angesehen werden (Joma 81a).

Aber Achtung: Die *Teschuwa* ist kein unfehlbares Rezept gegen die absichtlichen Sünden. In der Tat lehren uns die Weisen (Mischna Joma 8,9): »Demjenigen, der sagt: ich sündige, und ich büße anschließend, dem wird man nicht die Zeit geben zu büßen.«

Rabbi Elieser unterrichtete seine Schüler (Pirkej Awot 2,15): »Büßt einen Tag vor meinem Tod!« Seine Schüler fragten ihn: »Wie kann ein Mensch den Tag seines Todes kennen?« Rabbi Elieser antwortete ihnen: »Büßt von heute an. Wer weiß, ob es morgen nicht zu spät sein wird?«

Reb Schmelke von Nikolsburg erzählte einmal an Jom Kippur: Ein König beauftragte einen Lehrer mit der Erziehung seines Sohnes. Aber der Sohn haßte diesen Erzieher und gehorchte ihm in keiner Weise. Aus Wut darüber informierte der Lehrer seinen Vater über die Einstellung seines Sohnes, und der König wandte sich von seinem Sohn ab.

Der Sohn büßte und versuchte mehrmals, die väterliche Liebe zurückzugewinnen. Aber jedesmal mischte sich der Erzieher ein, klagte den jungen Prinzen für neue Missetaten an, und der Vater blieb unerbittlich.

Einmal jedoch war der Lehrer einen ganzen Tag abwesend, und der junge Prinz stürzte zu seinem Vater und flehte ihn an, ihm zu vergeben. Das Herz des Vaters erweichte, und er verzieh seinem Sohn.

Reb Schmelke erklärte, daß der Satan wie der Lehrer in dieser Geschichte sei. Er widersetzt sich der Versöhnung mit unserem Vater im Himmel und hört nicht auf, uns anzuklagen. Aber am Jom-Kippur-Tag ist der Satan abwesend, und büßend können wir also zu unserem Vater laufen und mit gebrochenem Herzen um seine Vergebung flehen.

Schacharit

Der *Schacharit*-Gottesdienst am nächsten Morgen ähnelt in seiner Struktur dem von Rosch *Haschana*. Man sagt hier den Psalm 130 auf, der einer der 15 Psalmen- der sogenannten »Stufenlieder« – ist, die die 15 Stufen, die zum Heiligtum führten, symbolisieren.

Der Psalm paßt besonders zu diesem Zeitraum und zu den Bußgebeten. Er enthält ein Flehen um göttliche Verzeihung und versichert uns, daß die einzige Quelle der Erlösung *Haschem* sei.

Die Heiligung (Keduscha)

Jede *Amida* weist ein Gebet der besonderen Heiligung auf. Die *Mussaf-Amida* an *Schabbat* oder die der Feiertage ist die, welche am meisten ausgearbeitet ist. Diese besondere *Keduscha* nimmt die Lobgesänge wieder auf, die die Engel *Haschem* vortragen. Ausnahmsweise nähern wir uns am *Jom-Kippur*-Tag wegen des Fastens dem Zustand eines Engels, und deshalb sprechen wir bei jeder der vier Wiederholungen der *Amida*[10] die ganze *Keduscha*, die *Haschem*, genau wie die Engel, lobt.

Während des vierten Segensspruches (Heiligkeit des Tages) finden sich wieder zahlreiche *Selichot*, genau wie das *Widuj*, die dazwischengeschoben werden. Nach der *Amida* folgt sogleich das Aufsagen der Litanei *Awina Malkenu*, der Psalm des Tages und der Psalm 27, der morgens und abends bis zum Vortag des *Simchat Tora* gesprochen wird.

Vorlesen aus der Tora an Schacharit

Die Gebete des Aushebens sind genau dieselben wie an *Rosch Haschana*. (Gebete: 13 Eigenschaften der Barmherzigkeit und Herrscher der Welt). Dagegen ruft man an *Schabbat* 7 Personen (oder mehr) und dazu den *Maftir*, und an den Festtagen 5 Personen und dazu den *Maftir*. An *Jom Kippur* ruft man 6 Personen und dazu den *Maftir*, dies aufgrund der besonderen Heiligkeit dieses Tages. Doch falls *Jom Kippur* auf einen *Schabbat* fällt, wird man 7 Personen und den *Maftir* zur *Tora* rufen. Das Vorlesen aus der *Tora* an *Jom Kippur* aus Levitikus Kapitel 16,1-34 beschreibt den Gottesdienst des *Kohen Gadol* – Oberpriester an *Jom Kippur* im Tempel. Seltsamerweise erwähnt der erste Vers den Tod von zwei Söhnen Aarons. Der *Midrasch* erklärt an der Stelle Vajkra Rabba 20:12 die Verbindung zwischen dem Tod der Söhne Aarons und *Jom Kippur*, indem er sagt, daß »auf dieselbe Weise, wie *Jom Kippur* die Sünden der Menschen sühnt, der Tod der Gerechten (*Zaddikim*) die Sünden des Volkes Israel sühnt.«

Das *Maftir* (Numeri, Kapitel 29,7-11) wird aus einer zweiten Torarolle gelesen, es beschreibt das zusätzliche Opfer an *Jom Kippur*, so wie es wohl im Tempel stattgefunden hat. Es ist interessant anzumerken, daß die Opfergaben des zehnten Tages, d.h. des *Jom Kippur*, zehn an der Zahl waren, ein Stier, ein Widder, sieben Schafe und ein Ziegenbock. Die Zahl zehn ist eng gebunden an die Begriffe »Buße« und »Verzeihen«, die zehn Tiere, die an *Jom Kippur* geopfert wurden, die zehn Bußtage, die der Menschheit von *Haschem* gegeben wurden durch die Verdienste des Awraham, der zehn Schicksalsprüfungen bestanden hat. Diese zehn

10. *Schacharit, Mussaf, Mincha* und *Neila*.

Bußtage sind da, um das, was von den Menschen in der *Tora* verdorben wurde, d.h. vor allem das Überschreiten der zehn Gebote wiedergutzumachen.

Das Lesen der Propheten (*Haftara* von *Jom Kippur*) betrifft die Buße (*Teschuwa*) und ruft das Volk auf, auf eine ehrliche Art und Weise vor Gott zu büßen. Der Inhalt dieser Lektüre ist ein Auszug aus Jesaja, Kapitel 57 und 58.

Das Seelenfeiergebet (Jiskor)

Nach dem Lesen der *Tora* und bevor man die beiden *Tora*rollen in die heilige Lade zurücklegt, ist es üblich, sich an die Seelen der verstorbenen Verwandten zu erinnern. Während des Gebetes von *Jiskor* verspricht man auch, nach der Feier ein Wohltätigkeitsgeschenk an die Armen zu machen, welches den entschwundenen Seelen angerechnet werden wird.

Im Hebräischen sagt man für *Jom Kippur* auch *Jom hakippurim*, das heißt »der Tag der Versöhnungen«. Dieser Ausdruck der Mehrzahl erklärt sich durch die Tatsache, daß es der Tag ist, an dem die Lebenden ihre Sünden sühnen. Indem sie ein Wohltätigkeitsgeschenk zugunsten der verstorbenen Verwandten machen, sühnen sie auch die Sünden der Verstorbenen.

Dieses Gebet, das von unseren Weisen eingerichtet wurde, und der Brauch, wohltätig zu sein im Namen oder für das Heil der Verstorbenen, findet seinen Ursprung in dem grundlegenden Glauben an die Ewigkeit der Seele, die nach dem Tod wieder zum Schöpfer gelangt.

Jiskor an *Jom Kippur* hat seinen Ursprung im *Midrasch*. Darüber hinaus ist es auch üblich, das *Jiskor* an verschiedenen Festtagen aufzusagen, an Wallfahrtsfesten, *Pessach, Schawuot* und *Schmini Azeret*, am Ende von *Sukkot*. Es scheint, daß dieser Brauch in der *askenasischen* Welt zur Zeit der Kreuzzüge entstand, als zahlreiche jüdische Gemeinden ausgerottet wurden.

In den letzten Jahren wurden auch die Erinnerung an die Seelen, die Opfer der *Shoa*, in die Liturgie des *Jiskor* eingeführt sowie die Erinnerung an die Opfer verschiedener Kriege in Israel.

Das *Jiskor* endet mit dem Gebet *Aw Harachamin* – barmherziger Vater –, das an die Märtyrer erinnert, die gestorben sind, indem sie den Namen Gottes während der ersten Kreuzzüge heiligten. Die Menschen, deren Eltern noch am Leben sind, verlassen die Synagoge während des *Jiskor*.

In einigen Gemeinden sagt man das *Jiskor* zwischen *Mussaf* und *Neila* auf, und oft nutzen die Rabbiner die innere Andacht der Gemeinde, um ihre Ansprache zu halten. Nach dem *Jiskor* legt man die *Tora*rollen zurück in die heilige Lade, und der Vorbeter beginnt den *Mussaf*-Gottesdienst.

Mussaf

Es ist gut, darauf zu achten, den *Mussaf*-Gottesdienst vor 13 Uhr zu beginnen, da die Regel es vorschreibt, den *Mussaf*-Gottesdienst vor der Stunde des *Mincha*-Gottesdienstes anzufangen.

Genau wie an *Rosch Haschana* sagt der Vorbeter vor der *Amida* das Gebet: *Hineni Heani Mimaas* »Siehe, ich komme, arm an Handlungen (...)«. In diesem Gebet fleht der Vorbeter den Allmächtigen an, seine Gebete anzunehmen, die er im Namen der Gemeinde aufsagt, die ihn dazu bestimmt hat, trotz der Tatsache, daß er weiß, daß er persönlich keinen einzigen Verdienst aufweisen kann. Der Vorbeter hofft, daß Gott den Satan zum Schweigen bringt und daß er die Gebete annehmen soll, die ihm mit Ehrlichkeit entgegengebracht werden.

Während der Wiederholung der *Amida* durch den Vorbeter werden die versammelten Anwesenden mehrere *Pijutim* während des dritten Segensspruches lesen (Heiligkeit des Namen Gottes). Während des dritten Segensspruches sagt der Vorbeter im Wechsel mit den Anwesenden das Gedicht *Imru l'Elohim* »Preiset Gott« auf, das Rabbi Elasar Hakalir zugeschrieben wird.

In diesem Gedicht besteht Rabbi Elasar Hakalir auf die Großzügigkeit Gottes, seinem Volk zu verzeihen, und an jedem Versende setzt er einen Vers aus dem Kapitel 16 des 1. Buches der Chronik hinzu. Dieses *Pijut* wird anschließend fortgeführt von einem anderen *Pijut*, das Gottes Größe und Taten preist, das man *Maasse Elohenu* »Die Taten unseres Gottes« nennt.

Wie an *Rosch Haschana* sagen die Anwesenden und der Vorbeter das Gebet *Unetane Tokef* auf, das von Rabbi Amnon von Mainz verfaßt wurde. Hier muß festgehalten werden, daß aus unbekannten Gründen die deutsche Liturgie für *Jom Kippur* das Gebet *Unetane Tokef* nicht eingetragen hat. Gleich nach dem Gebet *Unetane Tokef* sprechen der Vorbeter und die Anwesenden die *Keduscha* (Heiligung des Namen Gottes) genau wie an *Schacharit*. Daraufhin spricht der Vorbeter abwechselnd mit den Anwesenden das *Pijut W'chol maaminim*, das heißt »Alle glauben«, und beschreibt die göttliche Majestät und ihre Eigenschaften als allwissend, allmächtig, barmherzig, und alle rufen aus, daß an diesem Versöhnungstag unsere letzte Hoffnung in den Händen des Gottes der Gerechtigkeit liegt. Dieses Gebet wird auch an beiden Tagen von *Rosch Haschana* an der gleichen Stelle (d.h. nach der *Keduscha*) gesprochen.

Der vierte Segensspruch – Heiligkeit des Tages – beginnt mit der Beschreibung der *Mussaf*-Opfergaben. Danach wird die heilige Lade geöffnet, um das Gebet *Alenu* zu sprechen. Dieses Gebet ist als Schlußgebet der täglichen Gottesdienste bekannt, aber während *Rosch Haschana* und *Jom Kippur* ist es ein Hauptpunkt des *Mussaf* von *Jom Kippur* und *Rosch Haschana*. Schon zur Zeit des *Talmud* war das *Alenu* ein Teil des *Mussaf*-Gottesdienstes vor den hohen Feiertagen, weil es den Begriff des göttlichen Königtums einführte. Erst im Mittelalter wurde das

Alenu zum Schlußgebet der Gottesdienste. Es ist üblich zu knien, wenn der Vorbeter den Vers singt: »Wir knien nieder, bücken uns und danken dem König aller Könige, dem Heiligen, gelobt sei Er.« Danach wird die heilige Lade geschlossen. Dieser vierte Segensspruch nimmt die Beschreibung der zusätzlichen Opfergaben von *Jom Kippur* auf, wie sie sich im Tempel abspielten und wie sie in der *Tora* vorgeschrieben werden.

Der Tempeldienst des Oberpriesters (Awoda)

Während des vierten Segensspruches berichtet man die Anordnung der Zeremonie, wie sie im Tempel von Jerusalem am Tag von *Jom Kippur* stattfand, als der Oberpriester in das Allerheiligste eintrat, um die Verzeihung für das ganze Volk Israel zu bekommen und um die Opfergaben in seinem Namen und im Namen des Volkes zu schenken.

Durch das Lesen dieser Zeremonie wird der Vers des Propheten Hosea Wahrheit:

»Wir werden die Stiere durch unsere Lippen ersetzen.« (Hosea 14,3), nämlich wenn es unmöglich ist, Opfergaben zu bringen, werden sie ersetzt durch unsere Gebete. Diese Tradition war schon üblich zur Zeit des *Talmud*. Dieser Zeremonieordnung geht in den *sephardischen* und *chassidischen* Gemeinden das *Pijut* voraus: *Ata Konanta Olam* Merosch – »Du hast das Universum erschaffen (...)«, geschrieben von Rabbi Josse ben Josse im 5. Jahrhundert, als er mit wenigen Worten die Geschichte der ersten Jahrhunderte der Welt erzählt.

In den *aschkenasischen* Gemeinden ist es das *Pijut Amiz Koach* – »Oh Kraftvoller und Starker (...)«, das im 10. Jahrhundert von Rabbi Meshulam ben Rabbi Klonimos von Mainz geschrieben wurde, der die Zeremonieordnung des Dienstes des Oberpriesters im Tempel einführte. In diesem Gedicht erzählt der Autor kurz und bündig die Schöpfungsgeschichte und die Geschichte des jüdischen Volkes bis zu Mosche und Aaron – dem Priester.

Dreimal wird der Oberpriester beichten mit kleinen Unterschieden. In der ersten Fassung wird er wegen seiner eigenen Sünden und denen seiner Familie beichten. In der zweiten Fassung wird er die Gesamtheit der *Kohanim* (Priester) einbeziehen, und in der dritten Fassung soll seine Beichte für die gesamte Nation gelten.

Wenn der Vorbeter die Worte sagt: »Und die *Kohanim* und das Volk knien nieder (...)«, die das Niederknien der Priester und Anwesenden im Tempel erzählen, als sie den Namen Gottes hörten, der von dem Oberpriester ausgesprochen wurde, knien die Anwesenden auch nieder. Man wird jedoch heutzutage darauf zu achten haben, einen Teppich oder Papier auf dem Fußboden der Synagoge auszubreiten, da es außerhalb des Tempels verboten ist, auf dem Boden niederzuknien.

Die zehn Märtyrer des Königreiches (Martyrolog)

Dieses Gebet in Form einer Geschichte, die die letzten Augenblicke der zehn Märtyrer darstellt, ist einer der bewegendsten und wichtigsten Teile der *Jom Kippur*-Liturgie. Es handelt sich um das tragische Schicksal von zehn Weisen der *Mischna*-Zeit, die der römische Gouverneur auf brutale Weise ermordete, um seine antisemitischen Neigungen zu befriedigen.

Wenn unsere Weisen diesen Martyrolog in die Liturgie aufgenommen haben, so nicht aus historischem Interesse, sondern um in der betenden Gemeinde Gefühle von Verlust und Buße zu wecken.

Dieses *Pijut* wurde von einem unbekannten Dichter geschrieben, dessen Name Jehuda Chasak (*Jehuda* – er sei stark) dem alphabetischen *Akrostichon* folgt. Es gibt noch eine andere Fassung des Martyrologs, die an *Tischa B'aw*[11] gelesen wird und die von einem anonymen Autor geschrieben wurde. Sie ist eine Teil der *Tischa-B'aw*-Klagelieder (*Kinnot*). Doch sind in diesen Liedern nur acht Märtyrer aufgenommen. Der Tod von Rabbi Chanina ben Chachinaj und von Rabbi Jehuda ben Dama werden darin nicht erwähnt. Der *Talmud* Rosch Haschanna 18a erläutert, daß der Tod der Gerechten in so hohem Maße eine Tragödie für Gott sei wie die Zerstörung des Tempels. Deshalb wurde dieses Klagelied an *Tischa B'aw* aufgenommen.

Nach diesem sehr bewegenden Gebet lesen die Vorbeter und die Anwesenden verschiedene *Selichot* (Bußgebete), unter ihnen das *Schema Kolänu*: »Höre unsere Stimme.« Man öffnet die heilige Lade, um es zu lesen.

Es folgt das *Widuj* mit dem Ende des vierten Bittgebetes, Heiligkeit des Tages: »Gelobt seist Du, *Haschem*, König, der verzeiht und vergibt unsere Schuld und die Schuld unseres Volkes, des Hauses Israel, und unsere Sünden auslöscht in jedem Jahre, König über die ganze Erde, der da heiligt (den *Schabbat* und) Israel und den Tag der Versöhnung.«

Mussaf – Abschluß

Der Vorbeter liest die drei letzten, traditionellen Bittgebete. Wenn *Kohanim* anwesend sind, tragen diese mit dem Vorbeter den Aaronitischen Segen vor. Nach der Wiederholung der *Amida* spricht der Vorbeter den ganzen *Kaddisch*, und damit ist der *Mussaf*-Gottesdienst beendet. In vielen Synagogen wird dann eine Pause gemacht.

Ungefähr zweieinhalb Stunden vor dem Ende von *Jom Kippur* beginnt man den *Mincha*-Gottesdienst.

11. *9. Aw.*

Mincha-Gottesdienst

Dieser Gottesdienst fängt sofort mit dem Ausheben der *Tora* an, währenddessen die dreizehn Eigenschaften des Erbarmens Gottes nicht gesprochen werden. Die Tora-Lesung besteht aus Levitikus, Kapitel 18. Dieses handelt von verbotenen sexuellen Beziehungen. Der Grund, warum wir uns am *Jom Kippur* mit diesem Thema befassen, ist der, daß jeder Mensch ab und zu starken Leidenschaften ausgesetzt ist. An diesem *Jom-Kippur*-Tag stellt uns die Tradition vor unsere tiefsten Triebe, indem sie uns daran erinnert, daß es sogar für diese Triebe Gesetze gibt und daß diese Gesetze beachtet werden müssen. Während man dieses Kapitel anhört, hat man Gelegenheit zu büßen, falls man auf diese Art gesündigt hat. Drei Anwesende werden zur *Tora* gerufen: ein *Kohen*, ein *Levi* und ein *Israel*; letzterer wird die *Haftara* aus dem Buch Jona lesen.

Die Haftara aus dem Buch Jona

Das Lesen aus diesem Buch ist an *Jom Kippur* von Wichtigkeit, weil das Thema der Buße darin angeführt wird. Die Geschichten von Jona und den Bewohnern Ninives lehren uns, daß ernstgemeintes Büßen göttliche Entscheidungen aufheben kann. Die Buße der Menschen aus Ninive soll uns als Beispiel dienen, um kurz vor dem Ende der Fastenzeit auch unsererseits für unsere Sünden zu büßen. Zu allen Zeiten wurde es als verdienstvoll angesehen, sich zur *Tora* rufen zu lassen, um mit lauter Stimme die *Haftara* aus dem Buch Jona zu lesen. In einigen Gemeinden ist es sogar üblich, das Recht, dazu aufgerufen zu werden, zu versteigern. Ein Auszug aus dem Buch Jona ist besonders bewegend: das Erscheinen und Verschwinden der Kürbispflanze und die Reaktion Jonas sowie der darauf folgende Dialog mit Gott.

Die Mincha-Amida

Nach dem Lesen der *Haftara* hebt man die *Tora*rolle zurück in die heilige Lade, und die Anwesenden sprechen leise die *Amida*. Bei der Wiederholung spricht der Vorbeter im vierten Bittgebet (Heiligkeit des Tages) einige *Slichot* und nochmals das *Widuj*. Falls *Jom* Kippur auf einen Wochentag fällt, spricht man nach der *Amida* die *Awinu-Malkenu*-Litanei. Daraufhin schließt der Vorbeter den *Mincha*-Gottesdienst mit dem ganzen *Kaddisch*.

Neila-Schlußgottesdienst

Mit der *Neila* – »Schließung« wird der Feiertag nach Sonnenuntergang geschlossen. Hier bittet die Gemeinde in den Schlußgebeten verstärkt um Vergebung und die Bewahrung vor grausamen Geschicken, indem sie ihre Zugehörigkeit zu Gott als Seinem Ihm eigenen Volk betont. Der Hoffung gibt man in der *Amida* Ausdruck, daß Gott Seine Kinder nicht nur »in das Buch des Lebens schreibt«, sondern ihnen zusätzlich »ein glückliches Leben besiegelt«. Während der leise gesprochenen *Amida* und der Wiederholung werden alle Stellen, an denen das Wort *Kotwenu* (»Schreib uns ein«) vorkommt, in das Wort *Chotmenu* (»Besiegel uns«) umgeändert. Während des vierten Segensspruches (Heiligkeit des Tages) sagen die Vorbeter und die Anwesenden verschiedene *Slichot* auf und beginnen mit den dreizehn Eigenschaften von Gottes Barmherzigkeit (= Beginn der *Slichot*).

Noch einmal wird nach dem *Awinu Malkenu* im *Kaddisch* Gottes Namen geheiligt, und in seinem Anschluß erklingt ein langer Ton aus dem *Schofar*. Mit dem *Schema Israel* – »Höre Israel, *Haschem* ist unser Gott, *Haschem* ist einzig« bekennt die Gemeinde im Schlußteil die Einzigartigkeit Gottes, spricht ein dreimaliges *Baruch schem* – »Gelobt sei der Name der Herrlichkeit Seines Reiches für immer und ewig«, wie auch ein siebenmaliges *Haschem hu ha elokim* – »*Haschem*, Er ist der Gott«.

Ein Bauer war es gewohnt, an Rosch Haschana und an Jom Kippur in der Synagoge des Baal Schem Tow[12] zu beten. Er hatte ein geistig zurückgebliebenes Kind, das er nie mit in die Synagoge nahm. Als der Junge dreizehn Jahre alt wurde, nahm ihn sein Vater mit zu Jom Kippur, um sicherzugehen, daß sein Sohn an diesem Tag fastete. Als das Kind sich mit den Schafen auf dem Feld befand, spielte es eine kleine Flöte. Im Jahr seiner Bar Mizwa, als der Junge mit seinem Vater zu Jom Kippur zum Baal Schem Tow ging, nahm er die Flöte mit, ohne daß sein Vater es bemerkte. Das Kind blieb in der Synagoge neben seinem Vater sitzen, ohne zu beten, denn es war des Lesens und Schreibens unkundig. Während des Mussaf-Gottesdienstes sagte das Kind zu seinem Vater: »Vater, ich möchte Flöte spielen.« Sein Vater sagte ihm, daß dies an Jom Kippur verboten sei, und der Junge verzichtete darauf, zu spielen.
Während des Mincha-Gottesdienstes fragte das Kind abermals seinen Vater, ob es Flöte spielen dürfe. Sein Vater wurde wütend, sagte ihm, daß es streng verboten sei, an Jom Kippur Flöte zu spielen. Das Kind gehorchte.
Nach Mincha fragte das Kind wieder: »Bitte, laß mich doch auf meiner Flöte spielen.« Als der Vater begriff, daß der Sohn unbedingt auf seinem kleinen Instrument spielen wollte, fragte er seinen Jungen, wo die Flöte sei. Der Vater legte seine Hand auf die

12. Rabbi Israel ben Eliezer, Begründer des *Chassidismus*, auch »Meister des guten Namens« genannt.

Tasche, um ihn daran zu hindern, die Flöte herauszunehmen, und sagte dabei das Neila-Gebet auf. Mitten im Gebet des Vaters zog das Kind plötzlich seine Flöte heraus und blies so stark in die Flöte, daß alle Anwesenden schockiert waren. Als der Baal Schem Tow den Ton der Flöte hörte, beendete er den Neila-Gottesdienst schneller als gewohnt.
Gegen Ende von Jom Kippur näherte sich der Baal Schem Tow dem Bauern und seinem Sohn und sprach zu ihnen: »Mit dem Ton seiner Flöte erhob das Kind unsere Gebete, und das Beten war viel leichter. Die Begeisterung des Kindes und sein reines Spielen waren so sehr von Gott angenommen, daß sie die Gebete erhöhen konnten und von Gott angenommen wurden.«

Um das neu angebrochene Jahr in der richtigen Weise zu beginnen, schließen viele Gemeinden direkt den alltäglichen Abendgottesdienst an, bevor alle zum Festmahl und den damit verbundenen Ende des langen Fastentages nach Hause gehen.

Jom Kippur ist der Tag, den die Juden Gott ganz schenken, damit Er ihnen die Sünden eines ganzen Jahres vergibt und sich mit Seinem Volk versöhnt. Schon in der Schöpfung war dieser Tag vorgesehen: In Genesis 1,5 wird von »einem Tag«, der nicht näher bestimmt wird, und nicht von »dem ersten Tag« gesprochen.

Babysitting vor Kol Nidre

Es war kurz vor Kol Nidre, alle Chassidim waren in der Synagoge versammelt, aber Reb Moshe-Leib von Sassow war nicht da. Man wartete auf ihn, um den Gottesdienst zu beginnen. Die Nacht brach schon herein, als der Zaddik immer noch nicht in der Synagoge war. Die Anwesenden fragten sich, wo ihr Meister wohl sein könnte. Eine Frau entschloß sich dazu, kurz nach Hause zurückzukehren, um nachzusehen, ob ihr Baby, das sie alleingelassen hatte, nicht weinte. Bei sich zu Hause angekommen, war sie erleichtert wahrzunehmen, daß das Kind nicht weinte. Als sie im Schlafzimmer nachsah, wie erstaunt war sie da, Reb Moshe-Leib zu sehen, der das Baby in seinen Armen hielt. Der Rebbe erklärte ihr, daß er auf dem Weg zur Synagoge das Weinen des Babys gehört habe und er also in das Haus gegangen wäre, um das Baby zu trösten und zu wiegen bis zu dem Augenblick, an dem es eingeschlafen sei.
Daraufhin ging der Reb Moshe-Leib zur Synagoge, gefolgt von der Frau mit ihrem Baby, und als der Rebbe in die Synagoge trat, begann der Vorbeter mit Kol Nidre.[13]

Du mußt verzeihen

Es war am Vortag von Kol Nidre, und Reb Jizchak von Berditschew nahm einen Mann in der Synagoge wahr, der schluchzte. Und er fragte ihn, warum er weine. Dieser

13. Diese Geschichte wird auch über andere Rebbes erzählt, namentlich über Reb Israel Salanter.

antwortete ihm: »Ich war ein frommer und wohlhabender Mann, und meine Frau war eine tugendhafte und gastfreundliche Frau. Eines Tages griff der Tod ein, meine Frau starb, mein Haus brannte ab, und ich fand mich ohne alles, mit Unterhaltsverpflichtung für sechs Kinder. Und das ist nicht alles. Ich hatte auch ein Gebetbuch, das mir viel wert war. Es war leicht zu benutzen, die Buchstaben waren groß geschrieben, und alle Gebete waren in der richtigen Reihenfolge. Es ist auch verbrannt, und ich kann nicht mehr beten, ich kann nur weinen.«
Reb Levi Jizchak übergab ihm ein Gebetsbuch, das identisch war mit dem, das der Mann beschrieben hatte, und fragte ihn: »Wirst du beten?« – »Ja«, antwortete der Mann. »Wirst du Ihm jetzt verzeihen?«, fragte Levi Jizchak noch. »Ja«, antwortete der Mann, ohne mit dem Weinen aufzuhören. »Heute ist Jom Kippur, ich muß verzeihen.« Und Reb Levi Jizchak rief aus: »Hörst du? Er verzeiht dir! Jetzt bist du an der Reihe, dasselbe zu tun. Du mußt verzeihen! Auch du mußt verzeihen!«

Um Verzeihung bitten
Ein Mann wurde von Reb Jaakow Jizchak, dem Seher von Lublin, getadelt. Der heilige Rebbe schonte den Chassid nicht, indem er ihm seine Schwächen vorwarf. Plötzlich unterbrach der Chassid den Rebbe und sagte ihm: »Rebbe, Sie lassen mich erröten vor Scham.« Der Seher von Lublin fragte ihn überrascht: »Habe ich dich beschämt? Dann muß ich dich unbedingt um Verzeihung bitten«

Der Neid
Reb Levi Jizchak von Berditschew überraschte jenen Sünder und sagte ihm, daß er ihn beneide. Der Sünder antwortete ihm: »Was haben Sie an mir gefunden, was zu beneiden ist?« Der Zaddik von Berditschew erwiderte: »Unsere Weisen haben uns gelehrt, daß derjenige, der aus Liebe zu Gott büßt, sehen wird, wie sich seine Sünden in verdienstvolle Taten verwandeln werden. Stell dir einen Menschen vor, der soviel wie du gesündigt hat. Falls er mit seinem ganzen Herzen büßt, werden alle seine Sünden in verdienstvolle Taten verwandelt werden, wie viele Mizwot wirst du vor Gott guthaben? Bei weitem viel mehr als ich!« Der Zaddik nahm also den Sünder in seine Arme und flehte ihn an zu büßen. Letzterer war dermaßen beeindruckt vom Wunsch des Rebbes, daß er sich vornahm zu büßen.

Er sagt die Wahrheit
Reb Elimelech von Lizensk sagte oft: »Ich bin sicher, daß es mir nach meinem Tod erlaubt sein wird, im Paradies zugelassen zu werden. Das himmlische Gericht wird mich fragen: ›Hast du angemessen gebetet, Elimelech?‹ – Ich würde antworten: ›Nein.‹ Dann wird mich das himmlische Gericht weiter fragen, ob ich die Tora täglich angemessen gelernt habe, und ich werde antworten: ›Nein.‹ Schließlich wird das himmlische Gericht mich fragen, ob ich genügend Mizwot (gute Taten) vollbracht habe, und ich werde wieder sagen: ›Nein.‹ Dann wird das himmlische Gericht sein Urteil aus-

sprechen: ›Er sagt die Wahrheit, und deswegen verdient er, im Paradies zugelassen zu werden.‹«

Ein guter Grund, sich zu freuen

Als der Baal Schem Tow vor Rosch Haschana in einer großen Stadt ankam, fragte er die Leute, wer das Gebet während der Fastentage von Rosch Haschana und Jom Kippur leite. Es wurde ihm geantwortet, daß es der Rebbe selbst sei. Er fragte also, wie sich der Rebbe während seines Gebetes verhielte. Die Einwohner antworteten ihm, daß der Rebbe während des Widuj-Vortrags fröhliche Melodien sang. Der Baal Schem Tow ließ den Rebbe sogleich kommen und bat ihn, sich zu diesem seltsamen Brauch zu äußern. Dieser antwortete ihm: »Der demütigste Diener eines Königs, der den Hof des Palastes fegt, singt aus Freude, aus Liebe zu seinem König, um diesem auf die ergebenste Weise dienen zu können. Ich, der ich ebenso demütiger Diener Gottes bin, freue mich darüber, Gott dienen zu können, und deshalb singe ich fröhliche Melodien.«
»Wenn Sie dies im Sinn haben während Ihrer Gebete«, sagte der Baal Schem Tow, »so möge mir mein Los neben dem Eurem zufallen.«

Gott belügen wir nicht

Reb Levi Jizchak von Berditschew, der Anwalt vor Gott für das jüdische Volk war, kommentierte das Widuj auf folgende Weise: Er sagte, daß unsere Generation bei weitem verdienstvoller sei als frühere Generationen. Diese letzteren logen sogar in der Synagoge am heiligen Jom-Kippur-Tag. Sie schlugen sich auf die Brust und sagten: »Wir sind schuldig geworden, wir waren treulos, wir haben geraubt, wir haben Böses geredet, wir haben gefehlt und gefrevelt (...)« Sie haben sogar solche Missetaten zugegeben, die sie in ihrem Leben nie vollbracht hatten, wobei wir tatsächlich alle Missetaten ausgeführt haben, die im Widuj genannt werden, und so sagen wir die Wahrheit. Gott belügen wir nicht! Allein dafür verdienen wir es, daß Gott uns verzeiht!

An was dachtest du während der Gebete?

Reb Schlomo von Bobov richtete sich am Ende von Jom Kippur an einen jungen Mann und fragte ihn: »Sag mir, junger Mann, an was dachtest du während der Gebete?« – »Ich dachte an die Nacht, die einbrach«, antwortete der junge Mann, »ich wartete, daß es dunkel wird, denn ich wußte, daß ich dann endlich essen konnte.« Der Rebbe entgegnete darauf: »Siehst du, junger Mann, du erwartest den Einbruch der Nacht, während ich betete, daß der Morgen komme, der Morgen, wenn das Licht des Messias uns endlich erleuchtet.«

Gebet auf den Feldern

Ein Chassid reiste nach Miedzibozh in der Absicht, Jom Kippur beim Baal Schem Tow zu verbringen. Auf dem Weg, nachdem er gegessen hatte, legte er sich, um sich ein wenig auszuruhen, auf einem Feld nieder und schlief ein. Als er aufwachte, stellte er fest, daß die Sonne bald untergehen würde und daß er vor dem Beginn von Jom Kippur nicht in Medzibozh ankommen würde. Der arme Chassid war sehr enttäuscht darüber, daß er nicht beim Baal Schem Tow beten können würde und er gezwungen war, allein mitten auf dem Feld zu beten und die Nacht auf dem Feld zu verbringen. Gegen Abschluß von Jom Kippur, als er das Neila-Gebet beendet hatte und als die ersten drei Sterne sichtbar wurden, machte er sich auf, um zum Baal Schem Tow zu gehen. Als er bei diesem ankam, empfing er den Chassid in großer Freude und sagte ihm: »Sei nicht traurig, das Fest nicht mit mir verbracht haben zu können, denn es war der Wille all derer, die auf dem Land zwischen Nichtjuden leben und die nicht die Möglichkeit haben, an diesem heiligen Tag in die Synagoge zu kommen und Gebete zu Gott zu erheben. Dein alleiniges Beten auf den Feldern hat alle Gebete, die in den Feldern lagen und sich nicht erheben konnten, in den Himmel erhoben.«

Angewärmte Gebete

Zwei chassidische Brüder suchten ihren Zaddik, Reb Jaakow Jizchak, auf, um Jom Kippur in seiner Nähe zu verbringen. Jedoch wollte es das Schicksal, daß einer der Brüder schwer erkrankte, und sein Bruder mußte sich notgedrungen um ihn kümmern. Abends kam der Lubliner Zaddik bei den Brüdern vorbei, um sich zu erkundigen, wie es dem Erkrankten gehe. Der Chassid beteuerte, daß es ihm leid täte, daß er am Tag der Versöhnung nicht am Gottesdienst teilnehmen könne, er sei ja schließlich gezwungen gewesen, den Jom-Kippur-Tag mit dem Anwärmen der Medikamente zu verbringen. Der Rebbe entgegnete ihm: »Ah, jetzt begreife ich, warum das Beten heute so intensiv war. Du hast unsere Gebete angewärmt.«

Jom Kippur ohne Gebetbuch

Am Ende des Versöhnungstages, als der Baal Schem Tow mit seinen Chassidim zusammensaß, rief er plötzlich: »Man soll den Wagen zur Fahrt bereiten.« Er stieg auf das Gefährt und befahl, in ein entlegenes Dorf zu fahren. Dort machte er in einem Wirtshaus halt. Der Baal Schem Tow befragte den Wirt: »Wie hast du das Gebet des heiligen Tages verrichtet?« Der Wirt antwortete: »Ihr wißt, heiliger Rebbe, daß ich schlimme Schuld auf mich geladen habe. Doch der Satan hat mich in die Irre geleitet.«

Der Baal Schem Tow antwortete: »Erzähl, wie es gekommen ist.« Der einfache Mann sagte: »Gestern fuhr ich mit meiner Familie in die Stadt, um den Versöhnungstag beim Gebet in der Gemeinde zu verbringen. Auf einmal erinnerte ich mich daran, daß ich vergessen hatte, den Keller abzuschließen. Ich hatte Angst, daß ein Knecht sich an den Wein machen werde, und kehrte deshalb nach Hause zurück. Als ich dort ankam, kam ein Diener des Gutsherren und forderte mehrere Flaschen Wein; im Gutshaus werde ein Fest gefeiert. Ich übergab ihm das Gewünschte. In der Zwischenzeit kamen weitere Kunden. Es war noch taghell draußen, und ich war der Meinung, noch rechtzeitig in die Stadt zu kommen. Jedoch kamen immer mehr Kunden. Als schließlich niemand mehr kam und ich den Keller abschließen konnte, war die Dunkelheit eingebrochen. Ich stellte fest, daß es zu spät war, um die Stadt noch zu erreichen. Was blieb zu tun? Ich begab mich in meine Stube, um Gott mein Herz zu öffnen. Da aber fand ich das Gebetbuch nicht, meine Hausgenossen hatten alle Gebetbücher mit in die Stadt genommen. Ich sprach vor Gott: ›Du, Herr der Welt, weißt, wie schwer mir das Herz ist, daß ich am Versöhnungstag nicht in der Gemeinde beten kann; es fehlt mir ein Gebetbuch. Doch ich will die heiligen Buchstaben aufsagen und Du, oh Gott, füge sie zu Wörtern und Gebeten zusammen.‹ Und ich frage euch, heiliger Rebbe, was hätte ich anderes tun sollen?« Der Baal Schem Tow antwortete: »Seit zehn Jahren ist ein so frommes Gebet nicht zum Himmel aufgestiegen, und jetzt hat sich Gott selber an deinem Gebet erfreut.«

Der zehnte Mann

Reb Leib, Sarahs Sohn, war am Vortag von Jom Kippur unterwegs zu seinem Dorf, in dem er den Gottesdienst feiern wollte. Er wußte, daß dort nur ein Minjan[14] anwesend war. Dieses setzte sich aus acht Bewohnern des Dorfes und zwei weiteren Männern, die in den nahegelegenen Wäldern wohnten, zusammen. Der Rebbe tauchte in einen Fluß ein, da es keine Mikwe gab. Er nahm seine Mahlzeit – vor dem Fasten – ein und beeilte sich, der erste in der kleinen Synagoge des Dorfes zu sein. Die acht Dorfbewohner kamen einer nach dem anderen in der Synagoge an, aber es gab kein Minjan, denn die zwei Waldbewohner waren nicht da. »Könnte man vielleicht noch einen einzigen Juden finden, der im Umkreis des Dorfes wohnt?« fragte Reb Leib. Die Dorfbewohner versicherten ihm, daß es nur diese acht Männer gebe. Der Rebbe fragte weiter: »Gibt es vielleicht einen Juden, der zum Christentum übergetreten ist?« Die Dorfbewohner waren schockiert über die Frage des Rebbes. Dieser sah ihre Reaktion und sprach: »Die Tore der Buße sind nicht verschlossen, auch nicht für einen Abtrünnigen.« Einer der Dorfbewohner ergriff schließlich das Wort. Er erzählte, daß der Gutsherr des Dorfes seit über vierzig Jahren seinem Glauben abgeschworen hatte. Die Tochter des ehemaligen Gutsherren war in einen jungen Juden verliebt. Der ehemalige Gutsherr versprach dem jungen Juden, daß, wenn er zum Christentum übertreten würde, er seine Tochter heiraten könnte und all seinen Besitz erben würde. Der junge Mann widerstand dieser Versuchung nicht und schwor dem Judentum ab. Der Zaddik informierte sich, ob der Gutsherr mit seiner Frau Kinder hatte, und die acht Dorfbewohner antworteten ihm, daß die Ehefrau vor einigen Jahren verstorben sei und daß sie keine Kinder hatte. Reb Leib bat darum, ihm das Herrenhaus zu zeigen und wandte sich in die Richtung der angegebenen Stelle. Er klopfte an die Tür an, und ohne auf eine Antwort zu warten, trat er in das Haus ein. Und auf einmal stand er dem Abtrünnigen gegenüber. Die beiden Männer schauten sich eine Weile schweigend an. Der

14. Gruppe von 10 Männern, notwendig für das gemeinsame Gebet.

Abtrünnige hätte gerne einen seiner Diener gerufen, um den ungebetenen Gast vor die Tür zu setzen, aber er war von dem Blick des Zaddiks wie gelähmt. Der Zaddik richtete sich an den Gutsherren: »Ich heiße Leib und bin Sarahs Sohn. Meine Mutter war ein sehr schönes, junges Mädchen und eine heilige Frau. Eines Tages entschloß sich der Sohn eines Adligen, meine Mutter zu heiraten und versprach ihr Reichtum, wenn sie in die Heirat einwillige. Aber sie entschloß sich, den Namen Gottes zu heiligen und einen alten jüdischen und frommen Grundschullehrer zu heiraten. Du hast nicht das Glück gehabt, der Versuchung zu widerstehen, und du hast deiner Religion und der deiner Väter wegen Geld und Gold abgeschworen. Begreife, daß es nichts gibt, was dich daran hindert zu büßen. Heute ist der Vortag von Jom Kippur. Die Sonne wird bald untergehen. Die Juden, die in deinem Dorf leben, brauchen noch einen Mann, um ein Minjan zu bilden. Komm mit mir und sei der zehnte Mann!«
Der Gutsherr erblaßte bei den Worten des heiligen Mannes und folgte ihm in die Synagoge, wo die acht Dorfbewohner den Rebbe ungeduldig erwarteten. Die Tür öffnete sich, und Reb Leib, gefolgt von dem Gutsherren, trat in die Synagoge ein. Alle zehn Männer hängten sich Tallits um, und Reb Leib hob zwei Torarollen aus der heiligen Lade. Eine gab er dem Ältesten der Dorfbewohner, und die andere überreichte er dem Gutsherren. Als er von den beiden Männern umgeben war, begann der Rebbe zur traditionellen Melodie das Gebet zu singen: »Mit der Zustimmung des Allgegenwärtigen und mit der Zustimmung der Anwesenden, in Gegenwart des hiesigen Gerichtes erklären wir, daß es erlaubt ist, mit den Sündigern zu beten.«
Alle waren von der Intensität der Gebete gerührt, genau wie von der Buße, die man dem Gutsherren ansehen konnte. Während des Widuj wurde der Körper des Gutsherren bei jeder Äußerung der Sünden von einem Zittern eingenommen, und alle bebten mit ihm. Gegen Ende des Neila-Gottesdienstes, in dem Augenblick, als die Anwesenden damit beginnen wollten, die Worte »Schema Israel« aufzusagen, lehnte sich der Gutsherr in die heilige Lade, küßte alle Torarollen und rief mit so heftiger Stimme, die alle Anwesenden erstarren ließ: »Höre Israel, Haschem ist unser Gott, Haschem ist einzig.« Anschließend sprach er sieben Mal immer lauter und lauter: »Haschem, er ist der Gott.« Und nach dem siebten Mal verließ seine Seele seinen Körper.
Er wurde noch in derselben Nacht beerdigt, und Reb Leib nahm selbst an der Reinigung des Körpers und am Begräbnis teil. Reb Leib, Sarahs Sohn, hielt sich sein ganzes Leben über an die »Johrzeit«[15] des Büßens und sagte an jedem Jom Kippur das Kaddisch[16] zur Erhöhung seiner Seele auf.

15. Jiddischer Begriff, der »Jahrestag« des Todes eines Menschen.
16. Gebet der Heiligung, geschrieben auf aramäisch, mit lauter Stimme während des Gottesdienstes vorgetragen. Dieses Gebet wird auch von den Trauernden für die Erhöhung der Seele der Verstorbenen gesprochen.

Sukkot

»Damit eure Nachkommen wissen,
daß Ich die Kinder Israels in Zelten habe wohnen lassen.«
(Levitikus 23,43)

Die Zelte waren Ruhmeswolken, so Rabbi Elieser. Rabbi Akiwa sagt:
Sie haben sich echte Laubhütten gebaut.
(Traktat Sukkot 11b)

Die Freude über das Verstehen

Das *Sukkot*-Fest[1] fällt auf den 15. *Tischri* und dauert sieben Tage. Es wird von zwei weiteren Festtagen gefolgt, *Schmini Azeret* und *Simchat Tora. Sukkot* bedeutet auch Laubhüttenfest und erinnert an die Hütten, in denen unsere Vorfahren sieben Tage lang gewohnt haben, so wie es in der *Tora* geschrieben steht: »Damit Eure Nachkommen wissen, daß ich die Kinder Israels in Zelten habe wohnen lassen.« (Levitikus 23,43).

Sukkot wird auch *Chag Haassif* – »Fest der Ernte« (der letzten Herbstfrüchte) genannt.

Über das geschichtliche Erinnern hinaus ist *Sukkot* reich an Bedeutungen. Dieses Fest beendet die Festtagsreihenfolge und faßt davon sogar Wesentliches zusammen. Das Dach der *Sukka*[2], durch welches man den Himmel sieht, symbolisiert die Vorhersehung, die Gegenwart Gottes, ohne die wir nicht leben würden. Dieses Fest findet fünf Tage nach *Jom Kippur* statt, das Fest, an dem das jüdische Volk sich in sich selbst und seinen Synagogen einschließt. *Sukkot* dagegen ist die Einladung hinauszugehen: sich nach draußen zu öffnen. Die *Mizwot* sollen mit einbezogen werden, auf daß sie in uns sind. Am

1. *Sukkot:* Erste Bedeutung: Name des Festes.
2. *Sukka:* Singular von *Sukkot* (Laubhütte).

Ende des Jahres, gegen Abschluß der Festtagsreihenfolge, ist nicht die Ernte der Früchte, sondern die des Lebens. *Sukkot* ist Freude über das Verstehen, welches das Alter mit sich bringt. Das erste Fest, *Pessach*, begleitet uns beim Auszug aus Ägypten, das letzte Fest, *Sukkot*, bedeutet, daß wir noch in der Wüste sind. Am Ende des Zyklus' ist der durchwanderte Weg winzig klein. Man geht niemals genügend nach vorn.

Der siebte Tag von *Sukkot* heißt *Hoschana Rabba* (Hilferuf). Die Rabbinen haben entschieden, daß es eine Erinnerung an *Jom Kippur* ist. In der Freude von *Sukkot* öffnet sich der Himmel ein letztes Mal für das Verzeihen.

Die Sukka[3]

Nach dem Fasten von *Jom Kippur* sollte man sofort wieder zu essen beginnen, um zu Kräften zu kommen. Üblicherweise fängt man an demselben Abend mit dem Bau der *Sukka* an. Die vier Tage zwischen *Jom Kippur* und *Sukkot* sind freudige Tage, ebenso wie das anschließende Fest. Schon in der *Tora* wird *Sukkot* als *Sman Simchatenu* – »Zeit unserer Freude« – bezeichnet. Deshalb ist es auch verboten, während dieser Periode zu fasten. Man investiert seine Zeit in das Bauen der *Sukka* und in die Vorbereitung der *Arba Minim*[4].

Die *Sukka* muß eine Tür und drei oder vier Wände haben, auf die ein Dach aus pflanzlichem Material, das *S'chach*, gelegt wird, durch das man noch den Himmel sehen können muß. Die Wände müssen fest gebaut werden, damit der Wind die *Sukka* nicht schädigen kann. Folgende Maße sollte die *Sukka* haben:
- In der Höhe nicht höher als 9,50 m und nicht niedriger als 1 m.
- Jede Wand sollte mindestens 70 cm breit sein.[5]

Es ist üblich, die *Sukka* mit schönen Vorhängen, Bildern und Früchten, z.B. Kürbissen, zu schmücken. Nach Möglichkeit sollten die Feiernden während der sieben Tage des *Sukkot*-Festes in der *Sukka* wohnen.

Reb Chajim von Zanz hatte die Gewohnheit, ein paar Tage vor Sukkot viele Almosen an die Armen zu verteilen.
Es kam sogar vor, daß er Geld auslieh, um seine Pflicht zu erfüllen. Ohne solche Taten konnte er die Freude, in der Sukka zu leben, nicht spüren. Er sagte: »Die Leute sind es gewohnt, viel Geld für den Schmuck auszugeben. Ich ziehe es vor, daß die Wohltätigkeit der Schmuck meiner Sukka ist.«

3. Laubhütte.
4. Die vier Pflanzen, die den feierlichen Strauß bilden.
5. Vorschriften für eine maximale Breite gibt es nicht.

Jedes Jahr erklärte der Baal Schem Tow seinen *Chassidim*, daß er die *Mizwa* der *Sukka* mag, denn man kann dort mit seinem ganzen Körper eintreten, sogar mit dem Dreck, der an den Schuhsohlen klebt.

Wenn die klimatischen Bedingungen jedoch ungünstig sind, sollten die Feiernden keine Krankheiten riskieren, aber doch versuchen, zumindest die Mahlzeiten in der *Sukka* einzunehmen. Es ist verpflichtend, in Israel am ersten Abend und in der Diaspora an den ersten beiden Abenden die Mahlzeiten in der *Sukka* einzunehmen, auch bei schlechten Wetterbedingungen. An den anderen Tagen wird dies nicht so streng vorgeschrieben: Wenn es an den ersten Abenden z.B. sehr stark regnet, sollte man den *Kiddusch* über den Wein, den Segensspruch über das Brot sprechen und ein wenig davon essen, ehe man den Rest des Abendessens im Haus zu sich nimmt; würde der Regen aufhören, sollte man wieder zurückkehren und seine Mahlzeit in der *Sukka* beenden.

> Am ersten Abend von Sukkot regnete es in Strömen in der Stadt Brodi. Der Oberrabbiner der Stadt, Reb Jizchak Halevy, wartete geduldig an seinem Fenster, daß der Regen aufhörte, damit er seine Mahlzeit in der Sukka einnehmen konnte. Plötzlich sah er einen Mann auf der Straße, der sein Brot und seinen Wein in seinen Händen hielt. Er rief ihn und fragte ihn, wo er seine Mahlzeit eingenommen habe. Letzterer antwortete: »Ich habe meine Mahlzeit in der Sukka von Reb Gerschon von Kitow zu mir genommen, dort regnet es nicht.« Sogleich bat der Oberrabbiner seinen Küster, ihre Mahlzeiten in die Sukka von Reb Gerschon mitzunehmen.
>
> Als Reb Gerschon Reb Halevy sah, wurde er von Furcht ergriffen und fragte: »Warum macht sich der Oberrabbiner die Umstände, bis zu mir zu kommen? Kann er selbst nicht kabbalistisches Praktizieren nutzen, um zu verhindern, daß der Regen in seine Sukka fällt?«
>
> Reb Jizchak Havely befahl sofort seinem Küster, nach Hause zu gehen, und sagte: »Ich brauche keine Zauberkunst!«

Wie am *Schabbat* und den anderen Feiertagen werden Kerzen angezündet. Dies geschieht in der *Sukka* mit dem Segensspruch *Lehadlik ner schel jom tow* und an den ersten zwei Abenden mit dem zusätzlichen Segen *Schehechejanu.*

Nach dem zu benutzenden religiösen Kalender ist *Sukkot* das erste Pilgerfest. Zu allen drei Pilgerfesten verfaßte Rabbi Elieser Hakalir[6] für die Abendgottesdienste verschiedene *Pijutim.* Sie werden in der Mitte aller Segenssprüche jeweils vor und nach dem *Schema Israel* gelesen. Statt der wöchentlichen 18 Bitten der *Amida* werden nur sieben Bitten gesprochen. Das vierte Bittgebet lautet dann

6. Auf die Person des Rabbi Elieser Hakalir wird im Kapitel zum 9. Aw genauer eingegangen.

wie am *Schabbat, Keduschat Hajom* – »Heiligkeit des Tages«. Danach wird das Gebet mit dem *Alenu* beendet.

In manchen Synagogen schließt der Vorbeter den *Schabbat*- oder Festtagsgottesdienst mit dem lauten Gesang des *Kiddusch* für die Gemeinde. Davon sind *Jom Kippur*, weil er ein Fastentag ist, *Sukkot*, da der *Kiddusch* in der *Sukka* gesprochen werden muß, und *Pessach*, weil der *Kiddusch* zur Lesung der *Haggada* gehört (s. Kapitel über *Pessach*), ausgenommen.

Beim Eintreten in die *Sukka* laden wir sieben wichtige Gäste ein, die Seelen der sieben Hirten des Volkes Israel, damit sie darin mit uns sitzen. Diese Gäste, die auf hebräisch *Uschpisin* genannt werden, sind Awraham, Jitzchak, Jaakow, Mosche, Aharon, Jossef und David. Sie beobachten eigentlich, wie ihre Nachkommen die *Mizwa* der Siedlung in der *Sukka* unter Gottes Schutz erfüllen. Die sieben Gäste kommen jeden Tag in alle *Sukkot*[7] der Welt. Jeder hat seinen bestimmten Tag des Festes, an dem er die anderen sechs Gäste in die *Sukka* führt:

> Am ersten Abend leitet Awraham die anderen sechs Hirten;
> am zweiten Abend leitet Jitzchak die anderen sechs usw., bis König David die anderen sechs Hirten an *Hoschana Rabba*, dem siebten Tag von *Sukkot*, in die *Sukka* führt.

Diese Tradition gründet in einem Abschnitt der *Sohar*[8] (Emor 103b), und wir beten, daß unsere Erfüllung dieser *Mizwa* von *Sukkot* Gott gefallen werde.

> Reb Pinchas von Koretz wurde von jedermann gemocht. Jeden Tag kamen die Chassidim zu ihm, um um Rat zu fragen, andere wegen eines Segensspruches, so daß Reb Pinchas kaum Zeit hatte, sich dem Gebet und dem Tora-Lernen zu widmen.
> Eines Tages bat er Gott, von diesen Besuchen befreit zu werden, damit er – wie es ihm paßte – beten und die Tora lernen konnte. Sein Gebet wurde schnell erhört. Ab dem nächsten Morgen besuchte ihn niemand mehr, um ihn um etwas zu bitten. Als er sich zum Bethaus begab, fand er dieses leer auf. Niemand kam, um mit ihm zusammen die Mahlzeiten am Tisch einzunehmen. Die Leute wandten sich sogar von seiner Ehefrau ab.
> Bald nahte die Zeit von Sukkot, und gewohntermaßen hatte Reb Pinchas von Koretz Hilfe, um seine Sukka aufzubauen, aber in diesem Jahr mußte er zusehen, wie er dies alleine schaffte.
> Am ersten Abend von Sukkot wartete Reb Pinchas auf die sieben Hirten, und der Vorfahre Awraham stand außerhalb der Sukka und verweigerte sich einzutreten. Er

7. Plural von *Sukka*.
8. 1) Mystischer Kommentar zum Pentateuch; 2) Haupttext der *Kabbala*.

sagte zu Reb Pinchas: »Ich werde nicht in eine Sukka eintreten, in der kein einziger meiner Nachkommen willkommen ist.«
Reb Pinchas verstand also, daß das Lernen der Tora, das Gebet und die Meditation nur in Gesellschaft anderer Personen durchgeführt werden können. Er betete also dafür, daß sein Charme ihm wiedergegeben würde, und bald war sein Haus von neuem angefüllt mit Chassidim, die um seine Ratschläge und Segenssprüche baten.

Einer der Gründe dafür, daß sich *Sukkot* direkt an *Jom Kippur* anschließt, ist, daß jemand, der an *Jom Kippur* verbannt worden ist, in der *Sukka* Schutz finden kann. Ihm dient sie dabei als Unterschlupf. Sein Aufenthalt gilt schon als Sühne gegenüber dem Verbannungsurteil. Ebenso können wir verstehen, daß *Rosch Haschana* und *Jom Kippur* Sühnetage sind, an denen jeder Gottes Urteil fürchtet. Wenn *Jom Kippur* vorbei ist, können wir sicher sein, daß Gott uns schon verziehen hat. Deswegen gehen wir zu diesem Zeitpunkt in die Felder, um unser Vertrauen in Gottes Verzeihen und Schutz zu symbolisieren.

Fünf *Mizwot* gelten an *Sukkot*: Zunächst die *Sukka* (bauen und ansässig werden), der *Lulaw*-Strauß (die vier Arten[9]), die Freude während des Festes, das Gießen von Wasser auf den Altar (im Tempel in Jerusalem) und das Halten eines Straußes Bachweiden während des *Hoschana Rabba*-Gebetes. Letztere *Mizwa* ist prophetischen Ursprungs. Die fünf *Mizwot* werden nachfolgend noch eingehender erläutert. In vielen jüdischen Gemeinden wird am *Schabbat Chol Hamo'ed* während des Gottesdienstes auch das Buch *Kohelet* (Prediger von König Salomon) gelesen.

Die *Sukkot*feier dauert sieben Tage, an die sich noch zwei Tage, *Schmini Azeret* und *Simchat Tora*, als Schlußfeste der gesamten Herbstfesttage anschließen; in Israel folgt auf die sieben *Sukkot*-Tage nur der eine Tag des *Simchat Tora*.

Gebetsordnung für den ersten Tag (in Israel) und der ersten zwei Tage (in der Diaspora) von Sukkot

Die Gottesdienststruktur ist ähnlich der zu *Schabbat* bis zu der *Amida*. Für *Sukkot* wie für verschiedene Festtage gibt es eine spezielle *Amida* mit sieben Bittgebeten, von denen das vierte die Heiligkeit des Tages ist. Im Anschluß an die Wiederholung der *Amida* durch den Vorbeter nimmt jeder Anwesende den *Lulaw*-Strauß und den *Etrog* in seine Hände, wobei die *Pitam*, die Fruchtspitze, nach unten zeigen muß. Dabei wird der übliche Segen gesprochen. Nach diesem dreht

9. Die wörtliche Übersetzung des *arba minim* aus dem Hebräischen bezeichnet den Strauß mit den vier Pflanzen.

man den *Etrog* mit der Fruchtspitze nach oben, schüttelt den *Lulaw*-Strauß mit dem *Etrog* in die vier Himmelsrichtungen sowie nach oben und nach unten. Dabei hält man beide in der rechten Hand und spricht gleichzeitig das komplette *Hallel*-Gebet (Psalmen 113-118).

Reb Levi Jizchak von Berditschew hatte die Gewohnheit, die ganze erste Nacht von Sukkot wach zu bleiben und auf die Morgendämmerung zu warten, um den Segensspruch über den Lulaw-Strauß, sobald es möglich war, zu sagen.
Einmal, als Reb Levi Jizchak von Berditschew so sehr in Ekstase war, um dieses Gebot zu erfüllen, stürzte er sich auf den Glasschrank, in dem sich der Etrog befand, und verletzte sich die Hand, indem er die Scheibe zerbrach. Der Zaddik von Berditschew nahm den Lulaw-Strauß und den Etrog mit seiner blutenden Hand, sagte den üblichen Segensspruch, indem er versuchte, nicht an seinen Schmerz zu denken, und erst anschließend ging er los, um seine verletzte Hand behandeln zu lassen.

Morgengottesdienst

An den ersten zwei *Sukkot*-Tagen (bzw. in Israel nur an dem ersten Tag) weist der Morgengottesdienst folgende Struktur auf:

1. Morgen-Segenssprüche
2. *Schema* mit den zugehörigen Segenssprüchen, und der Ablauf wie an *Schabbat: NiSchemat*
3. *Amida*: spezielle *Amida* für *Sukkot*; bei ihrer Wiederholung Lesung verschiedener *Pijutim* durch den Vorbeter
4. Ganzes *Hallel* (Psalmen 113-118)
5. (oder nach dem *Mussaf*-Gebet) *Hoschanot*
6. Ausheben der *Tora*, Lesung, Prophetenlesung
7. Einheben der *Tora*, *Mussaf*
8. *Alenu* – Schlußgebet

Beim Ausheben der *Tora* werden die 13 Eigenschaften der Barmherzigkeit Gottes vorgetragen. Es folgt das Gebet *Ribono schel olam* – »Herrscher der Welt«, das an *Sukkot* sowie an *Pessach* und *Schawuot* gesprochen wird.

An *Schabbat* spricht man in der Regel die 13 Eigenschaften der Barmherzigkeit Gottes und das *Ribono schel olam* nicht; in einigen Gemeinden ist es jedoch durchaus üblich.

An den ersten zwei Tagen wird derselbe Abschnitt aus der *Tora* gelesen, der von den verschiedenen Festtagen und ihrer zugehörigen Opfer handelt. Diese *Tora*-Lesung steht in Levitikus 22,26 – 23,44.

Am ersten und zweiten Tag werden je fünf Personen zur *Tora* und zum *Maftir* eine sechste aufgerufen. Letztere liest aus der zweiten *Tora*rolle Numeri 29,12-16, das die an *Sukkot* täglichen speziellen Rindsopfer beschreibt.

Insgesamt wurden während der sieben *Sukkot*-Tage 70 Rinder geopfert, für jede von Noah abstammende Nation ein Rind. Am ersten Tag opferte man 13 Rinder, an jedem folgenden Tag eines weniger, bis zum letzten Tag, an dem sieben Rinder geschlachtet wurden.

Da der Tempel zu Jerusalem von Gott und unseren Propheten als Bethaus für alle Nationen betrachtet wurde (Jes 56,7), galten diese 70 Tiere als Ganzopfer, als Sühne und Gebet für das Wohlergehen und den Frieden der 70 Völker.

Das jüdische Volk, das von den 70 »Kindern Israels«, die Jaakow nach Ägypten begleitet hat, abstammt, wird jedes Jahr diese 70 Rinder opfern.

Unsere Weisen erläutern im *Midrasch* (Bamidbar Rabba 1:3), daß die Nationen der Welt, wenn sie gewußt hätten, wie sehr die 70 Rinderopfer vorteilhaft für sie gewesen wären, Verteidigungsarmeen geschickt hätten, um den Tempel vor feindlichen Angriffen zur Zeit der Zerstörung zu schützen.

Die *Haftara*[10] des ersten Tages (Zacharias 14,1-21) handelt von dem Krieg zwischen Gog und Magog[11], der in der messianischen Zeit stattfinden wird. Raschi, der mittelalterliche Exeget, erklärt, daß die Nationen, die diesen Krieg überleben werden, gemeinsam mit dem Volk Israel *Sukkot* feiern werden.

Am zweiten Tag liest der *Maftir* die *Haftara* aus 1. Könige 8,2-21. Sie handelt von der Einweihung des salomonischen Tempels, welche zu der *Sukkot*-Feier stattgefunden hat.

Geprägt von einem besonderen Ernst ist der letzte Tag des *Sukkot*, *Hoschana Rabba*. Er ist der letzte Zeitpunkt des Urteils, das erstmals an *Rosch Haschana* ausgesprochen und an *Jom Kippur* besiegelt wurde und an diesem Tag eventuell abgeändert vollzogen wird. Die Zeremonie der *Arawa*, der Bachweiden, kennzeichnet den Tag der *Hoschana Rabba*. Diese wird im Absatz *Hoschana Rabba* erläutert.

Die vier Arten oder der Lulawstrauß: Symbole der Einheit Israels

Der *Etrog* (Zitrusfrucht)
Diese Zitrusfrucht verbindet den Duft mit dem Geschmack; ebenso gibt es im Volk Israels Menschen, die die *Tora* lernen und die gute Taten vollbringen.

10. Lesung aus den Büchern der Propheten nach der *Tora*lesung an *Schabbat*, Feier- und Fastentagen.
11. Zwei Nationen in der apokalyptischen Vision des Propheten Ezechiel.

Dies geschieht an jedem der ersten sechs *Sukkot*-Tage einmal und am siebten Tag, dem *Hoschana Rabba*, siebenmal. Eine Ausnahme macht in diesem Zeitraum der *Schabbat*, an dem für die *Hoschana*-Liturgie weder eine *Tora*rolle ausgehoben wird, noch die Rundgänge um die *Bima* gemacht werden, da die vier Pflanzen an *Schabbat* nicht benutzt werden dürfen.

Nach den *Hoschanot* wird die *Tora*rolle in die heilige Lade zurückgebracht, und der Vorbeter spricht den ganzen *Kaddisch*.

Die beim Umkreisen der *Bima* gesprochenen Gebete heißen *Hoschanot*, weil ihr ständiger Refrain das Wort *Hoschana* – »rette bitte!« – wieder aufnimmt. Sie wurden von Rabbi Elasar Hakalir verfaßt, und jedes *Hoschanot*-Gebet enthält 22 Verse, die dem hebräischen Alphabet folgen.

Die *Hoschanot* des zweiten Tages beinhalten Anspielungen auf den Tempel und auf die Stadt Jerusalem, in der er sich befand.

An *Schabbat* werden *Hoschanot* gesprochen, in welchen die Gemeinschaft Israels, die den *Schabbat* heilig hütet, gelobt wird.

Der Autor der *Hoschanot*, Rabbi Elieser Hakalir, gebrauchte im hebräischen Originaltext lyrische und mystische Ausdrücke, um die verschiedenen Bräuche und Verpflichtungen zu beschreiben, durch die das jüdische Volk den *Schabbat* ehrt, wie z.B. das Verbot der 39 Arbeiten während des *Schabbats*, die Wahl schöner Kleidung für den *Schabbat*, die Gebete des *Schabbats* u.a..

Auch alle anderen *Haschonot*-Gebete sind in einem ähnlichen, schwer zugänglichen Stil geschrieben. Raschi, der große, mittelalterliche Kommentator aus Troyes, der die Exegese über die Bibel und den *Talmud* geschrieben hat, verfaßte zusätzlich eine Auslegung über die *Haschonot*-Gebete, um deren Verstehen zu erleichtern.

Vergießen von Wasser – das Wasserschöpffest (Simchat Bet Hascho'ewa)

Aus dem Talmud, Traktat Sukka 53a

Zur Zeit des Tempels war jedes Opfer von einer Opfergabe begleitet, die aus Mehl und Öl (genannt *Mincha*) sowie aus dem Vergießen von Wein bestand. Diese Opfergabe wurde auf dem Altar ganz verbrannt, und der Wein wurde auf dem Altar vergossen.

Während der sieben Tage von *Sukkot* wurde das Ritual des ständigen morgendlichen Opfers von dem Vergießen von Wasser gleichzeitig begleitet von dem Vergießen von Wein auf dem Altar.

Diese Zeremonie ging genau wie all die anderen *Mizwot*, die während der *Sukkot*-Feier ausgeführt wurden, mit Freude einher.

Die *Mischna* (Sukka Kap. V) beschreibt die alltäglichen Freudenfeste, die von Wasservergießen begleitet wurden. Diese Freudenfeiern begannen am Abend gegen Ende des ersten Tages von *Sukkot* nach dem abendlichen Opfer – also während der sechs Tage von *Chol Ha'omed* mit Ausnahme des *Schabbats* – und setzten sich die ganze Nacht bis zur Morgendämmerung fort.

Die Freudenfeste fanden im Frauenhof statt, wo Zehntausende Menschen sich zusammenfanden. Zahlreiche große Leuchter aus Gold waren dort aufgestellt und erleuchteten den Tempel. Dieses Licht war in der ganzen Stadt sichtbar. Die *Leviten* spielten verschiedene Instrumente, Flöten, Trompeten, Harfen – während die Gelehrtesten in der *Tora* und die Mitglieder der Großen-*Sanhedrin* mitten in der Menschenmenge tanzten, Fackeln in die Luft warfen und diese im Flug auffingen.

Die Festivitäten dauerten bis zum Schrei des Hahnes an. Dann bliesen zwei *Kohaniten* Trompete, um den Beginn des Tages anzukündigen, und gemäß eines gewissen Zeremoniells gingen sie Wasser in der Siloaquelle[12] schöpfen. Dort füllten sie eine Goldkaraffe mit dem Inhalt von drei *Log* (ungefähr zwei Liter) und kehrten zum Tempel zurück, wo das Opfer am Morgen stattgefunden hatte. Sie gaben die Wasserkaraffe an den *Kohen* zurück, der das Wasser auf dem Altar vergießen sollte.

Der *Kohen* hielt in seiner rechten Hand eine Weinkaraffe, er hob beide Hände an, damit die Anwesenden ihn sehen konnten, und warf den Inhalt der beiden Karaffen auf die Ecke des Altars, von wo die Flüssigkeiten zusammen auf die Fundamente des Altars abflossen. In diesem Augenblick stimmten die *Leviten* das Lied des Tages an, und die Zeremonie ging zu Ende.

Diese Zeremonien der Freudenfeste hießen *Simchat Bet Hascho'ewa* – »Freuden des Wasserschöpffestes«. Unsere Weisen sagen uns hinsichtlich der *Simchat Bet Hascho'ewa*: Derjenige, der nicht die überströmende Freude dieser Festlichkeiten gesehen hat, hat niemals ein wirkliches Freudenfest in seinem ganzen Leben gesehen.

Rabbi Jehoschua ben Chananja, der noch zur Zeit des Tempels gelebt hat, erzählt: Als wir die Festivitäten der *Simchat Bet Hascho'ewa* mitmachten, wußten wir nicht, was es hieß zu schlafen! Mit der Morgendämmerung begann das lang andauernde Opfer am Morgen, dann das Gebet, danach die morgendlichen Zusatzopfer gefolgt von dem Zusatzgebet. Von dort gingen wir ins Lehrhaus, und dann versammelten wir uns für das Festmahl des Tages, anschließend das *Mincha*-Gebet, das ständige Opfer des Abends gefolgt von der *Simchat Bet Hascho'ewa*, die bis zur Morgendämmerung dauerte! (Sukka 53a)

Heutzutage, auch wenn der Tempel zerstört ist, ist es in frommen Kreisen und in der *Jeschiwot*[13] üblich, sich an den Abenden in der *Sukka* zu versammeln, um

12. Wasserquelle in Jerusalem.
13. Plural von *Jeschiwa*; 1) Akademie für höheres *Talmud*lernen; 2) Zentrum für traditionelle jüdische Erziehung und *Tora*lernen.

zu singen und zu tanzen, in Erinnerung an das *Simchat Bet Hascho'ewa.* Die Psalmen 120-134, die Stufenlieder, werden Vers für Vers gesprochen. Auf diese Art und Weise respektieren wir noch stärker die Verpflichtung, uns während *Sukkot* – »der Zeit unserer Freude« – zu freuen.

Chol Hamoed

Dieser Ausdruck bedeutet »Halbfeiertag«. So nennt man jene Tage, die zwischen den Festtagen liegen, z.B. vom dritten bis zum siebten Tag von *Sukkot.* Während dieser Tage sind einige Arbeiten erlaubt, wie beispielsweise das Anzünden von Licht, das Autofahren oder das Unterrichten. Jedoch ist es verboten zu schreiben und zu nähen. Es kommt vor, daß der *Schabbat* auf die Mitte von *Sukkot* fällt, in diesem Fall wird der *Schabbat* »*Schabbat Chol Hamoed*« genannt. Das Morgengebet wird das des *Schabbat* sein, währenddessen das *Sukkot*-Fest nur einfach erwähnt wird. Es folgt das *Hallel* (die Psalmen 113 is 118), das wiederum gefolgt wird von dem Lesen des Predigerbuches. Der Inhalt der *Tora*-Lesung besteht aus den Wallfahrtsfesten im Buch Exodus 33,12 bis 34,26. Sieben Personen werden aufgerufen, einen Segen zu sprechen. Das *Maftir* ändert sich hinsichtlich der Tage von *Chol Hamoed* gemäß dem ersten, dritten oder vierten Tag, auf welchen *Schabbat Chol Hamoed* fällt. Das *Maftir* befindet sich im Buch Numeri, Kapitel 29. Die *Haftara* liest man im Buch Ezekiel, Kapitel 38 und 39, sie handelt von dem Krieg von Gog und Magog (siehe den ersten Tag von *Sukkot).*

Nach der *Tora*-Lesung folgt das *Mussaf*-Gebet.

Am *Schabbat Chol Hamoed* nimmt man die Speisen in der *Sukka* zu sich – genau wie an den anderen Tagen des Festes.

Hoschana Rabba

Dies ist der letzte der sieben Tage von *Sukkot.* Sein Name wurde ausgewählt, da man die Zahl der Bima-Umkreisungen auf sieben erhöht hat. Der Vorabend wird dem Lernen der *Tora* gewidmet. Es ist üblich, sich vor Mitternacht in die Synagoge zu begeben und die ganze Nacht das fünfte Buch der Bibel wie auch zahlreiche Psalmen zu lesen. Von der Morgendämmerung an wird das *Schacharit*-Gebet gesprochen.

Traditionsgemäß ist *Hoschana Rabba* der letzte Zeitpunkt des göttlichen Urteils. Gott spricht an *Rosch Haschana* sein Urteil aus. Dieses wird an *Jom Kippur* besiegelt und an *Hoschana Rabba* vollzogen.

Jeden Tag an *Sukkot* hebt man eine *Tora*-Rolle aus der heiligen Lade und trägt sie zur *Bima,* wo einer der Anwesenden sie in seinen Händen hält, während die anderen die *Bima* mit den vier Arten umkreisen und die *Hoschanot*-Gebete sprechen. An *Hoschana Rabba* werden alle *Tora*-Rollen ausgehoben und auf die *Bima* gelegt, und die Anwesenden umkreisen siebenmal die *Bima* mit ihrem *Lulav* und ihrem *Etrog* und beten um Gottes Hilfe. Nach den sieben Runden werden weitere Gebete gesagt, von denen die meisten das Thema »Regen« beinhalten, denn an *Sukkot* wird das Urteil über die Welt bestimmt, wieviel Regen im kommenden Jahr fallen wird. Die Liturgie von *Hoschana Rabba* endet mit einer Hoffnung auf das Kommen des Propheten Elijahu, dem Herold, der das Kommen des Messias verkünden wird.

Gemäß den Bräuchen werden die sieben Runden entweder vor dem Lesen der *Tora* oder nach dem *Mussaf*-Gebet stattfinden. Man wird die Liturgie von *Jom Kippur* beim Ausheben der *Tora* sprechen, und der Vorbeter wird den weißen *Kittel* von *Jom Kippur* tragen.

Es ist üblich, fünf Äste der Bachweide zusammenzubinden und zu halten, und am Ende der *Hoschanot*-Gebete, wenn der Vorbeter, gefolgt von den Anwesenden, dreimal mit lauter Stimme gesagt haben wird: »die Stimme des Herolds verkündet und ruft aus«, werden alle Anwesenden die Bachweidenäste fünfmal auf den Boden schlagen.

Wie es weiter oben schon behandelt wurde, stellen die Blätter der Bachweide die Lippen der Menschen dar. An *Rosch Haschana* und *Jom Kippur* hetzt der Satan Gott gegen das jüdische Volk auf. Aber nun, gegen Ende von *Sukkot*, wenn das jüdische Volk viele gute Taten zu verzeichnen hat, vertraut es darauf, daß keine einzige Lippe, sogar die des Satan nicht, ihm Unrecht tun könnte. Deshalb ist es üblich, die Lippen symbolisch, d.h. die Bachweidenzweige, auf den Boden zu schlagen.

> Ein einfacher Dorfbewohner hatte seine fünf Bachweidenzweige vorbereitet und machte sich daran, am Morgen von Hoschana Rabba bei seinen Rebbe, Reb Jizchak von Worki, mit seiner Hoschana[14] in der Hand zu beten.
> Unterwegs wurde er von einem Fremden angesprochen: »Was hast du da in deiner Hand?« Der Chassid antwortete: »Eine Hoschana.« Der Fremde schlug ihn auf einmal und sprach: »Sag: ein Handfeger.« Der Chassid ließ sich nicht einschüchtern und wiederholte mehrere Male, daß es eine Hoschana sei.
> Der Fremde stellte eine weitere Frage: »Wohin gehst du?« Der Chassid antwortete: »Zum Rebbe von Worki.« Der Fremde brüllte: »Sag: zu Itschke[15]«, und er schlug wieder auf den Chassid ein. Der Fremde verging sich so noch mehrere Male an dem Chassid, und jedesmal antwortete letzterer: »Ich gehe zum Rebbe!« Schließlich verschwand der Fremde, und der Chassid kam mit Muskelkater beim Rebbe von Worki

14. Es handelt sich um die fünf Bachweidenzweige.
15. Gewöhnliche Verniedlichung von Jizchak (manchmal auch abfällige Bedeutung).

an, der ihn fragte, was geschehen sei. Der Chassid erzählte die ganze Geschichte. Reb Jizchak von Worki sprach zu ihm: »Dieser Fremde war die Verkörperung des Versuchers, der dich zweimal sündigen lassen wollte, zuerst, indem er dich eine Mizwa mißachten lassen wollte, und anschließend, indem er dich respektlos gegenüber deinem Rebbe machen wollte. Aber du hast der Versuchung widerstanden. Tatsächlich wurde ein unheilvolles Urteil vom Himmel gegen dich ausgesprochen, aber indem du dem Versucher widerstanden hast, wurde dieses unheilvolle Urteil aufgehoben, und du wirst nun eingeschrieben sein für ein Jahr des Segens und des Lebens.«

Und so kam es.

Schmini Azeret und Simchat Tora

Der Tag, der dem siebten Tag von *Sukkot* folgt, wird *Schmini Azeret* genannt. Der Ursprung dieses Festtages findet sich in Numeri 29,35: Der achte Tag wird ein Tag der Versammlung für euch sein. *Schmini* bedeutet »der achte Tag«, und *Azeret* heißt »Abschluß«, also ist dieser Festtag der Abschluß der Reihe aller Feiern während des Monats *Tischri*. Da jedem Fest in der Diaspora ein Tag hinzugefügt wird, ist *Schmini Azeret* ein Fest, das zwei Tage dauert. In der Diaspora ist der neunte Tag als *Simchat Tora* – »Freude der *Tora*« – bekannt, und in Israel heißt der achte Tag sowohl *Schmini Azeret* als auch *Simchat Tora*.

Schmini Azeret bleibt, obwohl es ein von *Sukkot* getrenntes Fest ist, an *Sukkot* gebunden. Unsere Weisen erklären, daß nach den sieben Tagen, während derer das jüdische Volk Opfer für das Wohlbehagen der 70 Nationen der Welt gebracht hat, es (das jüdische Volk) nahe daran war, sich von Gott zu trennen, und daß Gott seine eigenen Kinder vermissen wird. Deshalb bittet Gott seine Kinder, nach der Wallfahrt zum Tempel noch für einen eintägigen Festtag bei Ihm zu bleiben. Obwohl dieser Gedanke der Trennung von Gott sich auf die Zeit des Tempels bezieht und jetzt, da der Tempel zerstört ist, das jüdische Volk in der Verbannung lebt, bleibt der Gedanke von der Trennung Gottes von Seinem Volk die Botschaft von *Schmini Azeret*. Diese Idee wird von unseren Weisen durch ein Gleichnis veranschaulicht: Die Kinder eines Königs hatten gerade ihren Vater besucht. Als sie zu sich nach Hause zurückkehren wollten, fragte ihr Vater sie: »Wann kommt ihr wieder?« »In 50 Tagen«, lautete die Antwort. Der König ließ sie weggehen. Als die Kinder zurückkamen, sieben Wochen später, war der König voller Freude, und als sie wieder weggehen wollten, fragte der König abermals: »Wann kommt ihr wieder?« Sie antworteten: »In vier Monaten.« Der König war zufrieden und ließ sie weggehen. Als die Kinder zum dritten Mal kamen, blieben sie eine Woche bei ihrem Vater, und bei ihrem Abschied stellte letzterer ihnen wieder die Frage: »Wann kommt ihr wieder?« Sie sagten darauf: »In sechs oder sieben Monaten.« Der König sprach also: »Das ist zu lange, diese Trennung wird zu schwer für mich zu ertragen sein, bitte bleibt noch einen Tag länger bei mir, daß wir noch ein wenig Freude zusammen erleben.«

In diesem Gleichnis stellt der König Gott dar, und die Kinder sind das jüdische Volk. Die Besuche versinnbildlichen die Wallfahrtsfeste, der erste Besuch ist dabei *Pessach*, und 50 Tage später handelt es sich um *Schawuot*. Zwischen *Schawuot* und *Sukkot* liegt eine Zeit von vier Monaten, aber zwischen *Sukkot* und *Pessach* des folgenden Jahres befinden sich 6 bzw. 7 Monate, und über diese Zeit sagt Gott, daß die Trennung zu lang und zu schwer zu ertragen sei. Deshalb bittet Er sein Volk, noch einen Tag länger zu bleiben. Dieser Tag wird ein Abschluß der Feierlichkeiten zu *Sukkot* sein.

Simchat Tora

Unsere Weisen empfehlen uns, an *Simchat Tora* froh zu sein und sich zu erfreuen. Sie beziehen sich auf den Vers in Dtn 16,15: »und rein wirst du froh sein«. Es gibt keine besondere *Mizwa* an *Simchat Tora*, wie es sie z.B. an *Rosch Haschana*, an *Jom Kippur* (Fasten), an *Sukkot* (Vergießen des Wassers, die *Sukka*, der *Lulaw*-Strauß u.a.) gibt. All diese *Mizwot* sind der Freude gewidmet. Die Haupt-*Mizwa* an *Simchat Tora* besteht darin, froh zu sein und sich zu erfreuen. Der hebräische Begriff für Frohsein ist »*simcha*« und für das Sich-Erfreuen »*sasson*«. *Simcha* bedeutet »ein ständiger Zustand der Freude«: »Frohsein«, während »*sasson*« »eine plötzliche Freude« bedeutet: »Erfreue dich«. Genau wie das *Sukkot*-Fest, das sieben Tage lang dauert, gekennzeichnet ist durch den Ausdruck »Zeit unserer Freude«, sind *Schmini Azeret* und *Simchat Tora* charakterisiert durch den gleichen Ausdruck. Es handelt sich also um einen ständigen Ausdruck der Freude, und besonders zur Ehre der *Tora* werden wir uns einer plötzlichen Freude zur Feier dieses besonderen Tages erfreuen. Diese Freude an *Simchat Tora* wird sich den ganzen Winter bis zum *Pessach*-Fest fortsetzen, indem die Atmosphäre des *Simchat Tora*-Tages, dieses Zusammensein Gottes mit seinen Kindern, beibehalten wird.

> In einem Jahr fiel Simchat Tora auf einen Sonntag. Die deutschen Wächter gingen ihren sonntäglichen Beschäftigungen nach, und jemand begann mit lauter Stimme das feierliche Mipi-Kel[16]-Gebet zu singen. Plötzlich erschien ein deutscher Offizier, und der Sänger hielt mitten in seinem Gesang an. Der Deutsche brüllte ihn an und fragte, was geschehen sei und was dieser junge Mann singe. Einer der verhafteten Juden, der auch Deutsch sprach, antwortete dem Deutschen: »Heute ist ein jüdi-

16. Ein feierliches Gebet zur *Hakafot* (Kreis um die Zentralestrade in der Synagoge) an *Simchat Tora*.

scher Feiertag, und ich würde sagen, daß dieser junge Mann mehr betete als sang.« Der Deutsche brüllte ihn wieder an und wollte die Bedeutung der Worte in diesem Gebet wissen. Der Jude, der als Übersetzer diente, übertrug die Worte dieses Gedichtes ins Deutsche: »Niemand ist so mächtig wie Gott! (...)« Der Deutsche war verdutzt und fragte seinen Übersetzer: » Glauben sie wirklich an diese Worte?« Bevor letzterer antworten konnte, sprach ein junger Jude, der vor dem Krieg weder fromm noch gläubig gewesen war: »Ja, ich glaube an diese Worte!« Der Deutsche ging fort und grummelte vor sich hin: »Unglaublich! Ich fürchte, wir werden nie gegen dieses Volk ankommen können.«

Gebet für den Regen

Eine Besonderheit an *Schmini Azeret* ist es, das Gebet für den Regen während des *Mussaf*-Gottesdienstes zu sprechen. In diesem Gebet fleht das jüdische Volk Gott an, ihm günstigen Regen zu bewilligen, für Israel genau wie für die Gesamtheit der Nationen. So wie an *Sukkot* 70 Rinder geopfert wurden, für das Wohl der 70 Nationen der Welt, so beten wir an *Schmini Azeret* für den Regen, ein Gebet für Versorgung und Lebensunterhalt. Wir beten auch, daß dieser Regen ein gesegneter Regen sei für die körperlichen Bedürfnisse[17] der Menschheit, damit dieser Regen die Erde begießt und die Ernährung der Bäume und der Erde ermöglicht. Eine gute Landwirtschaft wird Wohlstand zur Folge haben. Während des zweiten Bittgebetes des *Mussaf*-Gottesdienstes sagt man: »Du läßt den Wind wehen und den Regen fallen.« Von diesem Tag bis zum *Mussaf* des ersten *Pessach*-Tages schiebt man diesen Satz in die zweite Bitte der täglichen *Amida* oder des Achtzehnbittgebetes ein.

In Israel wird *Schmini Azeret* mit *Simchat Tora* an einem Tag gefeiert. Das ist auch der Grund, warum die Juden am Ende von *Simchat Tora* sich »A guten Winter«[18] wünschen, damit der kalte und regnerische Winter von warmherziger und erwärmender Freude erfüllt sei.

Dieses Gebet setzt sich aus sechs Strophen zusammen, die jeweils mit dem Wort *Sechor* – »erinnere dich« –, beginnen. Es beschreibt die Verdienste von Awraham, Jizchak, Jaakow, Mosche, Aharon und der zwölf Stämme Israels. Indem wir dieses Gebet sprechen, verleiten wir Gott dazu, sich an die Dienste der erwähnten Ahnen zu erinnern und daß Er uns durch ihre verdienstvollen Taten Regen sendet. Das Gebet endet mit: Da Du, *Haschem*, unser Gott bist,

17. Regen heißt auf hebräisch »*geschem*« und körperliches Bedürfnis, im Gegensatz zu geistigen Bedürfnissen, was auf hebräisch *gaschmiut* heißt. Wir finden in letzterem Wort die Wurzel des Wortes *geschem* – »Regen«.
18. Jiddisch für einen guten Winter.

der den Wind wehen und den Regen fallen läßt. Für Segen und nicht für Verfluchung. Für Leben und nicht für Tod. Für Sättigung und nicht für Hungersnot. Amen.

Im allgemeinen läuft der Gottesdienst von *Schmini Azeret* so wie der von *Sukkot* ab. Dennoch wird vor dem Ende des Abendgebetes mit allen *Tora*-Rollen um die *Bima* herumgetanzt. Dies wird im weiteren noch erläutert werden. Die *Tora*-Lesung für *Schmini Azeret* gründet auf einer Stelle in Deuteronomium 14,22 bis 16,17. Dieser Text handelt von den »Zehnten«, weil es die Zeit war, als die Leute die »Zehnten« an die Bedürftigen verteilen mußten. Da es die Jahreszeit war, in der das Korn geerntet wird, ist *Schmini Azeret* der Zeitpunkt, an dem es für jeden Juden wichtig ist, seinen Wohlstand mit den Ärmeren zu teilen. Der erste Vers, den wir lesen, lautet: »Du wirst den zehnten Teil der ganzen Ernte deiner Anpflanzungen nehmen, die von dem Feld jedes Jahr hervorgebracht werden.« Der *Talmud* (Traktat Schabbat 119a) erläutert, daß dieses Gebot, den Zehnten abzunehmen, wie folgt verstanden werden muß: »Gib den Zehnten, damit du dich bereicherst«. Das heißt, daß Gott wohltätige Menschen mit Wohlstand weit über ihren Beitrag hinaus belohnt. Die Lesung wird beendet mit dem Erinnern an die drei Wallfahrtsfeste. Das *Maftir* befindet sich in Numeri 29,35 bis 30,1.

Die Lesung der Propheten gründet auf dem ersten Buch der Könige 8,54 bis 9,1. Diese handelt vom Ende der Einweihung des Tempels durch Salomon. König Salomo segnete das Volk, und am achten Tag von *Sukkot*, das heißt an *Schmini Azeret*, sagte er dem Volk, daß es so frei war, wieder nach Hause zu gehen.

Schmini Azeret, ähnlich wie Schawuot[19]

Obwohl beide Feste unabhängig voneinander sind, gibt es Ähnlichkeiten. *Schmini Azeret* folgt den sieben Tagen von *Sukkot*, die in gewisser Weise eine geistliche Vorbereitung auf das Fest der *Tora* sind. Andererseits folgt *Schawuot* sieben Wochen auf *Pessach*, was ein geistlicher, reinigender Aufstieg ist, der das jüdische Volk auf die Übergabe der *Tora* vorbereitet.

Während *Schmini Azeret* bittet Gott seine Kinder, ihn nicht sogleich zu verlassen und noch ein bißchen zu bleiben. Dagegen stellt *Schawuot* die Anerkennung des jüdischen Volkes als das von Gott auserwählte dar.

Schließlich tragen beide Feste auch den Namen *Azeret*, das bedeutet »Schließung«. *Schmini Azeret* schließt die ganzen Feiertage des Monats *Tischri* ab, *Schawuot* schließt die Zeitspanne zwischen *Pessach* und *Schawuot* ab.

19. Wochenfest, siehe Kapitel I Kalender.

Letztes Kiddusch in der Sukka

Es ist üblich, die *Sukka* zu verlassen und am Ende von *Sukkot* von ihr Abschied zu nehmen. In Israel findet diese Zeremonie an *Hoschana Rabba* statt, dagegen findet sie in der Diaspora an *Schmini Azeret* statt.

Man spricht das *Kiddusch*, ißt eine Kleinigkeit und, indem man die *Mizwa* das letzte Mal in diesem Jahr erfüllt, sagt ein Verabschiedungsgebet: »Möge es Dein Wille sein, *Haschem*, unser Gott und Gott unserer Vorfahren, daß – genau, wie ich die *Mizwa* erfüllt habe und in diese *Sukka* wohnte – ich ebenso nächstes Jahr verdienen möge, in der *Sukka*, die aus der Haut des Leviathans[20] besteht, zu wohnen. Nächstes Jahr in Jerusalem!«

Als der Satmarer Rebbe, Reb Joel Teitelbaum, in Europa lebte, aß er am Tag von Schmini Azeret nicht in seiner Sukka. Nach der Schoa, als er in den USA lebte, hatte er die Angewohnheit, an Schmini Azeret in seiner Sukka zu essen. Man fragte ihn nach dem Grund dieser Brauchänderung, und er antwortete lächelnd: »In Europa hatte ich keine geheizte Sukka.«

Die Freude an der Tora (Simchat Tora)

Der Vorabend und der Tag von *Simchat Tora* sind der Freude und der Festlichkeit in bezug auf die *Tora* gewidmet. Es gehört zur weltweiten Tradition, mit den *Tora*-Rollen zu tanzen. Das Zeremoniell des Tanzens mit den *Tora*-Rollen setzt sich aus sieben Runden um die *Bima* zusammen, und zwischen jeder Runde singen und tanzen die Anwesenden mit den *Tora*-Rollen. Diese Runden werden auf hebräisch »*Hakafot*« genannt.

In den Ländern der Diaspora ist man es gewöhnt, auch am Vorabend von *Schmini Azeret Hakafot* zu drehen und mit den *Tora*-Rollen zu tanzen. Bei den

20. Im *Midrasch* wird erzählt, daß der Leviathan ein Riesenfisch ist, der am fünften Schöpfungstag erschaffen wurde und der der Herrscher über alle Geschöpfe des Meeres ist. Gott schuf im Grund zwei Fische, einen männlichen und einen weiblichen, und da er fürchtete, daß sie sich vermehren würden, tötete Gott den weiblichen Fisch und bewahrte ihn in Salzwasser auf, damit er in der Zeit des Messias von den Gerechten aufgegessen werde. Im *Midrasch* wird auch erzählt, daß der Leviathan eine sehr schöne Haut habe und Gott deswegen Baldachine aus dieser Haut herstellen werde, damit die Gerechten unter diesen Baldachinen vor der Sonne geschützt sein werden. Gott werde ein Festessen geben, an dem das Fleisch des Leviathans und das eines riesigen Rindes unter den Gerechten aufgeteilt wird. Der Ausdruck in dem Gebet: »Eine *Sukka*, die aus der Haut des Leviathans besteht« bezieht sich auf diese messianische *Sukka* und auf dieses messianische Essen.

drei Zeremonien der *Hakafot* ist es üblich, die Ehre, das Gebet »*Ata Hareta*«[21] sprechen zu dürfen, zu versteigern. Derjenige, der die Ehre ersteigert, verspricht zunächst nur die Bezahlung. Die wirkliche Geldzahlung erfolgt erst nach dem Fest.[22]

Nachdem man das »*Ata Hareta*« gesprochen hat, werden alle *Tora*-Rollen, auch die ungeeigneten[23], mit ihrem Schmuck[24] aus der heiligen Lade gehoben und für die erste *Hakafa*[25] an die anwesenden *Kohanim* verteilt. In manchen Synagogen ist es zur Gewohnheit geworden, eine Kerze in der heiligen Lade anzuzünden. Diese Tradition gründet auf dem Vers »*Ki ner Mizwa we Tora or*«, das bedeutet »Die *Mizwa* ist eine Kerze, und die *Tora* ist Licht«.

Zu Beginn jeder *Hakafa* singt der Vorbeter ein kleines Gedicht, das sich auf die Ahnen Israels bezieht, und daraufhin folgen Gesänge aller Anwesenden, und nach jeder Runde tanzen die Männer, die die *Tora*-Rollen tragen, mit den anderen Anwesenden zu Ehren der *Tora*.

Der Sinn des Tanzes und der Freude über die Tora-Rollen

Unser Tanzen mit den *Tora*-Rollen an *Simchat Tora* ist unsere Art, Gott zu zeigen, wie sehr wir die *Tora* lieben und ehren und wie wichtig sie für uns ist.

Alle müssen zu Ehren der *Tora* tanzen. Man darf nicht sagen, »es sei unter meiner Würde und eine Schande für die *Tora*, daß ich unter dem Volk wie ein Ungelernter tanze«.

So soll *Simchat Tora* uns als Mittel zur Selbstbeobachtung dienen. Und derjenige, der tanzt und sich an der *Tora* erfreut, zeigt, daß seine vergangenen Sünden nur vorbeigehende Verrücktheiten sind und daß er trotz allem von der *Tora* betroffen ist und mit dem gesamten, jüdischen Volk eine Einheit bildet.

Um mit den Kindern die Freude an der *Tora* zu teilen, läßt man die Kinder mit Fahnen oder kleinen nachgebildeten *Tora*-Rollen in den Händen tanzen.

21. Jeder Satz dieses Gebets wird zuerst von dem Vorbeter gesungen und dann von den Anwesenden wiederholt. Dieses Gebet heißt »Dir ist gezeigt worden«, da dieses die Worte sind, mit denen es beginnt.
22. Während der Festtage, genau wie an *Schabbat*, ist es verboten, mit Geld zu hantieren, genauso, wie es nicht gestattet ist, Handelsgeschäfte abzuwickeln. In diesem vorliegenden Fall handelt es sich eher um das Versprechen einer Schenkung.
23. Wenn es an einem Buchstaben der *Tora* einen Fehler gibt oder wenn ein Buchstabe undeutlich geworden ist, wird die *Tora*-Rolle ungeeignet. Man darf sie zur Lesung bei Gottesdiensten nicht mehr benutzen, solange sie nicht restauriert wird.
24. Es handelt sich um die Kronen, Glocken und Schilder aus Silber, die die *Tora*-Rollen verzieren.
25. Singular von *Hakafot*.

Indem man mit den Kindern die Festlichkeiten hinsichtlich der *Tora* teilt, entwickelt man in ihnen einen Freude und eine Leidenschaft für das spätere Lernen der *Tora*.

Ein einfacher ungebildeter Kutscher freute sich sehr während der Hakafot an Simchat Tora. Reb Naftali von Ropschitz fragte ihn sarkastisch: »Warum freust du dich so sehr? Du hast doch nicht einmal die Tora gelernt.« Der Kutscher antwortete: »Rebbe, wenn mein Bruder eine Hochzeit feiert, soll ich mich dann nicht mit ihm zusammen freuen? Soll ich an seiner Freude nicht teilhaben?« Der Ropschitzer sagte dann ehrerbietig: »Du hast recht, mein Sohn, bitte verzeih mir.«

Ablauf der Hakafot

In Israel

Da *Schmini Azeret* und *Simchat Tora* in Israel auf den gleichen Tag fallen (auf den 22. *Tischri*), werden die *Tora*-Rollen nach den *Hakafot* wieder in die heilige Lade eingehoben, außer einer, von der man einen Teil der letzten *Perikope* liest (Dtn 33,1-26). Man ruft fünf Personen zur *Tora* auf, in manchen Gemeinden ruft man nur drei auf. Der zuletzt Aufgerufene stellt sich mit allen kleinen Jungen, die sich in der Synagoge befinden, auf den erhöhten Fußboden der *Bima*. Das Ziel, das verfolgt wird, indem man die kleinen Jungen zur *Tora* aufruft, besteht darin, sie für die Liebe und die Achtung der *Tora* zu begeistern.

In den Ländern der Diaspora

An *Schmini Azeret* werden alle *Tora*-Rollen nach den *Hakafot* in die heilige Lade zurückgehoben, und es gibt keine *Tora*-Lesung. An *Simchat Tora* (am 23. *Tischri*) wird aus der *Tora* gelesen, wie es oben, im Abschnitt über Israel, erklärt wurde.

Am Tage von Simchat Tora

Die *Hakafot* finden nach dem traditionellen *Schacharit*-Gottesdienst statt. Anstelle der üblichen Gebete, die beim Ausheben der *Tora* gesprochen werden, sagt man das *Ata-Hareta*-Gebet. Es folgen die *Hakafot* mit den Tänzen, den Gesängen und der Freude. Nach den *Hakafot* werden die *Tora*-Rollen wieder in die heilige Lade eingehoben, außer dreien. Aus der ersten *Tora*-Rolle wird nochmals die letzte *Perikope* gelesen (Dtn 33,1-27; 34,1-12). Man ruft alle anwesenden Personen zur *Tora* auf, eventuell sogar Kinder, die noch nicht ihre *Bar-Mizwa*[26] gefeiert haben, unter der Bedingung, daß diese bereits die Segenssprüche über die *Tora* kennen. Dies geschieht, um ihr Interesse und ihre Liebe zur *Tora* zu verstärken.

Der zuletzt Aufgerufene vor dem »*Chatan Tora*« (»Bräutigam der *Tora*«) stellt sich wie am Vorabend mit allen kleinen Jungen auf den erhöhten Fußboden der *Bima*. Nachdem er die üblichen Segen gesprochen hat, sagen der Aufgerufene und die Kinder folgenden Vers aus Genesis 48,16: »Möge der Engel, der mich von allem Übel erlöst, die Knaben segnen! Und möge mein Name über sie ausgerufen werden, so wie die Namen meiner Väter Awraham und Jizchak, und mögen sie sich, den Fischen gleich, auf Erden mehren!«

Es ist üblich, während der gesamten Dauer der Lesung mit den Kindern über ihnen einen *Tallit* wie einen Baldachin auszubreiten.

»Bräutigam der Tora« (Chatan Tora)

Von allen erwachsenen Männern, die zur *Tora* aufgerufen wurden, wird einer nochmals aufgerufen für die Lesung des letzten Auszugs (Dtn 33,37 bis 34,12). Dieser zuletzt Aufgerufene beendet das fünfte Buch Mosches und wird »*Chatan Tora*« genannt. Zur *Tora* als »*Chatan Tora*« aufgerufen zu werden, ist eine besondere Ehre, die im allgemeinen nur einem Gelehrten zugedacht wird. Die Anwesenden umgeben die *Bima* und breiten einen *Tallit* wie einen Baldachin über dem »*Chatan Tora*« aus. Man wünscht ihm in den Gebeten, seine Kinder und Enkel zu sehen, die *Tora* zu lernen und die Gebote der *Tora* zu erfüllen. Reb Jizchak Meir Alter, der Gründer der Gerrer chassidischen Dynastie, pflegte zu sagen: »Die Leute denken, daß man an *Simchat Tora* das Ende des *Tora*lesungszyklus' feiert. In Wirklichkeit feiern wir die Wiederholung der *Tora*lesung von Beginn an.«

Nach dieser *Tora*-Lesung wird die *Tora*-Rolle wieder in ihren Mantel eingehüllt, und man ruft den »*Chatan Bereschit*« auf, damit dieser aus der zweiten *Tora*-Rolle, die nicht eingehoben wurde, liest.

»Bräutigam der Genesis« (Chatan Bereschit)

Sofort nach dem »*Chatan Tora*« wird der »*Chatan Bereschit*« aufgerufen. Es ist ebenfalls eine besondere Ehre, als »*Chatan Bereschit*« aufgerufen zu werden. Die Anwesenden umgeben die *Bima* und breiten einen *Tallit* wie einen Baldachin

26. Religiöse Volljährigkeit für Jungen mit 13 Jahren.

über dem »*Chatan Bereschit*« aus, und man liest aus der Genesis 1,1 bis 2,3. Diese Lesung beinhaltet die Schöpfung der Welt bis zum *Schabbat.*

Maftir

Eine dritte Person sagt die Segenssprüche über das *Maftir*, das aus der dritten *Tora*-Rolle gelesen wird. Das *Maftir* befindet sich in Numeri 29,35 bis 30,1. Die Ehre, zur *Tora* als »*Chatan Tora*« oder als »*Chatan Bereschit*« aufgerufen zu werden, wird entweder an einen Gelehrten erteilt oder unter den Anwesenden versteigert. Die zwei Bräutigame werden ihre Geldsumme der Versteigerung in der auf das Fest folgenden Woche bezahlen und den Gemeindemitgliedern einen *Kiddusch* für den nächsten *Schabbat* zukommen lassen.

Tora und Liebe

Die letzten Worte der *Tora* lauten: »und alle mächtigen Taten, die Mosche vor Israels Augen durchgeführt hat.« Das letzte Wort ist »Israel«, das mit dem Hebräischen Buchstaben »*Lamed*« endet. Die ersten Worte der *Tora* lauten: »Im Anfang schuf Gott«, auf hebräisch beginnt *Bereschit* mit dem Buchstaben »*Beth*«, was bedeutet, daß durch die großen Wunder, die Mosche vor den Augen von ganz Israel durchgeführt hat, bewiesen wird, daß im Anfang Gott die Welt schuf (...). Indem man die Buchstaben »*Lamed*« und »*Beth*« aneinander reiht, bildet man das hebräische Wort »*Lew*«, das »Herz« bedeutet. Das Herz ist der Sitz der Liebe und der Gefühle, und der Begriff der *Tora* ist untrennbar von dem der Liebe. Mit Liebe und mit freudigem Herz sollte die *Tora* gelernt werden (Dtn 6,8). Die Exegeten erklären den Ausdruck »*Bereschit*« mit »*Bischwil Reschit*«, das heißt »für *Reschit*«. Für Israel, das »*Reschit*« heißt, und für die *Tora*, die »*Reschit*« heißt. Gott schuf die Welt für Israel und die *Tora*, damit Israel die *Tora* annimmt und erfüllt. Durch die Liebe zur *Tora* und zu Israel schuf Gott die Welt.

Essen wie ein Bär

Als Reb Jissachar Dov (Bär) von Radoschitz noch nicht als Rebbe bekannt war, war er so arm, daß er öfter fastete, als er aß. In einem Jahr hatte er mehrere Tage vor Jom Kippur nichts zu essen, und sogar nach dem Fasten hatte er kaum ein wenig Brot zu essen oder Wasser zu trinken. Er wußte, daß er bis zum Sukkot-Fest kein bißchen mehr zu essen haben würde.

Am Vorabend von Sukkot blieb er nach dem Gebet im Bethaus, da er wußte, daß es zu Hause nichts zu essen gab. Was er nicht wußte, war, daß seine Frau ein kleines Schmuckstück, das sie besaß, verkauft hatte, und daß sie mit dem erhaltenen Geld

Zopfbrote, Wein, Kerzen und Kartoffeln zu Ehren des Festes gekauft hatte. Ein bißchen später ging er nach Hause, trat in seine Sukka ein und freute sich darüber, die Kerzen, den Wein und das Brot auf dem Tisch zu sehen. Er lud die Uschpisin ein, sprach das Kiddusch, wusch sich die Hände und aß von dem Brot, und da er – im wahrsten Sinne des Wortes – vor Hunger starb, verschlang er die Kartoffeln. Während er aß, ging ihm ein Gedanke durch den Kopf, und er sagte sich: »Bärl, du sitzt in der Sukka und ißt wie ein Bär!« Er hörte mit dem Essen auf.

Sukka – auch für einfache Leute

Reb Levi Jizchak von Berditschew achtete immer darauf, zahlreiche Gäste in seiner Sukka zu haben, sogar einfache Leute.

Als man ihn nach dem Grund fragte, warum er sogar einfache Leute in seiner Sukka empfing, antwortete er: »Wenn der Messias kommen wird und die Gerechten in der Sukka, die aus der Haut des Leviathans gemacht wurde, essen werden, würde ich mich gerne zu ihrem Festmahl hinzugesellen. Dennoch wird man mir nicht erlauben, daran teilzunehmen, und man wird mich fragen: ›Wer bist du, um dich zu den Gerechten setzen zu wollen?‹

Ich werde also antworten: ›In meiner Sukka habe auch ich einfache Leute empfangen, und ich schämte mich nicht in ihrer Gesellschaft.‹«

Ein Segensspruch über ein Pferd

Als Reb Mordechaj von Nesizh noch kein Rabbiner war, arbeitete er als Kaufmann. Bei jeder Geschäftsreise legte er ein bißchen Geld seines Verdienstes an die Seite, um das Geld für einen Etrog zu sparen. In einem Jahr, als er 6 Rubel gespart hatte, machte er sich auf den Weg nach Brodi, um einen Etrog zu kaufen.

Unterwegs wunderte er sich darüber, einen Wasserträger zu sehen, wie dieser gerade weinte und sich über sein Pferd beklagte, das gerade gestorben war. Der Lebensunterhalt dieses Wasserträgers war also gefährdet. Reb Mordechaj ließ letzteren einige Augenblicke allein, und mit den 6 Rubeln, die er für den Etrog gespart hatte, kaufte er ein Pferd für den untröstlichen Wasserträger. Nachdem er ihm das Pferd gegeben hatte, dachte er: »Was ist der Unterschied? Einen Etrog kaufen ist eine Mizwa, und wohltätig zu sein ist auch eine Mizwa. Wenn alle Leute in der Synagoge ihren Segensspruch über den Lulawstrauß und den Etrog sagen, werde ich meinen Segensspruch über ein Pferd sagen.«

Am Vortag von Sukkot brachte jemand Reb Mordechaj einen Etrog als Geschenk, und so sagte letzterer seinen Segensspruch nicht nur über ein Pferd, sondern auch über einen Etrog.

Der Etrog war fast perfekt

Einmal erhielt Reb Schlomo von Bobov einen wunderschönen Etrog. Seine Form war schön, seine Farbe glänzend wie Gold, es gab daran keine einzige Unvollkommen-

heit. Die ganze Stadt sprach von diesem wunderbaren Etrog. Dennoch, am ersten Tag von Sukkot, in dem Augenblick, in dem er sich gerade daran machte, den Segensspruch über den Lulaw und den Etrog aufzusagen, benutzte er einen anderen Etrog, der nichts Vergleichbares hatte mit dem Etrog, den er erhalten hatte. Alle Anwesenden waren erstaunt, aber niemand sagte ein Wort. Während des Gottesdienstes schlich sich ein junger Mann, der vor Neugierde fast starb, in die Sukka des Rebbes, um sich den Etrog, von dem jedermann sprach, von nahem anzusehen. In dem Moment, als er den Etrog in die Hand nahm, zitterte er aus Angst entdeckt zu werden, so sehr, daß er den Etrog fallen ließ. Er hob ihn auf, legte ihn zurück in seine Schatulle und stürzte aus der Sukka heraus.
Nach dem Gottesdienst, als Reb Schlomo von Bobov in seine Sukka hineinging, um das Kiddusch zu sprechen, bemerkte er, daß jemand die Schatulle mit dem Etrog bewegt hatte. Er nahm den Etrog in die Hand und bemerkte, daß das Pittam (die Spitze des Etrog) am Etrog mit einer Nadel befestigt war, und beim Herunterfallen hat sich die Nadel bewegt, und so hat man sehen können, daß der Etrog nicht so vollkommen war, wie er zuerst aussah.
Der Rebbe richtete sich an die Anwesenden und sagte ihnen lächelnd: »Als ich den Etrog gesehen habe, erschien er mir perfekt. Und deshalb habe ich darauf verzichtet, einen Segensspruch über diesem Etrog zu sagen. Die absolute Vollkommenheit gehört nur Gott allein. Und es gibt nichts auf der Welt, was ohne Mängel ist. Jetzt ist klar, daß dieser wunderschöne Etrog nicht koscher[27] war, um einen Segensspruch über ihn zu sagen.«

Ein unpassender und wertvoller Etrog
Reb Michel von Zlotschow besaß bei sich zu Hause neben seinen eigenen Gebetsriemen auch die Gebetsriemen seines heiligen, verstorbenen Vaters. Trotz der Tatsache, daß er in Armut lebte, lehnte Reb Michel es stets ab, sie zu verkaufen, sogar, als man ihm 50 Taler dafür anbot. Als das Sukkot-Fest nahte, gab es keinen Etrog zu kaufen, weder in Zlotschow, noch in den umliegenden Städten. Am Vortag von Sukkot kam ein Reisender mit einem sehr schönen, aber teuren Etrog an, um diesen zu verkaufen. Er wollte dafür genau 50 Taler haben. Ohne zu zögern, verkaufte Reb Michel die Gebetsriemen seines Vaters für 50 Taler an einen seiner Chassidim.
Als Reb Michel seinen wertvollen Etrog zu sich nach Hause brachte, fragte ihn seine Frau, wo er das nötige Geld her hätte, um diesen Etrog zu bezahlen. Reb Michel versuchte vergebens, diese Frage zu umgehen, aber sie beharrte so sehr auf ihrer Frage, daß er gezwungen war, ihr einzugestehen, daß er die Gebetsriemen seines Vaters verkauft hat. Seine Frau brüllte ihn an: »Ist das ernst gemeint? Wie oft habe ich

27. *Koscher* bedeutet: »Geeignet sein zum Verzehr«; man kann auch von etwas sagen, daß es nicht *koscher* ist, wenn man keinen Segensspruch darüber halten kann, wie in diesem Fall bei dem *Etrog*.

dich angefleht, diese Gebetsriemen zu verkaufen, um unser Haus mit Grundlegendem auszustatten? Du hast den Verkauf stets verweigert, und jetzt hast du sie verkauft, um einen Etrog zu kaufen!« Sie war so wütend, daß sie den Etrog, der auf dem Tisch lag, ergriff, in das Pittam (= die Spitze des Etrog) biß und es auf den Boden spuckte.
Reb Michel antwortete nicht auf das Schimpfen seiner Frau und wurde nicht wütend über das, was sie gerade getan hatte. Er sprach nur, indem er sich an Gott wandte: »Herrscher der Welt! Wenn dies das ist, was Du wünschst, daß mein Etrog für einen Segensspruch unpassend wird, na gut, dann ist das auch für mich in Ordnung. Ich stimme Deiner Entscheidung mit Liebe zu.«
Später erschien Reb Michels Vater ihm im Traum und sagte ihm, daß seine Reaktion seiner Frau gegenüber noch verdienstvoller gewesen sei, als die Gebetsriemen zu verkaufen, um sich einen Etrog zu kaufen.

Wein und Freude an Simchat Tora
In einem Jahr an Simchat Tora sangen und tanzten die Chassidim, erfreuten sich, tranken Wein, und die Frau des Baal Schem Tow fürchtete, daß es nicht mehr genügend Wein für das Kiddusch und die Hawdala geben würde. Sie sprach zu ihrem Ehemann: »Sag ihnen, daß sie aufhören sollen zu tanzen und zu trinken, sonst werden wir bald ohne Wein sein.« Der Baal Schem Tow lächelte und antwortete ihr: »Du hast recht, sag ihnen, daß sie aufhören sollen, und sie werden dann nach Hause gehen.« Die Frau des Ball Schem Tow näherte sich den tanzenden Chassidim, und als sie ihre Ekstase sah, nahm sie ihre Ansicht zurück und holte selbst soviel Wein aus dem Keller, wie sie für nötig hielt.

»Tanzt weiter!«
Reb Naftali von Ropschitz sah durch das Fenster, wie seine Chassidim zu Ehren von Simchat Tora tanzten.
Plötzlich gab er ein Handzeichen, damit seine Chassidim aufhörten zu tanzen, und blieb nachdenklich. Nach einer gewissen Zeit fragte Reb Naftali: »Wenn ein Soldat im Krieg stirbt, begeben sich dann alle anderen Soldaten auf die Flucht? – Keinesfalls. Der Krieg geht weiter. Tanzt weiter«, befahl er seinen Chassidim. Diese machten sich also daran, weiterzutanzen. Erst nach dem Fest wurde bekannt, daß in dem Augenblick, als der Rebbe die Tänzer anhalten ließ, einer der beliebten Schüler des Ropschitzers, der Uljanower Rebbe, gestorben war.

Chanukka

An allen acht *Chanukka*-Tagen sind die Lichter heilig,
es ist uns nicht erlaubt,
sie zu benutzen, sondern nur, sie anzusehen.
(aus der Chanukka-Liturgie)

Für Schlomo G.

Chanukka im Talmud

Der *Talmud,* Traktat Schabbat 21b, offenbart uns den Ursprung des *Chanukka*-Festes. Worauf gründen die Rabbinen also ihre zeitliche Bestimmung des *Chanukka*-Festes? Von welchem Wunder haben sie sich anregen lassen?

Unter den verschiedenen Werken der rabbinischen Literatur findet sich die *Megila Taanit*, die Rolle der Fastentage, die uns folgendes lehrt: Es ist der 25. Tag des Monats *Kislew*, an dem das *Chanukka*-Fest beginnt. Der Name *Chanukka* setzt sich aus *chanu* (»sie haben angehalten/sich erholt«) und *ka* (im Hebräischen Zahlenwert »25« bzw. »am 25.«) zusammen und bezieht sich auf die Zeit der Makkabäer, mit denen das Fest im engen Zusammenhang steht. Es dauert acht Tage, an denen das Fasten und das Halten von Grabreden verboten sind. Dies erklärt sich dadurch, daß die hellenisierten Syrer, als sie in das Heiligtum eindrangen, alle Ölphiolen, die sie fanden, verunreinigten. Als die Dynastie der Chaschmonaim (Hasmonäer[1]) den Krieg gewann und die Unterdrücker im Jahr 3597 nach der Schöpfung der Welt (d.h. 165 v. Chr.) besiegte, reinigten sie den Tempel und fanden dabei nur eine unbeschädigte Phiole mit reinem Olivenöl, auf der sich das Siegel des Oberpriesters befand. Dieses galt als Garantiezeichen für die Reinheit des Öles.

1. Die Bezeichnung »Hasmonäer« entspricht den »Makkabäern«.

In der Phiole befand sich nur ein wenig Öl, das gerade ausreichte, um den Leuchter des Tempels für kaum einen Tag anzuzünden. Doch auf wundersame Weise reichte das Öl acht Tage lang, bis die Chaschmonaim an diesem Tag mit frisch gepreßtem Olivenöl in den Tempel zurückkamen. Sie hatten sich aus dem Tempel zurückgezogen, da sie die Leichen der verstorbenen Soldaten berührt hatten und somit unrein geworden waren. Als die Chaschmonaim und der *Sanhedrin* nach den sieben Tagen der Unreinheit das Öl immer noch brennen sahen, waren sie gewiß, daß das Wunder göttlichen Ursprungs war. So bestimmten sie diese Tage zu Festtagen, an denen das *Hallel* (Psalmen 113 bis 118) vorgetragen und Dankgebete in Erinnerung an das »Wunder von *Chanukka*« vorgelesen werden sollen.

Die Erwähnung von *Chanukka* fällt nur kurz und unwesentlich aus. Der Kampf der Makkabäer wurde nicht im Namen eines religiösen Fanatismus geführt. Es ging darum, die Werte und die Praxis der jüdischen Tradition zu bewahren. Die Juden sollen das Lichtwunder und nicht die Kriege und Siege der Makkabäer feiern, da diese oft unzählige Morde zur Folge hatten. Da sich die neue Königsdynastie der Hasmonäer aus dem Stamm Levi und nicht aus dem Stamm Jehuda, wie die des König David, gebildet hat, haben die Weisen die Makkabäer und ihre Heldentaten aus »Rache« weder in den biblischen Kanon noch in den *Talmud* eingetragen. *Chanukka* ist somit eines der wenigen jüdischen Feste, das nicht auf einen biblischen, sondern auf einen historischen Ursprung zurückgeht.

Geschichtliche Daten

Als Alexander der Große auf seinem Siegeszug nach Asien schon ein riesiges Königreich besaß, erreichte er auch Israel und nahm die Hafenstadt Akko ein. Von dort aus wollte er nach Jerusalem vorstoßen. In der Nacht hatte er einen Traum von einem alten Mann in weißen Kleidern. Dieser hielt ein Schwert, mit dem er Alexander den Großen bedrohte. Er sprach zu ihm: »Ich bin der Engel, der immer neben dir hergeht und dir zu deinen Siegen verhilft. Aber in deinem Kampf mit den Juden werde ich dir nicht helfen.«

Schon am nächsten Tag dachte der Kaiser nicht mehr an den Traum. Da die Samariter zu dieser Zeit einen internen Krieg gegen die Juden führten, beabsichtigten sie, Alexander bei der Eroberung von Jerusalem zu unterstützen. Mit ihnen zog er zu der Stadt. Auf dem Weg dorthin kam ihnen Schimon, der Oberpriester, mit 80 Priestern entgegengelaufen.

Als Alexander der Große den alten Mann mit seinem weißen Bart sah, erinnerte er sich an seinen Traum und fiel vor Schimon nieder. Auf dieses Zeichen hin handelte Schimon mit ihnen aus, daß Alexander keinen Krieg gegen die Juden und ihre Religion führen und sich nicht mit den Samaritern einlassen würde. Als Gegenleistung würde Alexander der Große Jerusalem auf friedliche Art bekommen. Als dieser nach Jerusalem kam, war es ein Freudentag für die Bevölkerung. Gemeinsam schlossen sie einen Bund des Friedens und der Freundschaft, und der Oberpriester Schimon versprach dem Kaiser, daß alle neugeborenen Jungen der Priester in diesem Jahr Alexander genannt würden.

Mit dem Zerfall des großen Reiches nach Alexanders Tod beherrschten zwei Dynastien im Wechsel Israel. Unter den Ptolemäern aus Ägypten lebte das Volk noch in Frieden und in vollkommener Freiheit. Dies änderte sich mit der Machtübernahme der Seleukiden aus Syrien. Deren König Antiochus Epiphanes IV., der auch »Epimanes«, d.h. »der Verrückte«, genannt wurde, wollte die Hellenisierung des jüdischen Volkes mit Gewalt vorantreiben und verhinderte die Einhaltung der Gebote der Beschneidung und des *Schabbat*s. Als er den Tempel entweihte, indem er darin eine Zeusstatue aufstellte und Schweine auf dem Altar opferte, widersetzte sich die Bevölkerung. Er hatte sich schon unbeliebt gemacht durch beständige Militärgegenwart, und darüber hinaus hatte er die Hellenisierung durch den Bau eines Gymnasiums[2] in Jerusalem, in dem die jüdischen Jungen zwangsweise nackt Sport treiben mußten, entwickelt.

Es war in dem Dorf Modiin, nicht weit von Jerusalem, wo der Aufstand unter der Leitung des Priesters Matitjahu und seinen fünf Söhnen begann. Nach jahrelangen Kämpfen siegten sie und konnten in Jerusalem einziehen. Dies war nicht das letzte Mal, das ein nichtjüdisches Volk den Juden die Einhaltung ihrer Gebote verbot, wie die Zeit der *Schoa* vor nicht einmal sechzig Jahren gezeigt hat.

> Während eines harten Arbeitstages im Lager Janowska hörte Reb Israel Spira, der Bluzhower Rebbe, die Stimme einer Frau, die um ein Messer bat. Reb Spira versuchte, ihr zu erklären, daß es nach den Vorschriften des Judentums verboten sei, Selbstmord zu begehen. Er wurde von einem deutschen Soldaten unterbrochen, der fragte, worum es sich handle. Der Deutsche beachtete die Worte von Reb Spira nicht und wiederholte seine Frage der Frau gegenüber. Sie antwortete: »Ich habe um ein Messer gebeten.« Und als sie sich dem Deutschen näherte, sah sie, daß er ein Taschenmesser bei sich hatte, und befahl ihm, ihr dieses zu geben. Der Deutsche war überrascht und überreichte der Frau das Messer.
> Schnell drehte sie sich um und beugte sich über ein Bündel, in dem sie einen Säugling versteckt hatte. In wenigen Sekunden beschnitt sie den Jungen und sprach den Segen über die Beschneidung. Daraufhin erhob sie sich und wandte sich gen Him-

2. griech.: *gymnos* – »nackt«; *gymnasion* – »(körperliche) Übung«.

mel: »Herrscher der Welt, Du hast mir ein gesundes Kind gegeben, und ich gebe Dir ein ganz koscheres jüdisches Kind zurück.«
Sie ging dann auf den deutschen Soldaten zu, gab ihm sein Taschenmesser voller Blut zurück und gab ihm das Baby, das auf dem Kissen lag.[3]

Wie wird Chanukka gefeiert?

Alle Familienmitglieder müssen beim Anzünden der *Chanukka*-Kerzen anwesend sein. Jeder Junge und jedes Mädchen soll den eigenen *Chanukka*-Leuchter anzünden bzw. die *Schabbat*-Kerze. Menschen, die allein leben, die einen Wohnraum oder einen Schlafraum teilen, zünden individuell einen *Chanukka*-Leuchter im Zimmer an. Über die Feiertage stellt jede Familie den bzw. die *Chanukka*-Leuchter mit acht Kerzen und eine weitere Kerze, dem *Schamasch* oder »Diener«, an einem Platz auf, an dem er gut gesehen werden kann.

Aus den verschiedenen Schulen haben sich zwei Traditionen des Anzündens entwickelt: Nach Schamai werden am ersten Tag von *Chanukka* alle acht Kerzen mit dem »Diener« entzündet und an den folgenden Tagen jeweils eine Leuchte weniger, da die brennenden Kerzen die Tage verdeutlichen, die noch kommen werden. Die Schule Hillels dagegen lehrt uns, jeden Tag mit dem »Diener« ein Licht mehr anzuzünden, weil die Flammen die Tage zeigen, die schon vorbei sind. Hillels Form hat sich im *Talmud* durchgesetzt, weil es bei Festen immer sinnvoller ist, eine Steigerung statt einer Abnahme, in diesem Falle des Lichtes, festzustellen.

Die Kerzen werden von rechts nach links in den Ständer gestellt, aber von links nach rechts angezündet. Sie sollten eine halbe Stunde an jedem *Chanukka*-Abend brennen. An *Schabbat-Chanukka* müssen sie schon eine Stunde früher als sonst entzündet werden, d.h. genau vor den *Schabbat*-Kerzen. An *Schabbat* müssen die *Chanukka*-Leuchter mindestens eineinhalb Stunden leuchten.

Sobald die *Schabbat*-Kerzen angezündet sind und bis zum Ende des *Schabbats* und zur *Hawdala* (dem Gebet, das den *Schabbat* und die Wochentage trennt) darf der *Chanukka*-Leuchter nicht neu angezündet und weder verrückt noch berührt werden. Erst nach dem Ende des *Schabbats* werden die *Chanukka*-Lichter des Samstags angezündet.

Der *Chanukka*-Leuchter hat neun Lichter (Öl oder Kerzen). Acht erinnern an das *Chanukka*-Wunder (das kleine Öllicht brannte acht Tage lang). Das neunte Licht ist der *Schamasch*. Er dient dazu, die anderen Lichter anzuzünden. Der

3. Nach »Circumcision«, in: Yaffa Eliach, Hasidic Tales of the Holocaust, New York: Vintage Books, 1982.

Chanukka-Leuchter wird auf eine Fensterbank gestellt (so zeugt er von dem Wunder) oder neben eine Tür (da die *Mesusa*[4] rechts angebracht ist und der *Chanukka*-Leuchter links steht, ist man, wenn man durch die Tür kommt, von *Mizwot* umgeben). Jeder einzelne kann seinen *Chanukka*-Leuchter anzünden. Wenn nur einer angezündet wird, ist es üblich, daß der Familienvorstand es tut. Die Familie kommt zusammen, um die Segenssprüche zu hören.

Chanukka-Geld

Um die Feiertage fröhlich zu verbringen, spielt die Familie mit Kreiseln. Die Gewinner erhalten Geld, wie auch die Kinder von ihren Verwandten ein bestimmtes Taschengeld, das sogenannte »*Chanukka*-Geld«, bekommen. Es ist auch üblich, dem Rabbiner Geldgeschenke zu machen.

Der Radsiner Rebbe, Reb Gerschon Chanoch, mußte sich einst an Chanukka einen Zahn ziehen lassen. Nach dem Eingriff lehnte der Zahnarzt es ab, Geld von seinem Rebbe zu nehmen. Er sagte ihm: »Betrachten sie es als ihr Chanukka-Geld, das ich ihnen hätte geben müssen.« Reb Gerschon Chanoch war einverstanden, aber er fügte hinzu: »Wehe ihnen, wenn sie dies meinen Gemeindemitgliedern erzählen. Ich bin sicher, daß es viele gibt, die es vorziehen würden, ihrem Rebbe einen Zahn zu ziehen, als ihm sein Chanukka-Geld zu geben.«

Speisen an Chanukka

Gegessen werden in diesen Tagen hauptsächlich in Öl gebackene Speisen, die an das Wunder des acht Tage ausreichenden Tempelöls erinnern. In Erinnerung an die Geschichte von Jehudit ißt die Familie Milchspeisen sowie aus Milch hergestellte Süßigkeiten. Jehudit ist laut verschiedener Traditionen die Tochter von Matitjahu und hat ihre Ehre geopfert, um Holofernes, einem syrischen General, Eselinnen-Milch zu geben, die stark wie ein alkoholisches Getränk wirkt, um den Mann betrunken zu machen und ihm in diesem Zustand den Kopf abschlagen zu können. Dadurch wurden die Syrer in die Flucht geschlagen.

4. Ein Etui, in dem die *Schema* aufbewahrt ist und das am Türrahmen befestigt wird.

Gottesdienststruktur

Schacharit

Während der *Amida* wird beim dritten Bittgebet vor dem Ende (über die »Dankbarkeit«) ein kurzes Gebet zu *Chanukka* eingefügt. Beim *Hallel*, der Lobpreisung Gottes, werden die Psalmen 113 bis 118 gelesen. An jedem Tag wird auch aus der *Tora* gelesen.

Mincha und Arwit

Zusätzlich zur gewohnten Gottesdienstgestaltung spricht man in der *Amida* – wie an *Schacharit* – einen Lobtext, der aber nicht über die Kriegstaten und Siege der Makkabäerzeit berichtet.

Sieg des Geistigen über das Materielle

Man erzählt, daß vor 2000 Jahren in Athen ein Mann am hellichten Tag mit einer Fackel herumlief und suchte (...) Er wurde gefragt: »Was suchst du am hellichten Tag mit einer brennenden Fackel?« »Einen Menschen suche ich und finde keinen«, war die Antwort. Dieser Suchende war einer der größten griechischen Philosophen: Platon. Von ihm stammt auch der Ausspruch: »Die sich mit der Philosophie beschäftigen, erreichen den Himmel, aber wenn wir essen, befinden wir uns auf der Erde.«

In Jerusalem brauchte man keine Menschen zu suchen, denn dort gab es viele. Die *Tora* ist keine entfernte Philosophie, sondern eine Lebensanweisung, nicht nur im Himmel, sondern im Himmel und auf der Erde. Die *Tora* erzieht den Menschen und begleitet ihn auf allen seinen Wegen und Taten, um ihn von tierischen Instinkten abzuhalten.

Die griechischen Kriege waren Kämpfe gegen eine besondere Kultur des israelitischen Volkes. Da die Griechen die Philosophie liebten, hatten sie eigentlich keinen Grund, die *Tora* als eine Philosophie zu bekämpfen. Die Gelehrten ahmten nicht selten die Weisheit Israels nach. Die Bekämpfung richtete sich nicht gegen die Philosophie, sondern gegen die *Tora* als Lebensweise und Erziehung des Menschen auf einer höheren Ebene.

Der *Midrasch* erzählt, daß die Griechen den Juden folgendes sagten: »Und jetzt schreibt euch auf das Horn des Stieres: Ihr habt keinen Anteil an dem Gott Israels.«

Warum auf ein Stierhorn? Gibt es keine andere Schreibart? Der Stier beschreibt das Tagtägliche. Damit wollten die Griechen den Juden sagen, daß sie nichts gegen den Gottesglauben und die jüdische Philosophie einzuwenden haben, solange diese im Bereich des Geistigen bleiben, aber im alltäglichen Umgang sollen sie dem Gott Israels entsagen und keinen Anteil an ihm haben.

Darum ging der Kampf, und so drückte sich der Sieg aus. Es ist das Ölwunder in der *Menora* (siebenärmiger Leuchter) im Heiligtum, das den Sieg unterstrich, da die *Menora* das Symbol der Weisheit ist, so wie unsere Gelehrten sagen: »Wer die Weisheit sucht, der gehe nach Süden, denn dein Zeichen ist die *Menora* im Süden. Aber das Licht ist auch das Zeichen des Tuns, der Erfüllung der Gebote – das Licht ist Gebot, und die *Tora* leuchtet.«

Das ist die Bedeutung, die wir der *Chanukka*-Feier entnehmen sollen, die Verbindung vom Leuchten der *Tora* und dem Licht des Gebotes. Das ist unsere Stellung gegenüber der griechischen Philosophie: Die Griechen suchten den Menschen als einfaches lebendiges Wesen, während die Juden den Geist im Menschen suchen.

Das Licht ist Gebot, und die Tora leuchtet

Zwei Dankfeste haben unsere Weisen festgelegt: *Chanukka* und *Purim*. Aber trotzdem bestehen mehrere Unterschiede in ihrem Wesen und in ihren Geboten. An *Chanukka* wird das ganze *Hallel* gebetet, an *Purim* dagegen wird die *Megilat Esther* (das Buch Esther) gelesen. An *Chanukka* und an *Purim* werden Lichter angezündet, man ißt, trinkt, erfreut sich und gibt seinen Nächsten, den Bedürftigen, Geschenke. Der wesentliche Unterschied zwischen den Festen besteht in ihren Anlässen, den Verfügungen der Griechen und denen Hamans, wie es in dem *Al Hanassim*-Gebet[5] ausgedrückt wird. An *Chanukka* »stand die böse griechische Herrschaft über Deinem Volk Israel, um es die *Tora* vergessen zu lassen und es gegen Deine Gebote verstoßen zu lassen«, und an *Purim* wird gesprochen: »Als der böse Haman gegen alle Juden aufstand, wollte er alle Juden, Jung und Alt, Frauen und Kinder an einem Tag vernichten und ihren Besitz plündern.« An *Chanukka* waren es geistige Verfügungen gegen die Seele, und an *Purim* waren es Verfügungen gegen den Körper und den Besitz.

Der Anführer des Aufstandes gegen die Griechen war der Oberpriester Matitjahu, kein Mann des Militärs, kein Held, sondern ein geistiger Führer. Sein Ruf lautete: »Wer für den Ewigen ist, der komme zu mir!« Sein Kampf wurzelte im Geist. Die Makkabäer, seine Söhne, waren Priester, deren Aufgabe darin bestand, den Geist des Volkes zu bewahren. Zwar waren sie als Helden gedacht, aber in dem Gebet werden sie als Schwache bezeichnet: »Du gabst Helden (Griechen) in

5. Danksagungsgebet über die Wunder, die Gott dem jüdischen Volk erwiesen hat und die an *Chanukka* und *Purim* gesprochen werden.

die Hand von Schwachen (die Makkabäer).« Körperlich schwach, aber stark im Geist: Die Juden, die sich in der hellenistischen Welt assimilierten, waren die Schwachen. Von ihnen ist nichts geblieben, auch das große, griechische Imperium ist verschwunden. Der Geist besiegt die Materie, wir und unsere ewige *Tora* sind auch heute noch da, denn der Geist ist ewig. Deshalb beruht das *Chanukka*-Fest auf dem Leuchter, dem Licht des Tempels als Symbol Israels, seiner *Tora* und der jüdischen Überlieferung. So, wie es in den Sprüche geschrieben steht: »Das Licht ist Gebot, und die *Tora* leuchtet.«

Das *Chanukka*-Fest sei uns ein Symbol für den ständigen Kampf gegen die Götzen, fremde Kulturen und gegen die Assimilation. Wenn wir die Lichter sehen, sollen wir aus ihnen Kraft und Stärke schöpfen, um unsere prachtvolle 2000-jährige Kultur zu pflegen und zu bewahren.

Warum acht Chanukka-Tage?

Bekannt ist die Frage des Autors des *Schulchan Aruch* in seinem Buch »Bet Jossef«[6], warum wir das Ölwunder acht Tage feiern. Eigentlich sollten wir nur sieben Tage feiern, da sich das Wunder ja nur über sieben Tage erstreckte, denn das gefundene Öl reichte für einen Tag, brannte aber noch für sieben weitere Tage. Die Erklärung lautet: Am ersten Tag teilten die Makkabäer das Öl in acht Teile, so daß schon am ersten Tag nicht genug Öl für einen Tag da war, also auch am ersten Tag ein Wunder geschah. Daraus folgt eine zweite Frage: Da man sich nicht auf Wunder verlassen darf, hätte man folglich auch das Öl nicht in acht Teile teilen und sich darauf verlassen dürfen, daß es acht Tage reichen werde? Maimonides unterscheidet zwischen zwei Begriffen, *Nes* – »Zeichen« und *Pele* – »Wunder«[7]. Ein Zeichen ist einmalig und widerspricht den Naturgesetzen, das Wunder ist aber alltäglich, weil das Menschenleben und die Führung der Natur ein alltägliches Wunder ist. Wir können die Ereignisse erforschen, aber ihren Ursprung nicht verstehen. Wir wissen, wie das Herz arbeitet und welche Funktion es hat, aber woher seine Kraft kommt, die für seine wunderbare Aufgabe notwendig ist, das wissen wir nicht. Das sind Tatsachen, die wir für selbstverständlich annehmen, die Wunder der Schöpfung, der Natur. Deshalb bedanken wir uns für das einmalige Zeichen und für »die Wunder, die jeden Tag mit uns sind.«

Die Makkabäer hatten eine so große Erkenntnisstufe erreicht, daß sie nicht nur das einmalige Zeichen erkannten, sondern auch die Wunder. Sie erkannten

6. Rabbi Jossef Karo war der Verfasser des *Schulchan Aruch* (»der gedeckte Tisch«), das als Gesetzbuch in der ganzen Welt gilt. Es wurde »der gedeckte Tisch« genannt, weil man in diesem Buch, wie auf einem gedeckten Tisch, alles finden konnte.
7. Beide Begriffe werden im allgemeinen als »Wunder« erläutert und übersetzt.

die Wunder der Eigenschaft des Öls, wie unsere Weisen sagen: »Der, der dem Öl zu brennen befahl, wird auch dem Essig sagen, daß er brennen soll.« Er, der die Welt geschaffen hat, hat auch dem Öl seine Eigenschaft gegeben. Deshalb haben die Makkabäer den Feiertag nicht nur auf sieben Tage festgelegt, an denen es kein Öl gab, sondern ihn für das »Brennen« am ersten Tag eingerichtet. Deshalb ist es uns geboten, das Fest für Wohltaten und Wunder zu feiern, die der Ewige uns an jedem Tag, Abend, Morgen und Mittag gibt, wie es im Achtzehnbittgebet geschrieben steht:

»Allgütiger, denn nie hört Dein Erbarmen auf,
Barmherziger, denn nie hören Deine Liebestaten auf.«

Die Chanukka-Lichter

Obwohl *Chanukka* nur acht Tage im Jahr gefeiert wird, gilt seine Botschaft der Lichter das ganze Jahr über.

Wir haben andere bedeutende Lichter: jene des siebenarmigen Leuchters, die täglich im Tempel brannten, und *Schabbat*-Lichter, die am Freitagabend in jedem jüdischen Heim angezündet werden. In drei bemerkenswerten Punkten unterscheiden sich die *Chanukka*-Lichter von jenen:

1. Die *Schabbat*-Kerzen müssen vor Sonnenuntergang, die Lichter des Tempels sogar noch früher angezündet werden. Die *Chanukka*-Lichter dagegen müssen – außer an *Schabbat* – nach Sonnenuntergang, wenn es schon dunkel ist, angezündet werden.
2. Der Leuchter des Tempels stand im Innern, in einem inneren Heiligtum. Der Platz der *Schabbat*-Kerzen ist auch im Innern, auf dem *Schabbat*-Tisch, während die *Chanukka*-Kerzen an einem Platz brennen müssen, an dem ihr Licht von außen sichtbar ist.
3. Die Zahl der Lichter im Tempel blieb gleich, und auch die Anzahl der *Schabbat*-Kerzen ändert sich nicht, während die Zahl der *Chanukka*-Kerzen sich jede Nacht um eine vermehrt.

Die Botschaft von *Chanukka* ist für alle Juden wichtig, aber sie ist für diejenigen noch wichtiger, die in einem Milieu leben, in dem die Möglichkeit, das Judentum auszuüben, relativ begrenzt ist. Gerade unter solchen Bedingungen erteilt uns *Chanukka* eine nützliche Lehre.

Chanukka im KZ – Wunder, die nie aufhören

Die Assimilationsbestrebungen verschiedener Staaten besaßen das Ziel, die jüdischen Traditionen und Feiern in einem durch andere Religionen und Kulturen geprägten Umfeld untergehen zu lassen. Viele Juden wehrten sich, indem sie ihre Riten versteckt und selbst in den feindlichsten Lebenssituationen praktizierten.

So berichtet man sich von dem KZ Schickelgruber in Frankreich, daß unter den vielen Inhaftierten auch ein Rabbiner lebte. Einen Monat vor Chanukka begann er, das Fett seines kärglichen Essens, das sich am Tellerboden gesammelt hatte, zu sparen und aufzuheben. In acht Kartoffeln, die er heimlich von der Küche zugesteckt bekommen hatte, bohrte er Kuhlen und füllte etwas von dem Fett hinein. Von seinem Kleid riß er kleine Stoffstreifen ab, die er als Dochte in das Öl hängte. Auf diese Weise schuf er sich die Lichter für ein angemessenes Chanukkafest mit den anderen Gefangenen. Zunächst wehrten sich die Inhaftierten gegen eine fröhliche Feier. Aber der Rabbiner sprach zu ihnen: »Meine Brüder, heute ist nicht ein Tag, um die Hoffnung zu verlieren. Schaut euch die kleine Flamme an und versucht, ihre Bedeutung zu verstehen. Als Aaron, der Priester, die Menora im Mischkan (»das Allerheiligste«) angezündet hat, versprach Gott ihm, daß es immer ein Licht geben wird, auch wenn die Menora des Tempels für einige Zeit nicht mehr angezündet wird, wenn Israel sich von Gott abwendet. Dieses Licht wird in der dunkelsten Nacht leuchten und dem jüdischen Volk in seinen schrecklichsten Stunden Hoffnung bringen. Dazu wurden die Chanukkalichter beauftragt. Deshalb dürfen wir die Hoffnung nicht verlieren. Aber zu Gott sollten wir beten, daß er uns von unseren Henkern errettet und uns ermöglicht, im nächsten Jahr die Kerzen im heiligen Land zu entzünden.« Diese zuversichtliche Rede erfüllte sich zwar nicht vollständig, weil nicht alle von ihnen gerettet wurden, aber schon am sechsten Abend des Chanukkafestes wurden viele gegen deutsche Kriegsgefangene ausgetauscht, da sie als Angehörige eines verfeindeten Volkes galten. So konnten sie nach Amerika emigrieren.

Diese Botschaft, die in den Lichtern des Festes ausgedrückt wird, besagt, daß Juden nicht nur ihr Heim erhellen (wie es mit den *Schabbat*-Kerzen getan wird), die Synagoge und die *Jeschiwa* (sie beide sind ein Ersatz für den Tempel), sondern auch die zusätzliche Verantwortung auf sich nehmen müssen, »das Außen« zu erhellen, ihr soziales und geschäftliches Milieu. Außerdem, wenn die Bedingungen ungünstig sind (wenn es draußen »finster« ist), reicht es nicht, ein Licht anzuzünden und es am Brennen zu halten, obwohl dies eine Leistung ist, denn selbst ein kleines Licht von *Tora* und *Mizwot* kann viel Finsternis zerstören. Es ist nötig, das Licht regelmäßig zu vermehren, durch regelmäßig vermehrte Anstrengungen, mit denen das Licht der *Tora* und der *Mizwot* verbreitet wird. Diese ständig verstärkten Bemühungen tragen die Gewißheit wachsenden Erfolges in sich.

Die Chanukka-Lichter: Öl oder Kerzen

Seit der Zeit von *Chanukka* bis spät in die Antike verwendete man Öl und Dochte für die *Chanukka*-Lichter, aber es ist seit Jahrhunderten zugelassen, stattdessen Kerzen anzuzünden. Derjenige, der die *Chanukka*-Lichter anzündet, indem er Kerzen benutzt, hat das Gebot erfüllt. Aber zur Verschönerung der *Mizwa* bevorzugt man Öl, damit das Wunder des Öls besonders betont wird und nicht einfach nur das Wunder des Lichts. Man nimmt am besten Olivenöl, aber andere Ölsorten sind auch brauchbar, unter der Bedingung, daß die Lichter langsam abbrennen und der Geruch des Öls nicht störend ist. Rabbi Jehuda Leib ben Bezahl von Prag[8] erklärte, daß die *Mizwa* nur bei der Verwendung von Olivenöl möglich sei. Viele orthodoxe Juden benutzen deshalb nur Olivenöl für diesen Zweck.

Im Gegensatz zu den üblichen Traditionen in chassidischen Kreisen sagte Reb Schlomo von Karlin, daß das Beste, was man anzünden kann, Kerzen seien. Er rechtfertigte sich und sagte, daß die Kerzen, indem sie brennen, eine Markierung an der Wand hinterlassen, die das ganze Jahr über sichtbar bleibt, wobei das Öl, was in eine Menora gegossen wird, keine Spur hinterläßt.
In einem Jahr hat er dennoch Öl in seiner Chanukkia angezündet. Ein Brand brach aus, dem Einhalt geboten wurde, aber eine Mauer wurde beschädigt.
Reb Schlomo von Karlin war erfreut, denn, während üblicherweise eine Öl-Chanukkia schnell vergossen wird, hatte sie ihre Spur dieses Mal im Haus gelassen.

Unterhaltungen an Chanukka

Da wir die Lichter von *Chanukka* nicht benutzen dürfen und es uns nur erlaubt ist, sie anzuschauen, ist es üblich geworden, sich mit Spielen zu beschäftigen, während die Lichter brennen. Die Mädchen und Frauen nehmen ebenfalls an den Spielen teil, denn – da sie eine aktive Rolle gespielt haben in den verschiedenen Wundern von *Chanukka* – sie haben das Privileg, von allen Arbeiten befreit zu sein, während die Lichter von *Chanukka* brennen.

Unter den Spielen, die *Chanukka* kennzeichnen, finden wir Kartenspiele wie auch das Kreiselspiel (*Sewiwon*). Auf den vier Seiten des Kreisels sind vier hebräische Buchstaben gezeichnet, die an folgenden Satz erinnern: »*Nes Gadol Haja Scham*«, was bedeutet: »Ein großes Wunder ist dort geschehen.« In Israel wird das Wort »*Scham*« durch das Wort »*po*« (hier) ersetzt. Es gibt genaue Regeln für das Kreiselspiel, und die Gewinner werden mit kleinen Geldsummen belohnt, um ihr Interesse für die jüdische Geschichte, die Feste und die *Tora* zu wecken. Die vier Buchstaben »*Nun*, *Gimel*, *Heh* und *Schin*« dienen als Regeln des Kreiselspiels: »*Nun*« für »nichts«, »*Gimel*« für »ganz«, »*Heh*« für »halb« und »*Schin*« für

8. Rabbi Jehuda Leib ben Bezalel von Prag war eine berühmte bestimmende Autorität der jüdischen Gesetzgebung. Er lebte von 1512-1609.

»stell ein«. Das heißt, wenn der Kreisel auf den Buchstaben *Nun* fällt, gewinnt man nichts, und der Nächste kommt an die Reihe. Wenn der Kreisel auf den Buchstaben *Gimel* fällt, nimmt der Spieler das ganze Geld aus der Bank. Und wenn er auf den Buchstaben *Heh* fällt, nimmt der Spieler die Hälfte des Geldes der Bank. Bei dem Buchstaben *Schin* gibt er eine Münze an die Bank ab.

Die Herkunft des Kreiselspiels geht zurück in die Zeit, als die Syrer beschlossen, daß die Lehre und das Lernen der *Tora* eine Straftat war, die ein Todesurteil oder eine Verhaftung zur Folge haben konnte. Die Kinder jedoch ignorierten diesen Beschluß und lernten heimlich die *Tora* und hatten dabei immer einen Kreisel in Reichweite. Wenn die syrischen Patrouillen Kontrollen durchführten, taten die Kinder so, als ob sie harmlos mit dem Kreisel spielten.

Obwohl die jüdische Religion Kartenspiele um Geld strikt verbietet, gibt es zahlreiche Leute, die an *Chanukka* trotz des Verbots Karten spielen.

Das letzte Jahr seines Lebens spielte Reb Meir Horowitz von Dzikow an Chanukka mit seinen Kindern mit dem Kreisel. Jedes Mal, wenn er an der Reihe war, zeigte der Kreisel den Buchstaben Gimel, den dritten Buchstaben des hebräischen Alphabets. Er rief vor seinen Kindern aus: »Bemerkt, wie es der Dienstag[9] ist, der immer wieder kommt.« Anschließend wiederholte er dies noch zweimal und beendete das Spiel. Niemand verstand, was er sagen wollte, aber als er ein paar Monate später starb, starb er an einem Dienstag.

Die Geschichte der Jehudit

Der *Talmud,* Traktat Schabbat 23a, vermittelt im Namen von Rabbi Jehoschua ben Levi, daß auch die Frauen die Gebote von *Chanukka* einhalten müssen. Es ist bekannt, daß die Griechen verordnet hatten, daß die jungen jüdischen Mädchen sich vor der Heirat von dem griechischen Fürsten vergewaltigen lassen mußten. In dem Buch *Megilat Taanit* wird erzählt, daß der Oberpriester Matitjahu eine Tochter hatte, die heiraten sollte. Kurz vor dem Hochzeitstag kamen die griechischen Soldaten, um sie zu holen und zur Vergewaltigung zu bringen. Matitjahu und seine Söhne verteidigten die Ehre der zukünftigen Ehefrau, schlugen die Griechen und töteten sie allesamt.

Als der syrische Gouverneur von dem Tod seiner Soldaten hörte, bereitete er seine Armee vor und belagerte Jerusalem. Eine Witwe, die Jehudit hieß, entschloß sich dazu, sich zu opfern, um Jerusalem zu retten und ging zum Gou-

9. Auf hebräisch tragen die Namen der Tage Ziffern: 1 bis 6 und *Schabbat.* Manche Leute bezeichnen die Wochentage mit den 6 ersten Buchstaben des Alphabets. *Gimel,* der dritte Buchstabe, steht für Dienstag.

verneur. Es gelang ihr, ihn zu verführen. Letzterer veranstaltete ein großes Festessen zu Ehren von Jehudit und betrank sich. Während er schlief, nahm Jehudit sein Schwert und enthauptete ihn. Sofort floh sie mit ihrer Trophäe in der Tasche, sie gab sie an die jüdischen Behörden ab, die sie an die Stadtmauern hängten. Als die Griechen sahen, daß ihr Chef tot war, hoben sie die Belagerung auf und flohen.

Die Geschichte über Jehudit ist ebenfalls genannt im Apokryphen-Buch »Judith« und setzt den Syrerkönig Nebukadnezar und Holofernes in Szene. Die Heldin ist ebenfalls eine Witwe namens Jehudit. Es scheint, als ob sich die Geschichte in der Mitte des vierten Jh. v. Chr. ereignet hat, obwohl die historischen Daten wenig eindeutig sind.

Trotz aller Zweifel hinsichtlich der Authentizität und der Originalität der Geschichte ist sie anscheinend von einem unbekannten Autor mit dem Ziel verfaßt worden, die jüdische Bevölkerung dazu zu ermutigen, den Unterdrückern Widerstand zu leisten. Diese Geschichte ist eine Nachahmung der Geschichte von Jael, die den General Sissena getötet hat. (Richter, Kap. 4)

In den verschiedenen Quellen, die diese Geschichte wiedergeben, bleibt der Name des Generals Holofernes allgegenwärtig. Trotz aller Unterschiede der verschiedenen Überlieferungen wird die Geschichte von Judith üblicherweise mit dem Wunder und der Feier von *Chanukka* verbunden.

Die Geschichte der Channa im Talmud, Traktat Gittin 57b

Auch an den Bericht von Channa erinnert man sich an *Chanukka*: In der Zeit der Syrer mußten sich die Juden in kleinen Dörfern verstecken, um die Gebote der *Tora* einhalten zu können. Trotz der Gesetze der Besatzungsmacht feierte Channa mit ihren sieben Söhnen den *Schabbat* und zündete die Kerzen an. Sie wurden entdeckt, festgenommen und vor Antiochus Epiphanes IV geführt. Dieser ließ alle sieben Söhne nacheinander grausam foltern und sterben, um Channa zum Abschwören ihrer Religion zu bewegen. Die Mutter hielt sich aber an die *Tora* und wollte eher sterben, als gegen die Gebote zu verstoßen. Nach dem Tod ihrer Söhne betete sie zu Gott, Er möge nun die Makkabäer siegen lassen, da sie und ihre Söhne das schönste Opfer für Ihn und Seine *Tora* gebracht haben. Channa gilt durch ihren Märtyrerinnentod als Vorbild für das Einhalten der *Tora*, auch wenn der Opfertod in der jüdischen Religion gefordert wurde. So durfte man zur Zeit des Holocaust gegen die Gebote der *Tora* verstoßen, wenn damit Leben gerettet werden konnten.

Der *Talmud* vermittelt die folgende Geschichte über eine Frau und ihre sieben Söhne, die mit Channa und ihren sieben Söhnen gleichgesetzt werden. Soldaten brachten den ersten Sohn vor den Kaiser und sagten ihm: »Diene dem

Idol!« Und er antwortete ihnen: »Es ist in der *Tora* geschrieben ›Ich bin *Haschem*, Dein Gott.‹[10]« Sie nahmen ihn mit und töteten ihn.

Dann brachten sie einen zweiten Sohn vor den Kaiser und sagten ihm: »Diene dem Idol!« Er antwortete ihnen: »Es ist in der *Tora* geschrieben: ›Du sollst keine anderen Götter neben mir haben.‹[11]« Und sie nahmen ihn mit und töteten ihn.

Sie brachten dann einen weiteren Sohn und sagten ihm:«Diene dem Idol!« Und er antwortete ihnen: »Es ist in der *Tora* geschrieben: ›Du sollst nicht vor einem anderen Gott niederknien.‹[12]«

Daraufhin nahmen sie auch ihn mit und töteten ihn.

Sie brachten einen anderen Sohn und befahlen ihm, dem Idol zu dienen, er aber antwortete: »Es ist in der *Tora* geschrieben: Höre Israel, *Haschem* ist unser Gott, *Haschem* ist einzig.«[13]

Und sie nahmen auch ihn mit und töteten ihn.

Einen weiteren Sohn brachten sie heran und befahlen ihm: »Diene dem Idol!« Er antwortete: »Es ist in der *Tora* geschrieben: Du sollst an diesem Tag wissen und dir zu Herzen nehmen, daß *Haschem* der einzige Gott in den Himmeln über uns und unten auf der Erde ist. Es gibt keinen anderen.«[14] Auch ihn nahmen sie daraufhin mit sich und töteten ihn.

Auf die gleiche Weise verfuhren sie mit dem nächsten Sohn, der ihnen antwortete: »Es ist in der *Tora* geschrieben: Du hast *Haschem* auserwählt, damit er dein Gott ist (...), und *Haschem* hat dich heute auserwählt, um sein Volk zu sein.[15]- Wir haben schon geschworen: Der Heilige, gesegnet sei Er, daß wir ihn nicht gegen einen anderen Gott eintauschen werden, und Er hat uns auch geschworen, daß er uns nicht gegen eine andere Nation eintauschen wird.«

Der Kaiser sagte ihm: »Ich werde dir meinen Ring zu Füßen werfen, beuge dich hinunter und heb ihn auf, auf daß die Leute sagen, daß du die königliche Autorität akzeptiert hast.« Der Junge sagte ihm : »Weh dir, Kaiser! Wenn du dir in bezug auf deine eigene Ehre soviel Sorgen machst, wieviel mehr Sorgen muß ich mir dann machen um die Ehre des Heiligen, gesegnet sei Er.« Da sie ihn mitnahmen, um ihn zu töten, bat die Mutter sie: »Gebt ihn mir und laßt ihn mich küssen.« Sie sagte ihm : »Meine Söhne, geht vor und sagt Awraham, eurem Vater, du hast ein Opfer auf einem Altar gebunden, aber ich habe Opfer auf sieben Altäre gebunden.«[16] Dann stieg sie auf ein Dach, fiel hinunter und starb.[17]

10. Ex 20,2 (10 Gebote).
11. Ex 20,3 (10 Gebote).
12. Ex 22,19.
13. Dtn 6,4.
14. Dtn 4,39.
15. Dtn 26,17/18.
16. Siehe Gen 22,1-18.
17. Der *Midrasch* erzählt, daß sie verrückt wurde und Selbstmord beging.

Zeremoniell des Anzündens der Chanukka-Lichter

Vor dem Anzünden der *Chanukka*-Lichter werden folgende Segenssprüche gesagt:

Gelobt seist Du, *Haschem*, unser Gott, König der Welt, der uns durch Seine Gebote geheiligt und uns befohlen hat, das *Chanukka*-Licht anzuzünden.

Gelobt seist Du, *Haschem*, unser Gott, König der Welt, der für unsere Vorfahren Wunder vollbracht hat in jenen Tagen zu dieser Zeit.

Am ersten Abend wird ein dritter Segen gesprochen:

Gelobt seist Du, *Haschem*, unser Gott, König der Welt, der uns Leben und Bestand gegeben hat und uns diese Zeit hat erreichen lassen.

Während des Anzündens der *Chanukka*-Lichter wird folgendes gesprochen:

Diese Lichter zünden wir an wegen der Mirakel, der Wunder der Rettungen von den Kriegen, die Du unseren Vätern in jenen Tagen zu dieser Zeit durch Deine heiligen Priester hast geschehen lassen. An allen acht *Chanukka*-Tagen sind diese Lichter heilig, und wir haben kein Recht, sie zu benutzen, sondern nur sie anzuschauen, damit wir Deinem großen Namen danken und ihn preisen für Deine Mirakel, Deine Wunder und Deine Rettungen.

Nach dem Anzünden der Lichter haben die *sephardischen* Juden die Angewohnheit, den Psalm 30 zu rezitieren, während die *aschkenasischen* Juden das Lied »Maos Zur« singen, das heißt »Oh mächtiger Fels«. Der Name des Autors erscheint im Akrostichon des ersten Buchstabens der ersten fünf Strophen. Er hieß Mordechaj. Es scheint, daß er Mitte des 13. Jhdts. lebte. Die Strophen wurden um eine sechste ergänzt, die Rabbi Mosche Isserles, dem Rama, zugeschrieben wurde.

Als der Chafez Chajim (Reb Israel Meir Kagan) noch ein junger Mann war, feierte er Chanukka bei seinem Rebbe, Reb Nachum von Horodna.

Die Nacht war schon hereingebrochen, und Reb Nachum hatte seine Chanukka-Lichter noch nicht angezündet. Es war schon sehr spät, und Reb Nachum konnte sich einfach nicht dazu durchringen, die Lichter anzuzünden. Erst sehr spät in der Nacht, viele Stunden nach der üblichen Anzündezeit, kam seine Frau nach Hause. Erst da zündete Reb Nachum von Horodna die Chanukka-Lichter an.

Später fragte der Chafez Chajim seinen Rebbe, weshalb er gezögert hatte, die Lichter anzuzünden, obwohl er es gemäß der Halacha hätte tun können, auch wenn seine Frau nicht anwesend war.

Reb Nachum antwortete: »Meine Frau arbeitet sehr hart für unseren Lebensunterhalt und erlaubt mir deshalb, mich dem Lernen der Tora zu widmen. Dennoch mag sie es besonders, die Chanukka-Lichter leuchten zu sehen. Zum einen wegen meiner Achtung ihr gegenüber, zum anderen wegen unserer ehelichen Harmonie habe ich mich dazu entschlossen, auf sie zu warten, um die Chanukka-Lichter anzuzünden.«

Tracht Prügel an Chanukka

Der Maggid von Kozhnitz, Reb Israel, erzählte einst seinen Chassidim, daß, als er sieben oder acht Jahre alt war, er manchmal ganz allein in der Jeschiwa die ganze Nacht lernte.

Während der Chanukka-Feier erlaubte ihm sein Vater nicht, zur Jeschiwa zu gehen, da er fürchtete, daß der junge Israel mit seinen Kameraden Karten spielte. Der Maggid erzählte weiter: »Zu Hause konnte ich abends nicht lernen. Wir waren so arm, daß wir es uns nicht erlauben konnten, eine Kerze zur Beleuchtung anzuzünden. Ich versprach also meinem Vater, in der Zeit in der Jeschiwa zu lernen, wo dort eine kleine Kerze brennt, und wenn sie ausgeht, würde ich nach Hause gehen.

Es geschah ein Wunder mit meiner Kerze, ähnlich wie das Chanukka-Wunder. Meine Kerze brannte die ganze Nacht bis zum Morgen. Mein Vater war davon überzeugt, daß ich die ganze Nacht damit verbracht hatte, Karten zu spielen.

Als ich morgens nach Hause kam, hat mir mein Vater eine ziemliche Tracht Prügel verpaßt. Ich habe es vorgezogen, die Prügel zu ertragen, ohne mich mit dem Lernen der Tora zu rechtfertigen. Dennoch hätte mein Vater mir geglaubt, weil ich ihn nie belogen habe.

Die zwei Facetten eines Mannes

Reb Jizchak Meir von Ger erzählte, daß einmal eine Gruppe von Chassidim an Chanukka zum Seher von Lublin ging. Einer der Chassidim überreichte dem Seher einen Kwittel mit dem Namen eines seiner Freunde. Als der Seher den Namen las, spuckte er auf den Boden.

Später überreichte derselbe Chassid dem Rebbe nochmals den Kwittel, und als er diesen sah, sagte er: »Dieser Mann erleuchtet die Welt.«

Er wandte sich zum Chassid und sagte diesem: »Vorhin, als ich in den Kwittel gesehen habe, habe ich auf den Boden gespuckt, weil ich Deinen Freund Karten spielen gesehen habe, aber jetzt habe ich gesehen, wie er die Chanukka-Lichter angezündet hat.«

Karten spielen für Wohltätigkeit

Dieselbe Szene spielte sich jedes Jahr an Chanukka in der Betstube von Reb Izikel von Antwerpen ab. Die Chassidim wußten, daß es auch an Chanukka verboten war, Karten zu spielen. Dennoch spielten sie und zusätzlich auch noch um Geld. Von Zeit zu Zeit erschien Reb Izikel, um sie zu überraschen. Als er auf den Tischen kleine Geldpakete sah, wandte er sich an die Chassidim und sagte ihnen: »Ihr seid doch einverstanden, daß dieses Geld für wohltätige Zwecke verwandt wird, nicht wahr?« Die Chassidim, die sich ertappt fühlten, trauten sich nicht, die Frage mit »Nein« zu beantworten, und Reb Izikel nahm das Geld an sich und steckte es ein. Als er aus dem Zimmer ging, drehte er sich noch einmal zu den Chassidim und sprach grinsend: »Spielt nur weiter!«

10. Tewet

»Im neunten Regierungsjahr von Zidkijahu,
am zehnten Tag des zehnten Monats,
rückte Nebukadnezar, der König von Babylon,
mit seiner ganzen Streitmacht vor Jerusalem
und belagerte die Stadt.«
(2. Buch der Könige 25,1)

Die Zerstörung des Tempels

Der zehnte *Tewet* ist einer der vier Fastentage, der gebunden ist an die Zerstörung des Tempels zu Jerusalem. Er erinnert uns an eines der tragischsten Ereignisse, dem das jüdische Volk zum Opfer fiel. Dies geschah vor 24 Jahrhunderten.

Während der Regierungszeit des Zidkijahu, dem letzten König von Judäa, wurde unsere heilige Stadt Jerusalem von einer riesigen Armee belagert, die von dem babylonischen König Nebukadnezar angeführt wurde. Dies passierte am zehnten Tag von *Tewet* im Jahre 3336 nach der Schöpfung. Diese Belagerung dauerte 2 1/2 Jahre. Nur Hunger und Durst erlaubten den Babyloniern, die Juden zu besiegen. Der Feind nahm die Stadt ein und zerstörte den Tempel (am 9. *Aw*).

So markiert der zehnte *Tewet* den Anfang dieser großen Katastrophe, die zu der Zerstörung des Heiligen Tempels, der von König Salomo errichtet wurde und zur Verbannung des jüdischen Volkes in Babylonien für 70 Jahre geführt hat.

Nach der Eroberung von Kanaan durch Jehoschua lebte das jüdische Volk 440 Jahre in Israel bis zum Bau des Tempels durch König Salomo. Der Tempel Salomos bestand 410 Jahre. Während dieser 8 1/2 Jahrhunderte haben die Juden sich oftmals von der Religion abgewandt und Götzen gedient. In Folge dieser Sünden verursachte Gott die Belagerung Jerusalems und später die Zerstörung des Tempels.

An diesem Tag der Erinnerung an das Unglück, das das jüdische Volk überkam, muß jeder an die Fehler denken, die er begangen haben kann, und für sie büßen. Dies ist das Wesentliche des Fastens. Indem wir fasten, wecken wir unsere Herzen zur Rückkehr zu Gott.

Der 10. Tewet – Perspektive auf Hoffnung

Elf Jahre vor der Zerstörung des ersten Tempels deportierte und inhaftierte Nebukadnezar König Jehojachin von Israel nach Babylon. Gleichzeitig wurden 10.000 Personen der Elite Israels deportiert. Unter diesen befanden sich die gelehrtesten Rabbinen Israels, mehrere Propheten und zahlreiche Soldaten. Das Ziel von Nebukadnezar bestand darin, sich zu versichern, daß die in Israel verbliebenen Juden seelisch so sehr geschwächt würden, daß sie sich nicht gegen seine Autorität auflehnen würden.

Ohne es zu bemerken, war es Nebukadnezar selbst, der seine Pläne zum Mißerfolg brachte. Die Elite des Heiligen Landes, die elf Jahre vor der Zerstörung des Tempels deportiert wurde, errichtete das Fundament für eine lebendige, jüdische Gemeinschaft im Exil. In der Tat, als nach der Zerstörung des Jerusalemer Tempels die Gesamtheit der jüdischen Gemeinschaft ihrerseits deportiert wurde, fanden sich Lehrer und Rabbiner bereit, sie zu führen und sie die *Tora* zu lehren.

Das Überleben des jüdischen Volkes als Garant für das Fortbestehen der *Tora* und ihrer Ethik war sichergestellt.

Die Geschichte wiederholt sich, und in jeder Generation, als man glaubte, daß das Wesen des jüdischen Volkes zunichte gemacht wurde, gab es etwas Überraschendes festzustellen, daß irgendwo auf der Welt eine neue Generation an Gelehrten bereit war, die geistige Zukunft des jüdischen Volkes in die Hand zu nehmen.

Auch nach der *Schoa* hatten die Überlebenden die Möglichkeit, in Israel und Amerika ihr religiöses Streben bei Lehrern zu erfüllen, die noch vor dem Holocaust aus Osteuropa ausgewandert waren.

Besonderheiten des Fastens am 10. Tewet

Im Gegensatz zu der traditionellen Weise beginnt das Fasten des *10. Tewet* in der Morgendämmerung und nicht am Vorabend vor dem Sonnenuntergang. Es ist ein Fasten, das nie auf *Schabbat* fällt, das jedoch gelegentlich auf einen Freitag fallen kann. In diesem Fall endet das Fasten nach dem Gebet des *Kabalat Schabbat.*

Wie an jedem Fastentag liest man zweimal einen Auszug aus der *Tora*, einmal morgens und einmal beim *Mincha*-Gottesdienst. Zu beiden Gelegenheiten liest man aus Exodus, Kap. 32,11-14 und 34,1-10. Die Lesung handelt von dem Gebet, das Mosche an Gott richtete, in dem er für das jüdische Volk nach der Sünde des goldenen Kalbs um Verzeihung bittet. Jedesmal werden drei Personen, die fasten, zur *Tora* aufgerufen, und beim *Mincha*-Gottesdienst wird noch eine *Haftara* aus Jesaja 55,6-56,8 gelesen. Während der *Amida* von *Mincha* wird im sechzehnten Bittgebet ein zusätzliches Gebet »*Anenu*«, d.h. »antworte uns«, eingefügt.

Der *Midrasch* Eicha Rabbati Kap. 4, beschreibt die Not, in der die jüdischen Bewohner während der Belagerung von Jerusalem lebte. In der folgenden Geschichte hebt der *Midrasch* den großzügigen Charakter einiger Personen in der Not hervor.

> Eine Frau aus Jerusalem hat erfahren, daß die Söhne ihrer Nachbarinnen gestorben sind, und sie war davon sehr betroffen. Sie suchte ihren Ehemann auf, der gerade dabei war, das letzte Stück Brot, das sich noch im Hause befand, zu essen. Sie sagte ihm: »Unsere Nachbarinnen sind wegen ihrer Söhne in Trauer, niemand wird sie trösten, ihre gesamten Angehörigen sind gestorben wegen der Hungersnot. Deshalb möchte ich gerne, daß wir beide zu ihnen gehen, um sie zu trösten.« Der Ehemann antwortete: »Wie sollen wir hingehen, um sie zu trösten, wo wir nichts haben, um mit ihnen ein Beileidsessen zu teilen?« Die Frau sagte ihm: »Du hast ein Stück Brot in den Händen, laß' es uns teilen!« Der Mann antwortete ihr: »Aber ich habe großen Hunger, ich werde fast vor Hunger sterben.«
>
> Die Frau entgegnete ihm: »Wenn ich sicher sein könnte, daß dieses kleine Stück Brot dich für zahlreiche Tage sättigen könnte, würde ich es dir überlassen, aber die Hungersnot wird sich noch weiter fortsetzen, und wir werden auf jeden Fall sterben. Deshalb bitte ich dich, gib mir dieses Stück Brot, und ich werde diese Frauen trösten, die ihrer Söhne beraubt wurden. Anschließend werde ich zu dir zurückkommen, wir werden uns umarmen, und wir werden sterben.«

Diese Geste der an Hunger sterbenden Frau gefiel Gott, und deshalb entschloß Er sich dazu, dem jüdischen Volk zu verzeihen und es nicht wegen seiner Missetaten zu verurteilen.

Tu Bischwat

Das Land ist Mir lieb, und das Volk Israel ist Mir lieb.
Ich werde das Volk Israel, das Mir lieb ist,
im Land, das Mir lieb ist, versammeln.
(Dewarim Rabba, 23)

»Das Festival der Früchte«
(Tu Bischwat)

Tu Bischwat wird als das populärste Fest im jüdischen Kalender begangen, weil an diesem Feiertag nur wenig Gebote und keine Verbote festgeschrieben sind. Von den vier Neujahrsfesten fällt das »Neujahr der Bäume« auf den 15. *Schewat.* Zur Zeit des Tempels wurden von diesem Tag an bis zum ersten *Elul,* dem »Neujahr für die Steuern«, an dem zehn Prozent des Besitzes und der Ernte im Tempel abgegeben wurden, der Ertrag der Baumfrüchte errechnet.

Die allgemeine Liturgie wird an diesem Tag nur verkürzt zelebriert: Schon nach der *Amida* wird mit dem Psalm 145 und dem *Alenu* abgeschlossen.

Sehr angenehme Dinge bestimmen den weiteren Tagesablauf: Zu Ehren der Bäume verspeist man ihre »Kinder«, die Früchte, und pflanzt verstärkt in heutiger Zeit junge Bäume. In Israel bevorzugt man sieben Fruchtsorten: die Getreidearten Gerste und Weizen und die fünf Baumfrüchte Weintrauben, Feigen, Datteln, Oliven und Granatäpfel[1].

Der Name des Festtages »*Tu Bischwat*«, der mit »15. in *Schewat*« übersetzt wird, hat in seiner ersten Hälfte »*Tu*« den Buchstabenwert 15, zusammengesetzt aus den Werten neun und sechs. Damit wird schon im Wortwert auf das

1. Durch die vielen Kerne im Innern des Granatapfels symbolisiert er an *Tu Bischwat* Fruchtbarkeit, während er an *Rosch Haschana* ein Bild für die Segnung des Jahres mit zahlreichen guten Taten ist.

Datum der Feier, den 15. *Schewat*, verwiesen[2]. Ebenso gibt die symbolische Zahl 15 den Hinweis auf die 15 verschiedenen Fruchtsorten, inklusive der sieben Arten, mit denen Israel gesegnet worden ist und die an *Tu Bischwat* verspeist werden sollen. Dabei rechnet die eine Tradition die zwei Getreidearten schon dazu, während die andere Strömung sie zu den 15 anderen Sorten addiert, da das Wort *tow* (»gut«) ebenso den Wert 17 beinhaltet. Welcher Tradition man auch anhängt, in allen Kreisen bereitet die ganze Familie aus den zahlreichen Früchten einen Fruchtsalat zu. Mit einem bestimmten Ritus wird er gemeinsam gegessen: Zuerst nimmt sich jeder eine Baumfrucht, über die ein Segen zum Lob Gottes gesprochen wird, bevor alle sie verzehren. Auf die gleiche Art verspeist jeder anschließend eine Frucht, die im Jahr noch nicht gegessen worden ist, und danach eine Erdfrucht, wie z.B. alle Beerensorten. Erst danach darf der Fruchtsalat im Ganzen genossen werden. Mit einem Segensspruch über Früchte und alle Geschöpfe schließt die Mahlzeit ab: Gelobt seist Du, *Haschem*, unser Gott, König der Welt, der viele Geschöpfe und deren Bedürfnisse geschaffen hat, Dank für all das, was Du geschaffen, um alles Lebende zu erhalten. Gelobt seist Du, Lebender aller Zeiten.

Zahlreiche Chassidim hatten sich um den Tisch von Reb Eisik von Sidatschow versammelt, um Tora-Worte anzuhören und um ein paar Früchte von ihrem Rebbe zu bekommen. Es gab so viele Leute, daß die Früchte nicht für alle ausreichten.
Reb Eisik fragte also seine Chassidim: »Wer möchte noch Früchte haben?« Alle antworteten mit »ich«. So gab der Rebbe ihnen den Hinweis, wo sie Früchte finden könnten. Er sagte ihnen: »In der ersten Mischna des Traktats Pea[3] steht geschrieben: Dies sind Dinge, deren Früchte der Mensch jetzt genießt, deren Stamm aber für die kommende Welt erhalten bleibt.« Der Rebbe sprach weiter: »Unter allen Wohltaten auf der Liste, die in dieser Mischna geschrieben steht, wird das Lernen der Tora als das wichtigste betrachtet. Deshalb«, sagte er seinen Chassidim, »wenn ihr Früchte haben wollt, geht und lernt Tora. Ihr werdet viele Früchte genießen!«

Besonders für Kinder weist dieses Fest mit der Zubereitung des Essens einen besonderen Reiz auf, der ebenso als anregendes pädagogisches Mittel fungiert, sie in die jüdischen Feste einzuführen und sie an jenen Riten aktiv teilnehmen zu lassen.

2. Die logischere Zusammensetzung aus zehn und fünf wählte man nicht, weil das sich daraus ergebende *»Ja Bischwat«* den Gottesnamen bedeutet, der nicht einfach verwendet und ausgesprochen werden darf.
3. Eines der Traktate im *Talmud*; diese *Mischna* wird täglich beim Morgengebet gesprochen.

Die Traditionen an Tu Bischwat

Tu Bischwat ist einer der wenigen Tage, während derer das *Tachanun*[4] nicht rezitiert wird – außer in Mainz und Worms, wegen der tragischen Pogrome, die dort während des Mittelalters stattgefunden haben. An diesem Tag ist es auch verboten zu fasten, und man spricht auch keine Trauerrede.

Der in Israel lebende *Kabbalist*, Rabbi Chajim Vital, verfaßte einen speziellen »*Tikkun*«[5] für diesen Tag, der während der Mahlzeit gelesen wird. Neben den unterschiedlichen Früchten der Bäume und des Erdbodens ist es auch üblich, kandierte *Etrogs* vom letzten *Sukkot* zu verzehren. Man nimmt auch Früchte zu sich, die man seit einem Jahr nicht gegessen hat, um den Segensspruch über »das Leben und den Bestand« zu sagen.

Anmerkungen zur zeitgenössischen Geschichte

An *Tu Bischwat* drückt sich der Glanz des Landes Israel in den Früchten der Bäume aus. Fünf der sieben Früchte, mit denen Israel gesegnet wurde, sind Früchte, die auf Bäumen wachsen: der Granatapfel, die Dattel, die Feige, die Weintraube und die Olive. Die beiden anderen Früchte sind der Weizen und die Gerste.

Dieser Tag, an dem die Erde des Landes Israel ihre Kraft und Fruchtbarkeit erneuert, um Öl und Honig hervorzubringen, ist ein Freudentag für das Volk Israel, die Bewohner des Landes Israel, für die, die es lieben, und die, die ihm ihr Leben weihen.

Wenn wir Früchte aus Israel essen und sie genießen, erbitten wir damit den Segen von Dem, der uns diese begehrte Erde gegeben hat, und beten zu *Haschem*, Er möge uns zurückkehren lassen und uns die endgültige messianische Befreiung bringen, damit wir uns dort erfreuen, und Er möge im Land Israel unter Seinem Volk weilen.

Raschi beginnt seine biblische Exegese, indem er die Frage Rabbi Jizchak wiedergibt: Warum beginnt die *Tora*, die ein Gesetzbuch, eine Zusammenstellung von Geboten und Verboten ist, ihre Lehre mit der Schöpfungsgeschichte und der Geschichte der Patriarchen und nicht mit dem Abschnitt über den *Kiddusch Hachodesch*, der Heiligung des Monats, der die erste *Mizwa* der *Tora* ist? Raschi löst selbst das Problem, das er aufgeworfen hat: Damit die Nationen der Welt die

4. Gebet, in dem um Verzeihung gebeten wird; dieses Gebet wird an feierlichen Tagen ausgelassen.
5. Buch, das während spezieller Zeremonien benutzt wird, wie z.B. an *Hoschana Rabba* oder *Schawuot*, in dem sich Auszüge der *Tora*, der Propheten, der Hagiographen, der *Mischna* und des *Sohar* befinden.

Juden nicht beschuldigen können, sie seien Diebe, die sich das Land, das den sieben seinerzeit herrschenden Nationen gehörte, mit unrechtmäßigen Mitteln angeeignet hätten. Auf solche Beschuldigungen hätten die Kinder Israels antworten können: »Diese Erde gehört Gott, Er hat sie geschaffen und denen gegeben, die sich verhielten, wie Er es wünschte; Er gab sie ihnen und nahm sie jenen weg, um sie uns als Erbe zu übergeben.«

Wenn die Vertreter der Nationen uns nach unserer Religion und unserem Glauben fragen, antworten wir ihnen mit rationalen und nicht mit affektiven und biblischen Argumenten.

Warum aber führen unsere Weisen irrationale biblische Argumente an, um jene, die die Subtilitäten der *Tora* nicht begreifen, von der Wahrhaftigkeit ihrer Aussagen zu überzeugen? Und das, obwohl die Nationen der Welt doch die Souveränität Gottes und die Bibel als Buch Gottes »par excellence« anerkannt haben.

Aber Raschi wendet sich nicht an die Nationen der Welt. Seine Worte sind an uns gerichtet. Raschi will uns von der Authentizität der biblischen Botschaft und Prophezeiung überzeugen. Er verspricht uns, daß die Nationen der Welt den absoluten Wert des göttlichen Wortes anerkennen werden, sobald wir selbst von der prophetischen Botschaft der Bibel überzeugt sind.

Ein Blick auf die allgemeine und die jüdische Geschichte des Jahrhundertanfangs zeigt uns, wie sehr die Worte Raschis aktuell sind: Als das über den ganzen Globus zerstreute jüdische Volk begann, zum Land Israel zurückzustreben, zur Erde seiner Vorfahren, auf der es hoffte, in Ruhe leben zu können, sicher vor Pogromen und antisemitischen Verfolgungen, versammelten sich die Vertreter der Siegernationen des Ersten Weltkriegs 1920 in San Remo und beschlossen, das Land Israel (Palästina) unter britisches Mandat zu stellen.

An der Spitze des britischen Empires stand Lord Balfour, der bereits 1917 die Notwendigkeit einer jüdischen Heimstätte auf dem Territorium des Landes Israel verkündete hatte. Diese Deklaration fand dann internationale Anerkennung.

Das Land Israel wird auch »*Eretz Chemda*[6]«, »geliebte, begehrte Erde«, genannt. Wer aber begehrt diese Erde, daß sie so genannt wird? Vor allem Gott begehrt sie: »Gott hat den Berg als Sitz begehrt[7]«, denn der Tempel befand sich in Jerusalem. Die Patriarchen haben sie begehrt, wir Juden begehren sie, und die Nationen der Welt begehren sie auch. Wir können feststellen, daß während der ganzen Geschichte verschiedene Nationen versucht haben, über Israel zu herrschen. Die Versuche, ein Land zu erobern, beruhen auf sozialen, politischen oder ökonomischen Erwägungen.

6. *Chemda* kommt vom Verb »*chamod*«: begehren.
7. Psalm 68,17.

Für Israel war das nie der Fall. Viele Nationen wollten sich das Land Israel aneignen, weil sie in ihm die Wiege der Zivilisationen und der monotheistischen Religionen, sein geistiges Wesen und sein Streben nach Heiligkeit erkannten.

Gewiß, Israel verbreitet seine Heiligkeit über den ganzen Globus, aber die Heiligkeit eines Landes hängt von der Heiligkeit des Volkes ab, das es bewohnt. Mit anderen Worten, die Heiligkeit des Landes Israel entspricht der Heiligkeit des jüdischen Volkes. Die Mehrheit der *Mizwot*, die uns aufgetragen sind, können nur ausgeführt werden, wenn das jüdische Volk auf seiner Erde lebt, und zwar entsprechend dem Vers: »Wenn ihr nach Israel kommt (...) und euch dort niederlaßt!«[8]

Unabhängig von diesen gesellschaftlichen und nationalen Betrachtungen verstehen wir also den Sinn des Segensspruches, den wir sagen, nachdem wir von den besonderen Früchten des Landes Israel gegessen haben: »Laß uns zum Land Israel ›hinaufgehen‹, damit wir uns in seinem Schoße freuen, seine Früchte essen und von seinen Wohltaten überhäuft werden (...)«

Einer der großen Gesetzeskodifikatoren erklärt, daß die Früchte Israels die göttliche Heiligkeit, die in die Erde, in der die Wurzeln der Bäume stecken, eingedrungen ist, mit dem Saft der Bäume einsaugen; wenn wir also Früchte essen, nehmen wir ein bißchen göttliche Heiligkeit zu uns. Das verstehen die Weisen unter: »*wenissba mituwa*«, d. h. »von seinen Wohltaten überhäuft werden«.

Unsere Weisen haben also festgestellt, daß die Heiligkeit der Früchte der Erde erst zu ihrem Höhepunkt gelangt, wenn das Volk auf seiner Erde lebt und ihm die göttliche Heiligkeit und Segnung zugute kommen. Deshalb haben sie in dem Segensspruch die Worte »Laß uns zum Land Israel ›hinaufgehen‹, damit wir uns in seinem Schoße freuen, seine Früchte essen und von seinen Wohltaten überhäuft werden (...)« hinzugefügt.

In der Tat hat uns die Geschichte gezeigt, daß die Erde, solange das jüdische Volk nicht auf seiner Erde lebte, nicht in den Genuß der göttlichen Gegenwart kam. Bis zum Exil war die Erde fruchtbar und brachte alle ihre Reichtümer hervor. Danach wurde das Land Israel zu einer »Wüste der Trostlosigkeit«, weil sich die Nationen der Welt um diesen Zipfel Erde am Mittelmeer stritten.

Heute, da das jüdische Volk zum Teil nach Israel zurückgekehrt ist, sehen wir, daß die das Land betreffenden Segnungen wieder aktuell sind und Israel wieder wunderbare Früchte hervorbringt, und zwar, weil der Chason Isch[9] mit seiner prophetischen Vision des Staates Israel die religiösen Bewegungen dazu gebracht hat, die Landwirtschaft zu entwickeln und dabei die *Halacha*[10] einzuhalten. Seitdem erleben wir, wie sich an den Früchten der Erde und an der

8. Dtn 26,1.
9. Rabbiner Jeschaja Karelits (1878-1953).
10. Jüdische religiöse Jurisprudenz.

Erde selbst der Sinn des Ausspruchs »ein Land, wo Milch und Honig fließen« konkretisiert.

Im Zusammenhang mit der Segnung der Früchte und Bäume berichtet der *Talmud*, Traktat Taanit 5b, folgende Anekdote:

Ein Mensch ging durch die Wüste. Er war erschöpft, hatte Hunger und Durst. Er fand einen Baum, dessen Früchte süß und dessen Schatten wohltuend waren; eine Quelle verbarg sich unter ihm. Er aß von den Früchten, trank von dem Wasser und ruhte sich einen Augenblick im Schatten aus. Als er aufbrach, sagte er: »Oh Baum, oh Baum! Wie soll ich dich segnen? Daß deine Früchte süß seien? – Sie sind es. Daß dein Schatten angenehm und erholsam sei? – Er ist es. Daß eine Quelle dich speise? – Du hast eine. Nun, (...) daß alle Samen und Pflanzen, die du hervorbringst, zu Bäumen werden, die dir ähneln!«

Aus der talmudischen Literatur

Tu Bischwat ist nicht in der *Tora* festgeschrieben, sondern wurde von den Rabbinen eingesetzt. Es resultiert aus dem *talmudischen* Lob über Israel als dem »Land, in dem Milch und Honig fließen«.

Der *Talmud*, Traktat Ketubot 111b, berichtet von einem Rabbiner, der in Bne Berak spazierte und dabei eine Ziege entdeckte, die unter einem Feigenbaum graste. Ihre Hufen steckten in einer zähflüssigen Masse, die je zur Hälfte aus Milch und Honig bestand. Da verstand der weise Mann, daß die Milch wegen des prallgefüllten Euters schon an der Ziege hinunterlief und die Feigen so reif waren, daß der Honig aus ihnen herausquoll. Bei sich selbst stellte er fest: »Ja, Israel ist wirklich das Land, wo Milch und Honig fließen.«

Zur Zeit der Römerherrschaft sah Kaiser Hadrian einmal in Tiberias einen sehr alten Mann, der einen Feigenbaum pflanzte. Verwundert fragte er ihn: »Du bist doch schon so alt. Warum pflanzt du noch einen Baum, dessen Früchte du doch nicht mehr ernten wirst?« Der Mann erwiderte: »Mein Großvater hatte einen Baum gepflanzt, dessen Früchte mein Vater essen konnte. Ich habe Feigen von einen Baum genossen, den mein Vater gepflanzt hat. Nun pflanze ich einen Feigenbaum, damit es meinem Sohn eines Tages möglich wird, die Früchte zu ernten.« Beeindruckt sprach Kaiser Hadrian: »Ich wünsche dir, daß du so alt wirst, daß du sie noch selber genießen kannst. Wenn es soweit ist, dann komm zu mir, und wir essen sie zusammen.«

Vier Jahre später wurden die ersten Früchte reif. Der Alte füllte damit einen großen Tragekorb und reiste nach Rom. Bei seiner Ankündigung am kaiserlichen Hof hatte Hadrian ihn schon längst vergessen, erinnerte sich aber wieder an die Szene in Tiberias und empfing freudig seinen Gast. Nach dem gemeinsamen Essen der Früchte gab Hadrian den Befehl, den Korb des Mannes mit Gold und Geld zu füllen. Auf die verwunderte Rückfrage seiner Diener, warum er diesen Mann so ehre, antwortete der Kaiser: »Wenn Gott ihm so viel Ehre gibt, warum sollte ich kleiner Mann ihn nicht ehren?« (Erzählung aus dem *Midrasch*, Wajikra Rabba 25)

Die *chassidische* Literatur hat eine Ergänzung zu der Erzählung überliefert:

Nach der Rückkehr des alten Mannes nach Tiberias wurde in der ganzen Stadt bekannt, was ihm in Rom widerfahren war. Neidisch über so viel Reichtum sprach eine Einwohnerin zu ihrem faulen Mann: »Sieh mal, Mann, Hadrian scheint Feigen zu lieben, wenn er dem Alten für einen Korb mit diesen Früchten eine ebenso große Menge Gold gibt. Fahr auch nach Rom und bring dem Kaiser Feigen, damit wir ebenso belohnt werden.« Auf ihr Drängen machte der Mann sich auf die Reise. Als der Kaiser ihn mit dem Feigenkorb vor sich sah, empörte er sich über so viel Frechheit und befahl, den Mann mit seinen eigenen Feigen zu bewerfen und ihn zu schlagen. Der auf diese Weise Behandelte kehrte nach Tiberias zurück, wo er sich bei seiner Frau beklagte. Diese beeindruckte das wenig und bemerkte nur: »Jammer nicht, denn du hast noch Glück gehabt, daß die Feigen schon reif waren, man hätte dich mit Etrogen bewerfen können.«

Die Legende von der Narzisse

Da *Tu Bischwat* die Erneuerung der Bäume, d. h. der gesamten Vegetation, und nicht nur ein Fest der Früchte darstellt, hat die jüdische Tradition die Legende von *Narkiß* (Narziß) aus der griechischen Mythologie mit diesem Fest verbunden.

Narkiß war ein junger Hirte von außergewöhnlicher Schönheit mit engelartigem Gesicht und goldenem lockigen Haar. Alle Mädchen der Dörfer, in denen er seine Schafe weiden ließ, waren von seiner Schönheit entzückt, aber ihm selbst war seine Anmut gar nicht bewußt, da er sein Gesicht niemals gesehen hatte.

Einmal mußte er einen Fluß überqueren, und als er sich über das Wasser beugte, sah er sein Gesicht. Dabei war er so von seiner Schönheit angetan, daß ihm schwindelig wurde. Er fiel ins Wasser und wurde vom Fluß verschlungen. An der Stelle, an der er hineinfiel, wuchs eine Blume, deren runde, weiße Krone an das Gesicht des Hirten erinnerte und deren goldener Becher an seine goldenen lockigen Haare denken ließ. Deshalb wird diese Blume bis zum heutigen Tag Narzisse genannt.

Purim

Die Juden hatten Licht, Freude, Fröhlichkeit und Ehre .
(Esther 8,16)

Rabbi Jehuda sagte diesbezüglich:
Licht stellt die *Tora* dar, Freude die Feste,
Fröhlichkeit die Beschneidung
und Ehre die Gebetsriemen.
(Traktat Megila 16b)

Der Schabbat der Erinnerung (Schabbat Sachor)

Der *Purim* vorausgehende *Schabbat* wird *Sachor* genannt und bedeutet »*Schabbat* der Erinnerung«. Ausnahmsweise nimmt man zwei *Tora*rollen aus der heiligen Lade heraus. Die erste ist für die übliche Wochenlesung vorgesehen und die zweite zur Lesung des *Maftirs* in Dtn Kapitel 25,17-19. Diese Lektüre beginnt mit den Wort *Sachor*, was »Erinnere dich« bedeutet.

Unsere Weisen erläutern mit diesem Abschnitt die Verpflichtung, sich an das zu erinnern, was Amalek dem jüdischen Volk angetan hat, sowie die Verpflichtung, die Erinnerung an Amalek auszulöschen. Mit anderen Worten: Das jüdische Volk hat den Befehl Gottes empfangen, das Volk Amaleks auszurotten.

Die Verpflichtung, sich an die Taten Amaleks zu erinnern, ist immer noch aktuell, auch wenn man nicht weiß, wo die Nachkommen Amaleks leben. Deshalb sind wir dazu verpflichtet, bei der Lesung dieses Abschnittes anwesend zu sein. Der *Talmud*, Traktat Megila 6a, vermittelt, daß die Nachkommen Amaleks sich im Land »Germamia« zerstreut haben und fast die Welt zerstört hätten. Der *Talmud*-Exeget Jawez definiert im 18. Jahrhundert »Germamia« als »Germania«, und dieses Wort bedeutet somit »Deutschland«. Nicht erstaunlich ist es daher, den Haß der Führer im Dritten Reich dem jüdischen Volk gegenüber festzustellen.

Der sowjetische Diktator Josef Stalin starb am 5. März 1953. In diesem Jahr fand *Purim* am 1. März statt. Die sowjetischen Juden haben den Todestag des Tyrannen und *Purim* miteinander verbunden. Bis zum heutigen Tag wird der Jahrestag des Todes von Stalin als der »sowjetische *Purim*« bezeichnet. Tatsächlich wurde von diesem Tag an die bleierne Last, die auf den Juden der Sowjetunion lag, aufgehoben und ihre Verfolgung vermindert.

Die *Haftara* dieses *Schabbats* befindet sich im ersten Buch Samuel, Kapitel 15, und beschreibt den Feldzug von Saul, dem ersten König Israels, gegen Amalek. Wenn die Weisen für den *Schabbat* vor *Purim* das Lesen der Abschnitte, die Amalek betreffen, eingeführt haben, dann deshalb, weil die Geschichte von *Purim* von Haman, einem Nachkommen von Agag dem Amalekiter verursacht wurde.

Der Esther-Fasttag[1] *(Taanit Esther)*

Das Fasten wird auch »Estherfasten« genannt in Erinnerung an die Königin Esther, die, bevor sie zum König Achaschwerosch ging, Mordechaj befahl, alle Juden von Schuschan zu versammeln und zu ihrem Gedenken drei Tage aufeinander zu fasten (siehe Esther 4,16). Zur Zeit dieser Ereignisse fanden die drei Fastentage vom 13. bis zum 15. *Nissan* statt. Das Datum wurde an das von *Purim* angenähert, um das Estherfasten mit dem *Purim*wunder zusammenfallen zu lassen, das am 14. *Adar* stattfand.

Der *Midrasch* (Esther Rabba 8:7) vermittelt, daß, als Esther Mordechaj wegschickte, um das Volk von Schuschan zu versammeln, damit dieses faste, sie präzisierte: »Eßt und trinkt drei Tage lang nichts.« Mordechaj protestierte: »Aber einer dieser Tage ist der erste Tag von *Pessach* (...)« Esther erwiderte ihm: »Wozu brauchen wir *Pessach*, wenn es keine Juden mehr geben wird, die *Pessach* einhalten?«

Vorschriften zum Fasten

Das Estherfasten ist das einzige Fasten, das die Propheten eingeführt haben und das nicht in bezug steht zur Zerstörung des Tempels. Dennoch ist das Fasten, trotz seiner Wichtigkeit zur Zeit der Ereignisse, heutzutage weniger wichtig geworden. Es beginnt mit der Morgendämmerung und endet mit den ersten Sternen.

Falls *Purim* auf einen Sonntag fällt, wird das Fasten auf den vorangehenden Donnerstag verlegt, da man an *Schabbat* nicht fastet, außer im Falle von *Jom Kippur*. Kranke oder schwächliche Personen dürfen das Fasten unterlassen.

1. Der Autor empfiehlt dem Leser, das Buch Esther in der Bibel zu lesen. So werden die biblischen Hinweise deutlicher und das Verständnis des Textes erleichtert.

Genau wie am 10. *Tewet* wird man das *Anenu*-Gebet im Achtzehnbittgebet rezitieren und aus der *Tora* (Exodus 32,11-14 und 34,1-10) lesen. Drei Personen werden zur *Tora* aufgerufen.

Auch wenn man am 13. *Adar* nicht gefastet hat, ist es verboten, vor der Lesung des Buches Esther zu essen. Vor dem Abendgottesdienst ist es üblich, ein halbes *Schekel*[2] für die Armen zu spenden, zur Erinnerung an die Zeit des Tempels, als unsere Vorfahren 1/2 *Schekel* Steuern für den Opferkultus bezahlten. Man spendet normalerweise dreimal die Hälfte der Währungseinheit des Ortes, an dem man wohnt, so hat man z.B. in Deutschland seine Pflicht getan, wenn man 1,50 DM spendet.

Eine kurze Zusammenfassung des Buches Esther

Nachdem der König Achaschwerosch seine Macht über 127 Provinzen gefestigt hatte, organisierte er ein märchenhaftes Fest, das sechs Monate dauern sollte.

Eines Abends, als er betrunkener als gewöhnlich war, ließ er seine Frau, die Königin Waschti, rufen. Als sie sich weigerte, ihm zu gehorchen, konsultierte er seinen Ratgeber Haman, der ihm riet, ein Exempel zu statuieren und sie töten zu lassen. Nachdem er Witwer geworden war, bedauerte er das Verschwinden seiner Frau und suchte in seinem Königreich nach einem jungen Mädchen, das sich als neue Königin eignen würde. Zur selben Zeit ernannte er Haman zum Premierminister mit allen Vollmachten.

Sendboten wurden ins ganze Königreich geschickt, und schließlich wurde zwei Schritte vom Palast entfernt ein jüdisches Mädchen entdeckt, Esther, eine Nichte des Weisen Mordechaj, nicht unheimlich schön, aber voller Charme. Achaschwerosch verliebte sich in sie und beschloß, sie zu heiraten.

Mordechaj befahl ihr, ihre Religion geheimzuhalten, denn Haman hatte bereits versucht, das jüdische Volk zu vernichten. Mithilfe ihres Onkels Mordechaj gelang es der Königin Esther, nachdem sie König Achaschwerosch verführt und verwöhnt hatte, Hamans unheilvolles Komplott zu vereiteln.

Er, der Mordechaj aufhängen wollte, wurde zusammen mit seinen zehn Söhnen durch Achaschwerosch an den Baum gehängt, den er gefällt hatte, um daraus einen Galgen für Mordechaj zu machen.

Die Geschichte endete glücklich. Das jüdische Volk wurde dank Königin Esther und Mordechaj gerettet, und Mordechaj wurde anstelle Hamans zum Premierminister ernannt.

2. Währungseinheit zur Zeit der Tempel in Israel.

Der Sinn von Purim

Purim gedenkt des Sieges über Haman, Minister des persischen Königs Achaschwerosch, als er plante, das jüdische Volk auszurotten. Die Ereignisse, die im Buch Esther beschrieben werden, sind in den Jahren 369 – 356 v. Chr. , während der babylonischen Verbannung geschehen, die der Zerstörung des ersten Tempels zu Jerusalem folgte.

Das *Purim*wunder gehört zu den Naturphänomenen. Es hat sich keine einzige spektakuläre Wundertat ereignet wie z.B. die Spaltung des Meeres in der Geschichte von *Pessach.* Es geschahen Wunder, die im Alltag vorkamen, aber überall ist die Hand Gottes erkennbar, die den Ablauf der Geschichte leitet. Es ist erstaunlich festzustellen, daß Gottes Name nicht einmal im Text der *Megila* erscheint. Dennoch identifizieren unsere Weisen das Wort *Hamelech,* d.h. »der König«, mit dem König aller Könige, also mit Gott. Jedes Mal, wenn wir das Wort *Hamelech* lesen, ohne daß es von dem Vornamen »Achaschwerosch« gefolgt wird, heißt das, daß es sich um Gott handelt. Die beschriebenen Ereignisse lenken offenbar auf ein Ziel hin, nämlich auf die Erlösung des jüdischen Volkes, so daß es sich unbedingt um ein Wunder und nicht um einen einfachen Zufall handelt. Das Wunder besteht in der Tatsache, daß Gott ständig die Ereignisse überblickt und beherrscht.

Die biblische Erzählung der Ereignisse heißt »*Megilat Esther*«, was die »Rolle Esthers« bedeutet, aber manche Exegeten übersetzen *Megilat Esther* auch mit »Geheimrolle«[3]. Dies erklärt das Fehlen des Namen Gottes im Buch Esther, denn alle Wunder sind auf eine geheimnisvolle Art entstanden.

Im *Talmud,* Traktat Chullin 139b, wird die Frage gestellt, wo sich in der *Tora* eine Anspielung auf Esther befindet, und die Antwort lautet im Dtn 31,18: »und ich werde mein Gesicht verstecken (...)«[4]. Wir erkennen also eine versteckte Seite im Sinn von *Purim.*

Die fünf kennzeichnenden Gebote zu Purim

Unabhängig von einigen Abänderungen in den Gebeten (Beifügung in der *Amida* und beim Tischgebet) und der *Tora*-Lesung, die vom Krieg gegenüber Amalek handelt, gibt es an *Purim* fünf spefizische Gebote, die eingehalten werden müssen.

3. Das Wort »Esther« hat die Wortwurzel »*Seter*«, die auf Hebräisch »Geheimnis« oder »versteckt« bedeutet.
4. Der hebräische Text lautet: »*Waanochi haßter astir panaj* (...)«, siehe vorherige Fußnote.

1. Die Lesung des Buches Esther während des Gottesdienstes am Vorabend und am Morgen des 14. *Adar*
   Jeder ist von der Verpflichtung betroffen, die *Megila* zu lesen oder sie anzuhören, am Tag wie in der Nacht, sowohl die Männer als auch die Frauen und Kinder. Jedesmal wenn der Vorleser den Namen »Haman« ausspricht, machen die Anwesenden mit Ratschen Krach, als ob sie den Namen und die Erinnerung an Haman, den Nachkommen Amaleks, auslöschten. Es ist nicht nötig, einen *Minjan* zu bilden, um die *Megilat Esther* zu lesen.
   Der Rama[5] schrieb in seiner Ergänzung zu »*Schulchan Aruch*«[6], daß die Kinder eine Darstellung von Haman auf Holzstücke oder auf Steine zeichneten oder seinen Namen darauf schrieben. Und jedesmal, wenn der Name Hamans ausgesprochen wurde, stießen sie mit den Holzstücken und mit den Steinen solange gegeneinander, bis der Name Haman weggewischt wurde. Das ist ein Mittel, die Gebote zu verwirklichen: »Du wirst die Erinnerung an Amalek auslöschen.«[7]

   Eine Geschichte über eine »uralte Geschichte«:
   Bis heute erzählt man in den Gebetstuben von Belz über die außergewöhnliche geistige Erfahrung, die die Anwesenden in der Synagoge von Reb Shalom von Belz machten, als sie diesen die Megila auf eine besonders inspirierende Weise lesen hörten. Als dieser noch ein junger Student bei Reb Jaakow Jizchak, dem Seher von Lublin, war, verlieh der Rebbe dem jungen Schalom die Ehre, die Megila in der Synagoge vorzulesen.
   Nach der Lesung sagte der Seher von Lublin zu allen: »Ich habe diese Geschichte schon zahlreiche Male gehört, aber auf die Art, wie dieser junge Mann sie erzählt, noch nie.«

   Nach der Lesung der *Megila* wird das Gedicht »*Schoschanat Jaakow* – die Rose Jaakows« gesprochen. In diesem Text wird das jüdische Volk als die Rose Jaakows bezeichnet.

2. Das zweite kennzeichnende Gebot an *Purim* besteht darin, an Freunde Geschenke zu senden (Esther 9,19), »*Mischloach Manot*«.
   Es handelt sich um Lebensmittelgeschenke. Man muß wenigstens an eine Person zwei Lebensmittel oder Getränke, die sofort verbraucht werden können, ohne gekocht zu werden, schicken. Zum Beispiel einen Obstkorb und eine

5. Reb Mosche Isserles.
6. »Der Gedeckte Tisch«, jüdisches Gesetzbuch.
7. Dtn 25,19.

Flasche Wein oder Kekse und eine Flasche Alkohol, damit der Empfänger zwei verschiedene Segen vor dem Verzehr sprechen kann.
Jeder ist von diesem Gebot betroffen, Männer, Frauen und Kinder. Es ist verdienstvoll, Geschenke an die größtmögliche Anzahl Freunde zu verschicken. Dieses Gebot gilt nur am Tag von *Purim*, nicht am Vorabend.
Rabbi Schlomo Halevi[8] Alkabets, einer der größten *Kabbalisten* und Dichter und Autor des berühmten *Schabbat*-Liedes »*Lecha Dodi*«, schickte zu *Purim* seinem Schwiegervater als *Mischloach Manot* seinen Kommentar über das Buch Esther, den er gerade beendet hatte. Es wird erzählt, daß sein Geschenk mit großer Begeisterung empfangen und als wertvoller als Geschenke aus Gold und Silber angesehen wurde.

Ein armer Dorfbewohner aus der Gegend von Kozhnitz begab sich am Tag von Purim in die Synagoge von Reb Israel, um die Megila anzuhören. Nach dem Gottesdienst wandte sich Reb Israel an den Armen und fragte ihn: »Bist du nicht aus diesem Dorf, das ein Teil meines Gebietes ist?« Der Dorfbewohner bejahte dies, und Reb Israel fragte ihn also: »Warum hast du mir keine Mischloach Manot gebracht?« Der arme Mann wußte nichts zu antworten und wie er dem Rebbe erklären sollte, daß er kaum genügend Unterhalt hatte, um seine kinderreiche Familie zu ernähren.
Reb Israel sagte ihm, ohne eine Antwort zu erwarten: »Heute ist Purim, komm mit mir, wir werden mit den Chassidim einen kleinen Schnaps trinken.«
Nachdem der arme Dorfbewohner nach dem Genuß des Alkohols euphorisch wurde, ging er zu einem reichen Weinhändler und wandte sich an ihn: »Frohes Purim! Geben sie mir eine gute Flasche Wein auf Kredit. Ohne Zweifel werde ich sie ihnen bald bezahlen, aber im Falle, daß ich nicht bezahlen könnte: heute ist Purim!« Das Gleiche versuchte er bei einem Obsthändler, und stolz brachte er einige Äpfel und eine Flasche Wein zu Reb Israel.
Der Maggid von Kozhnitz schätzte dieses Geschenk wert und sagte ihm, daß er ihm jedes Jahr Mischloach Manot bringen sollte. Nachdem er den Segen von Reb Israel empfangen hatte, ging der Dorfbewohner fort. Kaum war er auf der Straße, sagte er sich, daß seine Angehörigen kaum genug zu essen und gar nichts haben, woran sie sich an Purim sich erfreuen können. Er begab sich also zu mehreren Händlern und »kaufte« – auf seine gerade erprobte Art – auf Kredit ein bißchen Wodka, Brot und einige Heringe. Mit diesen Schätzen ging er nach Hause und rief voller Freude aus: »Heute ist Purim, frohes Purim!« Er packte seine Lebensmittelschätze aus und lud seine Familie dazu ein, das Purimmahl mit ihm zu teilen. Nachdem er gegessen hatte, begannen alle, um den Tisch herum zu tanzen und zu singen: »Heute ist Purim!« Während er sang, klopfte es heftig an der Tür. Der Mann wollte nicht öffnen, aber

8. Geboren in Salonika 1505 und gestorben in Safed 1576.

seine Frau sagte ihm: »Es ist bestimmt der Bauer Iwan, um Kartoffeln zu verkaufen«, und sie ging zur Tür, um ihm zu öffnen.
Die Hausfrau war sehr schockiert, als sie Iwan sah mit zerfetzter Kleidung, schmutzig, zerkratzt und blutend. Sie ließ ihn hereinkommen, wusch ihn mit ihrem Mann, und sie kümmerten sich um seine Verletzungen und heiterten ihn mit ein bißchen Brot und Wodka auf.
Nachdem Iwan sich ein wenig ausgeruht hatte, erzählte er ihnen, wie sein eigener Sohn ihn geschlagen und ihn aus dem Haus gejagt hat. »Ihr habt mir das Leben gerettet«, sagte er, »wenn ihr mir nicht die Tür geöffnet und mich aufgenommen hättet, wäre ich bestimmt im Schnee gestorben. Weil ihr Mitleid mit mir hattet, werde ich euch die Stelle im Wald zeigen, wo ich meine Ersparnisse versteckt habe. Ihr verdient dieses Erbe mehr als mein Sohn, der mich töten wollte.«
Sie gingen alle zusammen in den Wald, und Iwan zeigte ihnen die Stelle, wo sein Schatz versteckt war. Ein paar Tage später starb der alte Bauer an seinen Wunden. Der Dorfbewohner ließ ihn beerdigen und ging anschließend zurück in den Wald bis zur Stelle, die Iwan ihm gezeigt hatte. Er grub ein Loch und fand den Schatz, mit dem er in Wohlstand lebte.
Seitdem brachte er jedes Jahr an Purim dem Maggid von Kozhnitz großzügige Mischloach Manot.

3. Spenden an Bedürftige – *Matanot Laewjonim*
Jeder ist dazu verpflichtet, an *Purim* Spenden an Bedürftige zu richten, um die Herzen der Armen zu erfreuen. Dieses Gebot besteht darin, wenigstens zwei Geschenke in Form von Geld oder von Lebensmitteln an zwei Mittellose abzugeben, d.h. ein Geschenk pro Person. Man sollte darauf achten, daß die Geschenke noch am Tag von *Purim* ihre Empfänger erreichen, damit die Armen sich noch am selben Tag ein Festmahl leisten können. Man gibt jedem, der die Hand ausstreckt, ohne genau zu wissen, ob er oder sie wirklich in Not ist. Je mehr man schenkt, desto lobenswerter ist es.

In dem Jahr, in dem Reb Awraham Jehoschua Heschel von Apta in Jassi zum Rabbiner benannt wurde, schickten ihm seine Chassidim zu Purim eine Handvoll Silbermünzen. Sein Sohn fand seinen Vater auf, als dieser gerade voller Bewunderung vor diesem Geld stand, und er fragte ihn: »Wie kommt es, daß du dem Geld so viel Wichtigkeit beimißt, wo wir dich doch als jemanden kennen, der das Geld mißachtet. Was ist mit dir passiert?«
»Die Sache ist die«, erläuterte der Apter Zaddik, »das ganze Jahr über messe ich dem Geld keinerlei Wichtigkeit bei. Aber an Purim, wenn wir den Armen Geld geben sollen, muß ich diese Mizwa verschönern, und ich möchte den Armen nichts geben, was ich mißachte. Deshalb zwinge ich mich jetzt, dieses Geld zu lieben. Wenn mir dies gelungen sein wird, verteile ich dieses Geld an die Armen.«

4. Am Nachmittag von *Purim* findet ein Festmahl statt, währenddessen man Brot, Fisch, Fleisch und etliche Delikatessen verzehrt.
Zuvor zündet man Kerzen an, ohne einen Segensspruch zu sagen, nur mit der Absicht, das Licht und die Freude zu erhöhen. Man wird auch darauf achten, ein bißchen *Tora*auslegungen zu lernen. Man verzehrt das *Purim*mahl zusammen mit seiner Familie und seinen Freunden. Man trinkt ziemlich viel Wein, um sich daran zu erinnern, daß das Wunder während des Festmahls der Königin Esther durch den Wein entstanden ist.
Der *Talmud*, Traktat Megila 7b, vermittelt, daß man verpflichtet ist, an *Purim* so viel Wein zu trinken, daß man keinen Unterschied mehr machen kann zwischen »Verflucht sei Haman« und »Gesegnet sei Mordechaj«.
Man sollte diese Lehre ganz bestimmt nicht wortwörtlich auffassen. Es handelt sich eher um einen bildhaften Ausdruck. Wir sollen natürlich trinken, um ein bißchen fröhlich zu werden, ohne uns jedoch zu betrinken und ohne die Unterscheidungsfähigkeit zu verlieren. Die hebräischen Wörter für »Verflucht sei Haman« haben einen Zahlenwert von 502 genau wie die hebräischen Wörter für »Gesegnet sei Mordechaj«. Man sollte trinken, bis man diese Rechnung nicht mehr machen kann, aber nicht um den Verstand zu verlieren.
Man sollte auch darauf achten, wegen des Alkohols nicht krank zu werden. *Purim* sollte ein Tag der Feier und der Freude sein, wie es im Buch Esther (9,22) geschrieben steht. Der *Talmud*, Traktat Pessachim 109a, sagt, daß es keine Freude ohne Fleisch und Wein gibt.

Reb Levi Jizchak von Berditschew erklärte auf seine Art einen der grundsätzlichen Unterschiede zwischen Jom Kippur und Purim. »An Jom Kippur«, sagte er, »strafen wir unseren Körper, indem wir fasten. Dagegen strafen wir unsere Seele an Purim, indem wir Wein oder anderen Alkohol trinken, bis wir zwischen ›Gesegnet sei Mordechaj‹ und ›Verflucht sei Haman‹ nicht mehr unterscheiden können. Gibt es eine schlimmere Strafe, als die Unterscheidungsfähigkeit zu verlieren?«

5. Das Gebot, an *Purim* froh zu sein.
Dieses Gebot ist selbstverständlich. Schon das *Purim*festmahl ist ein Zeichen der Freude. Aber eigentlich ist diese *Mizwa* ein Verbot, an diesem Tag zu fasten und Trauerreden zu halten. Für diejenigen, die vor *Purim* einen Todesfall in der Familie aufweisen, wird an *Purim* die Trauer aufgehoben.

Schuschan-Purim

In manchen Städten wie in Jerusalem wird *Purim* am 15. *Adar* gefeiert zur Erinnerung an die Geschichte, als dieses Fest in Schuschan auch am 15. *Adar* gefeiert wurde. Um das Land Israel zu ehren, das während der Ereignisse an *Purim* verwüstet wurde, haben die Rabbiner jener Zeit entschieden, daß *Purim* schließlich am 15. *Adar* gefeiert werden sollte, und zwar in allen Festungsstädten, die damals schon seit der Eroberung des Landes Israel durch Jehoschua befestigt waren. Es handelte sich um Jerusalem, Hebron, Lod, Tiberias und Jaffo. Heutzutage wird *Purim* jedoch nur in Jerusalem am 15. *Adar* gefeiert.

Purim im Schaltjahr

Wenn das Jahr 13 Monate enthält, d.h. zwei Monate *Adar*, wird *Purim* im zweiten Monat *Adar* gefeiert. Somit bleibt der Begriff der Erlösung an *Purim* dem Begriff der Erlösung an *Pessach* ganz nahe. Trotzdem wird der 14. Tag des ersten Monats *Adar* als »kleines *Purim*« bezeichnet, und an diesem Tag gibt es auch das Verbot, zu fasten und Trauerreden zu halten.

Pessach

Die Kinder Israels wurden von Ägypten erlöst
durch den Verdienst von vier Dingen, die sie einhielten:
Sie haben ihre Namen und ihre Sprache nicht verändert,
sie haben keine Denunzierung vorgenommen
und haben nicht auf die Beschneidung verzichtet.
(Midrasch Schocher Tow 114)

Die verschiedenen Namen des Festes

Der Begriff des *Pessach*, das auch als »*Mazzotfest*« bezeichnet wird, stammt von der hebräischen Wurzel *passoach* (»Passah feiern«) ab. Es wird in seiner Essenz am geeignesten durch das englische Wort »passover« (»vorübergehen«) ausgedrückt, da mit dem Fest an den Auszug aus Ägypten erinnert wird, in dessen Vorspiel Gott in seinem Zorn alle Erstgeborenen tötete, während er an den mit Blut gekennzeichneten Häusern der Israeliten vorüberging.

Im Abschnitt in der *Tora* über den Auszug aus Ägypten wird gesagt, daß das Ereignis während des Frühlingsmonats stattfand (Exodus 13, 4). Deshalb trägt das Fest auch den Namen »Frühlingsfest«, auf hebräisch *Chag Haawiw*. Damit *Pessach* immer in die Zeit des Frühlings fällt, wurde ein dreizehnter Monat zu den 12 Mondmonaten hinzugefügt, siebenmal in neunzehn Jahren.

Genau wie der Frühling die Erneuerung des Pflanzenlebens bedeutet, stellt die Erinnerung im Frühling an den Auszug aus Ägypten die Möglichkeit dar, sich geistig zu erneuern.

Pessach wird auch »*Sman cherutenu*« genannt, was »Zeit unserer Befreiung« bedeutet.

Pessach wird vom 15. *Nissan* an gefeiert, in Israel über einen Zeitraum von sieben Tagen (ein Feiertag, fünf Halbfeiertage, ein Feiertag), während das Fest in der Diaspora acht Tage dauert (zwei Feiertage, vier Halbfeiertage, zwei Feiertage).

Schabbat Hagadol – der große Schabbat

Der *Schabbat*, der *Pessach* vorausgeht, wird »der große *Schabbat*« genannt wegen des »großen Wunders«, das sich vor dem Auszug aus Ägypten ereignete. Es fand am *Schabbat* des 10. *Nissan* statt, währenddessen die Kinder Israels, dem göttlichen Befehl gehorchend, ein Lamm für das *Pessach*opfer nahmen, ohne auf Seiten der Ägypter, die dieses Tier als Gott verehrten, Reaktionen auszulösen. Ein anderer Grund, warum dieser *Schabbat* »der große *Schabbat*« genannt wird, ist der, daß die *Haftara* aus dem Buch Malachi das Wort »groß« enthält, wie es geschrieben ist: »Siehe, Ich sende euch den Propheten Elijahu, bevor der Tag von *Haschem* kommt, der große und der furchterregende.« (Maleachi 3,23)

In der ganzen Welt ist es üblich, daß der Rabbiner jeder Gemeinde mit deren Mitgliedern die verschiedenen Gebote, die *Pessach* betreffen, von neuem wiederholt.

Reb Schneur Salman von Liadi, der erste Lubawitscher Rebbe, erklärte, daß die Leute an diesem *Schabbat* viel länger in der Synagoge bleiben, um die verschiedenen Gebote von *Pessach* sowie die Wunder, die in Ägypten geschahen, zu hören. Diese lange Zeit, die sie in der Synagoge bleiben, vermittelt ihnen den Eindruck, daß der Tag länger ist. Auf hebräisch kann man für das Wort »lang« auch »groß« sagen. Deshalb ist dieser *Schabbat* auch als »*Schabbat Hagadol*« bekannt, als der »große *Schabbat*« bzw. der »lange *Schabbat*«.

Es gibt eine weitere Tradition, die besagt, einen Teil der *Haggada* am *Schabbat Hagadol*-Nachmittag zu lesen.

Als Reb Naftali von Ropschitz seine Ansprache zu Schabbat Hagadol hielt, fragte ihn seine Frau, wie es war. Er antwortete ihr humorvoll: »Ich habe die Hälfte meiner Hoffnungen erreicht, denn ich habe die Armen der Stadt davon überzeugt, Almosen des Pessach-Wohltätigkeits-Fonds anzunehmen. Alles, was mir jetzt zu tun bleibt ist, die Reichen davon zu überzeugen, großzügig in ihrer Wohltätigkeit zu sein.«

Kurz vor dem Fest

Schon die Vorbereitungen der Festtage sind ab *Purim* von festen Traditionen geprägt.

Einige Wochen vor *Pessach* beginnt man, die *Mazzot*[1] bis zum Vorabend des Festes zu backen. Folgende *chassidische* Geschichten illustrieren die Stimmung während der Herstellung der *Mazzot*.

1. Ungesäuertes Brot, auf Deutsch: Mazzen.

Die Geschichte ereignete sich vor Pessach im Hof des Belzer Rebbe zu dem Zeitpunkt, als die Chassidim gerade Wasser schöpften, um den Teig für die Mazzot-Schmurot vorzubereiten und sich dabei gegenseitig »Nächstes Jahr in Jerusalem!« wünschten. Der Rebbe hörte die zahlreichen Wünsche und sprach zu seinen Chassidim: »Wieso sagt ihr ›nächstes Jahr‹? Vielleicht werden wir dieses Wasser, das wir jetzt schöpfen, schon morgen am Vorabend des Festes in Jerusalem benutzen, um die Mazzot zu backen. Und wer weiß, vielleicht kommt der Messias schon mit der Erlösung, wenn wir von diesen Mazzot essen werden.« So groß war sein Glaube an die nahe Ankunft des Messias.

Am Nachmittag vor Pessach, als die Chassidim des Wizhnitzer Rebbe dabei waren, die Mazzot für den Seder zu backen, bemerkte der Wizhnitzer Rebbe einen Aufseher, wie dieser gerade einen Chassid anschrie, weil der nicht schnell genug beim Vorbereiten des Mazzot-Teiges war. Der Rebbe sagte ihm, man solle nie jemanden anschreien.
Der Aufseher antwortete zur Verteidigung: »Aber Rebbe, auch die kleinste Spur an Chamez[2] ist verboten.« Der Wizhnitzer erwiderte: »Ich weiß, ich weiß, aber die kleinste Spur an Wut ist ein größere Sünde als die kleinste Spur an Chamez.«

Als Reb Israel Salanter etwas älter wurde, konnte er das Mazzotbacken nicht mehr persönlich überprüfen. Einige Schüler, die diese Aufgabe übernommen hatten, fragten ihn, ob es etwas gäbe, worauf man besonders achten sollte.
Reb Salanter antwortete: »Ja, in der Tat, es gibt eine Frau, die verwitwet ist und den Teig knetet. Seid sehr vorsichtig, daß ihr sie nicht verletzt!«

Durch das gesamte Mittelalter hindurch bis zur Mitte des 19. Jahrhunderts wurden die Juden ungerechtfertigt beschuldigt, christliche Kinder zu ermorden und deren Blut zum Backen der *Mazzot* zu benutzen. Die Kirche und die lokalen Behörden hatten schließlich im nachhinein immer zugegeben, daß es sich um falsche Beschuldigungen handelte, die von Antisemiten angestiftet wurden. Heutzutage glaubt niemand mehr an diese »rituellen Morde«.

Reb Levi Jizchak von Berditschew entdeckte, daß die örtlichen Mazzot-Bäcker die Frauen, die den Teig kneteten, dazu zwangen, von früh am Morgen bis spät in die Nacht zu arbeiten. Er begab sich also zur Synagoge, wohin er die Honoratioren der Stadt bestellte, und wandte sich an sie: »Brüder, die Gojim beschuldigen uns fälschlicherweise, Blut von Nicht-Juden für unsere Mazzot zu benutzen. Ich schwöre euch, daß das nicht wahr ist. Im Gegenteil, wir backen unsere Mazzot mit dem Blut jüdischer Frauen, die gezwungen sind, unendlich lange Stunden zu arbeiten.«

2. Alles, was Gesäuertes ist.

In Erinnerung an die ungesäuerten Brote (*Mazzot*), die durch den schnellen Aufbruch des Volkes Israel erst auf der Wanderung von der Sonne gebacken wurden, ißt man während *Pessach* keine Speise, die sich bei der Verarbeitung durch Wasseraufnahme oder Gärung vergrößert, wie z.B. Reis, grüne Erbsen, Bohnen, Nudeln, Kuchen, Gebäck und auch Bier. Diese Lebensmittel heißen *Chamez* (Gesäuertes).

Einen Tag vor dem Beginn des Festes wird das ganze Haus von diesem *Chamez* gereinigt. Als erstes werden alle größeren *Chamez*vorräte an einen Nicht-Juden verkauft oder in den Keller eingeschlossen. Von den kleineren Resten nimmt man zehn Brotstücke, die im Haus versteckt werden. Anschließend suchen alle Familienmitglieder die Brocken und tragen auch die anderen gefundenen *Chamez*krümel zusammen. Als Zeichen, daß das ganze Haus nun von *Chamez* gereinigt worden ist, werden die Reste verbrannt. Auch das alltäglich genutzte Geschirr und Besteck wird für die *Pessach*tage im Keller verstaut und durch ein eigens für dieses Fest bestimmtes ausgewechselt. Es gibt jedoch gewisse Methoden, um einen Teil des Geschirrs zu koscherisieren, wie z.B. Metallbesteck oder Gläser.

Das Durchsuchen nach Chamez

Dieses beginnt nach Einbruch der Nacht am 14. *Nissan*[3]. Die Suche erfolgt traditionsgemäß innerhalb der Familie mit Hilfe einer angezündeten Kerze und einer Feder, um die Krümel aufzulesen. Dieses Durchsuchen wird gefolgt vom Aufsagen eines Textes, der das ganze *Chamez*, das noch besteht und das nicht gefunden wurde, zunichte macht. Am nächsten Tag, zu dem Zeitpunkt, an dem das *Chamez* verbrannt wird, spricht man nochmals einen Text, um das zurückgebliebene, nicht auffindbare *Chamez* als nichtig zu erklären.

Einige chassidische Geschichten

Der Wizhnitzer Rebbe, Reb Israel, war sehr sorgfältig beim Durchsuchen nach Chamez. Er suchte Chamez im Scheine einer Kerze gemäß der Tradition, und jedes Mal, wenn er einen Krümel Chamez fand, klopfte er sich auf die Brust, wobei er rief: »Oj, oj,oj!« All diejenigen, die ihn hörten, wurden in Angst und Schrecken versetzt und zitterten. Als er die Suche nach Chamez beendet hatte, wandte er sich an einen seiner treuen Chassidim, knöpfte sein Hemd auf, zeigte ihm seine Brust und sagte ihm: »Jetzt suche das Chamez in meinem Herzen!« Der Chassid erwiderte: »Rebbe, unsere Gebote sagen uns, daß es nicht notwendig ist, einen Ort zu durchsuchen, in den das Chamez nicht eingedrungen ist.«

3. Nicht zu vergessen ist, daß der Kalendertag dann beginnt, wenn die Nacht einbricht, das heißt, wenn die ersten Sterne am Himmel zu sehen sind.

Es wird erzählt, daß Reb Jehoschua Leib Diskin von Jerusalem am Vorabend von Pessach seiner Frau witzelnd sagte: »Das ganze Chamez, das ich hatte, habe ich an einen Goj verkauft, außer diesem.« Und er zeigte dabei auf seine Frau. Jene erwiderte ihm schlagfertig: »Du irrst dich, mein Lieber, dieses Chamez hat mein Vater schon vor langer Zeit an einen Goj verkauft.«

Das Fasten des Erstgeborenen

Der Vortag von *Pessach* ist ein Fastentag für alle männlichen Erstgeborenen zur Erinnerung an das Wunder des Überlebens der jüdischen Erstgeborenen, wohingegen die ägyptischen Erstgeborenen von Gott in der dem Auszug aus Ägypten vorangehenden Nacht getötet wurden. Es ist üblich, daß die Erstgeborenen sich am Lernen eines *Talmud*- oder *Mischna*-Traktates beteiligen. Dies ist die Gelegenheit, eine kleine Mahlzeit stattfinden zu lassen, während der die Erstgeborenen ihr Fasten unterbrechen dürfen. Bei einer Beschneidung und bei der Mahlzeit, die darauf folgt, dabeizusein, bedeutet ebenfalls, das Fasten unterbrechen zu dürfen.

Am Nachmittag, der dem Fest vorangeht, ist es verboten zu arbeiten, aber er wird allen Vorbereitungen desselben gewidmet. Diese Tradition geht auf die Zeit des Tempels zurück, da zu diesem Zeitpunkt das *Pessach*opfer stattfand.

In zahlreichen Gemeinden gehen der Rabbiner und der Vorstand in die Gefängnisse der Stadt, um die Befreiung der eingesperrten Juden mit den Behörden auszuhandeln. Für den Fall, daß dies nicht möglich ist, haben die Vorstandsmitglieder die Verpflichtung, die verschiedenen »*Koscher*-für-*Pessach*«-Lebensmittel zum Fest für die Inhaftierten zu besorgen.

Die Vorbereitungen

Am *Seder*abend (*Seder* – »Ordnung«), dem Vorabend von *Pessach*, wird die Zeremonie aus der *Pessach-Haggada* (»Erzählung«) gelesen. Der *Seder*tisch ist feierlich mit in einer bestimmten Ordnung gedeckt: In der Mitte steht eine große Schüssel, um die sechs kleine Schalen gruppiert sind. Alle sind mit bestimmten Speisen gefüllt, die an den Exodus des Volkes Israel aus Ägypten erinnern:

- *Sroa:* ein Stück gegrillter Knochen mit etwas Fleisch, der an Gottes »starke Hand und Seinen ausgestreckten Arm« erinnert.
- *Beza:* ein gekochtes und gegrilltes Ei aus Trauer über alle Toten während der ägyptischen Sklaverei und über den zerstörten Tempel. Es erinnert an das besondere Opfer dieses Festes und wurde vor dem Opfer des *Pessach*lammes gegrillt verzehrt.

- *Maror:* bittere Kräuter, in Erinnerung an die bittere Zeit in Ägypten
- *Karpas*[4]*:* einfaches Gemüse (Blattsalat, Chicorée, Kartoffeln etc.), das an die kargen Mahlzeiten in der Sklaverei erinnert.
- *Charosset:* ein Fruchtmus aus Äpfeln, geriebenen Nüssen und Rotwein, das auf den Lehm, aus dem sie die Ziegeln für den Pyramidenbau fertigen mußten, hinweist.
- *Chaseret:* Bittere Kräuter wie der *Maror*, Meerrettich, Radieschen, (...)
- *Mazzot:* In der großen Schüssel liegen drei ungesäuerte Brote übereinander, die für die drei Sozialgruppen Israels, die *Kohaniten* (Priester), die *Leviten* (Sänger im Tempel) und das übrige Volk, stehen.
- Ein mit Salzwasser gefüllter tiefer Teller erinnert an die vielen Tränen, die während der Sklaverei vergossen worden sind.

Das *Pessach*lamm wird seit der letzten Tempelzerstörung 68 n. Chr. nicht mehr zum Fest geschlachtet, weil nur im Tempel Gott geopfert werden durfte.

Der *Seder*leiter legt ein Kissen auf seinen Stuhl, ehe der *Seder* beginnt, damit er ein Gefühl von großem Komfort hat, das Gefühl nach der Sklaverei. Es ist auch üblich, daß der *Seder*leiter einen weißen *Kittel* trägt. Er erinnert an die Kleidung des Oberpriesters, der den Tempeldienst verrichtete.

Während *Jom Kippur* inspiriert der *Kittel* uns zur Buße, und während der *Seder*nacht sollte er uns daran erinnern, daß die königliche Atmosphäre an diesem Abend nicht zu Überheblichkeit führen darf.

Die *Haggada* schreibt eine feste Ordnung des *Seder* vor. In ihrem Verlauf trinkt jeder Teilnehmende insgesamt vier Becher Rotwein. Dieser erinnert durch seine Farbe an das Blut der Beschneidung, die die Juden vor dem Auszug aus Ägypten praktizierten, genau wie an das Blut des Tiere, die für das *Pessach*opfer geschlachtet wurden.

Ein Jude ging einmal einige Tage vor Pessach zu Reb Jossef Dow Soloweitschik in Slutzk, um ihn zu fragen, ob man anstelle der vier Becher Wein auch vier Gläser Milch trinken dürfe. Reb Jossef Dow antwortete ihm: »Ja, so wie ich es weiß, darf man den Wein durch Milch ersetzen. Aber welche Krankheit haben sie denn, daß sie keinen Wein trinken möchten?« Da wehrte der Mann ab und versicherte: »Nein, ich bin nicht krank, aber in diesem Jahr ist der Wein so teuer, daß ich dachte, daß vielleicht (...)« Reb Jossef Dow schaute ihn an, wollte ihn beruhigen und sprach, daß gemäß der Halacha er das Gebot erfüllt hätte, auch wenn er statt Wein Milch

4. Auf hebräisch gibt es ein Buchstabenspiel über das Wort *Karpas.* Mit dem Buchstabenwert 60 wird auf die 60 Miriaden (600.000) Arbeiter verwiesen, die in der Sklaverei *»be Farech«* (auf hebräisch rückwärts gelesenes *Karpas*) gearbeitet haben, d.h., daß sie »sehr schwere« Arbeit geleistet haben.

tränke. Daraufhin wünschte er ihm ein frohes Pessach und gab ihm 25 Rubel. Das wollte der Mann ablehnen, doch Reb Jossef Dow forderte ihn auf: »Nimm es nur. Ich leih es dir, und wenn du kannst, dann gib es mir irgendwann zurück.« Als der Besucher mit dem Geld gegangen war, fragte Frau Soloweitschik ihren Mann, warum er ihm soviel Geld gegeben habe, da für den benötigten Wein drei oder vier Rubel genügt hätten. Der Weise antwortete ihr: »Von seiner Frage habe ich verstanden, daß er auch kein Geld für Fleisch hat, wie könnte er sonst Milch trinken.«[5]

Bewachte Mazza (Mazza Schmura)

Wir lernen in der *Tora* (Exodus 14,17): »Ihr werdet die *Mazzot* bewachen.« Der *Talmud*, Traktat Pessachim 38b, vermittelt, daß es nicht genügt, *Mazza* ohne *Chamez* am *Seder*abend zu essen. Es ist vielmehr notwendig, die ganze Produktion der *Mazzot* zu überwachen, so daß sie nicht zu *Chamez* werden. Diese *Mazzot*, die während der gesamten Produktion bewacht wurden, heißen *Mazzot Schmurot* (oder *Mazza Schmura*).

Manche Rabbiner erwarten, daß die Bewachung von der Ernte des Weizens an ausgeübt wird. Sie empfehlen, diese Art von *Mazza* am *Seder*abend zu essen. Dennoch ist es nicht selten, daß ausschließlich *Mazza Schmura* während der acht Feiertage verzehren wird.

Der Apter Rebbe, Reb Avraham Jehoschua Heschel, hatte die Gewohnheit, nicht nur am Sederabend, sondern auch in den acht Pessachtagen Mazzot Schmurot zu essen. Wenn in den letzten Tagen vor Pessach Bettler kamen, gab man ihnen bei dem Apter Rebbe anstelle von Geld Mazzen und Wein.

Am Tag vor Pessach irrte sich eine Bedienstete und gab einem Armen statt einfachen Mazzen die gesamten für den Rebbe vorbereitete Mazzot Schmurot. Als die Rebbezin[6] später den Irrtum bemerkte, wußte sie nicht, was sie tun und wie sie es dem Rebbe beibringen sollte. Sie legte einfach normale Mazzen in die Mazzenschüssel für den Seder, ohne ihrem Mann etwas davon zu sagen. An dem Abend erzählte der Rebbe die Haggada und feierte Pessach über einfache Mazzot.

Nach Pessach kam ein Chassid mit seiner Frau zum Rebbe, weil er sich von ihr scheiden lassen wollte. Der Rebbe fragte ihn: »Warum möchtest du dich scheiden lassen?« Der Ehemann antwortete, daß seine Frau in den acht Pessachtagen für ihn Speisen in Töpfen zubereitet hatte, in denen sie zuvor Mazzenklösl gekocht

5. Koscheres Essen bedeutet u. a., daß Milch und Fleisch nicht zusammen verzehrt werden dürfen.
6. Jiddisch: »Frau des Rabbi«; hebräisch: »*Rabbanit*«.

hatte.[7] In Anwesenheit des Chassid rief der Rebbe seine Frau herbei und fragte sie: »Sag mir bitte, was für Mazzen du mir am Sederabend auf die Mazzenschüssel gelegt hast.« Die Rebbezin war so erschrocken, daß sie nicht wußte, was sie antworten sollte, und wurde ganz blaß. Der Rebbe wiederholte ganz freundlich seine Frage und sprach: »Hab keine Angst und sag mir ehrlich, was für Mazzen am Seder auf meiner Mazzenschüssel lagen.« Die Rebbezin erklärte daraufhin das Geschehen und erzählte die ganze Wahrheit.

Nach dem Bericht sprach der Rebbe zu dem Chassid: »Siehst du, am Sederabend habe ich statt Mazzot Schmurot einfache Mazzen gegessen, und ich tat so, als hätte ich es nicht bemerkt, um meiner Frau keinen Verdruß zu bereiten und einen Streit mit ihr zu umgehen. Und du willst dich wegen ein bißchen Mazzenklößen scheiden lassen?«

Diese friedvollen Worte taten ihre Wirkung, so daß der Chassid mit seiner Frau nach Hause zurückkehrte.

Eine ähnliche Geschichte passierte vor etwas mehr als zwei Jahrhunderten mit Reb Schmuel Elieser Eidels, bekannt auch als der Maharscha[8].

Als der Maharscha feststellte, daß seine Frau seine eigene Mazzot Schmurot an die Armen verteilt hatte und daß er den Seder mit einfachen Mazzot feiern mußte, verließ er würdevoll das Zimmer, schloß sich in einem anderen Raum ein und sagte sich mehrmals, immer wieder: »Ein Fünkchen Chamez ist von den Rabbinen verboten, aber ein Fünkchen Wut ist von der Tora verboten!«

Ablauf des Seder

1. *Kaddesch* (*Kiddusch*: Heiligung des Festes über den Wein):
   Der *Seder*leiter spricht den Segen über den ersten Becher Wein. Jeder trinkt mindestens einen halben Becher.
2. *Urchaz* (Wasche dich):
   Nur der *Seder*leiter wäscht sich die Hände, ohne einen Segensspruch zu sagen. Es handelt sich um einen ungewöhnlichen Ritus, durch den man die Aufmerksamkeit der Kinder auf sich ziehen möchte, damit diese sich für den *Seder* interessieren, damit sie Fragen stellen, auf die der *Seder*leiter antwortet – auch, um sie wachzuhalten.

7. Die *Chassidim* essen in den acht Pessachtagen keine mit Wasser vollgesogenen Mazzen, weil die *Klösl* wie *Chamez* dabei aufgehen, obwohl dies in der Religion eigentlich erlaubt ist.
8. Der Maharscha lebte von 1555 bis 1631 in Polen und ist bekannt für seine Kommentare zum *Talmud*.

3. *Karpas* (Sellerie):
   Man nimmt von dem einfachen Gemüse, Sellerie oder Salat, taucht es in etwas Salzwasser und ißt es.
4. *Jachaz* (»halbieren«):
   Der *Seder*leiter nimmt die mittlere *Mazza*, halbiert sie und legt die kleinere Hälfte zurück an ihre Stelle. Die größere Hälfte wird in ein Tuch gewickelt. Es ist üblich, daß die Kinder sie verstecken und sie am Ende der Mahlzeit zurückgeben und gegen ein Geschenkversprechen eintauschen. Diese größere Hälfte wird später als *Afikoman*[9] verzehrt.
   Die *Mazza* wird in der *Tora* »Notbrot« gennant. Wir erinnern uns an die Not unserer Vorfahren, und wir essen wie die Armen ein zerbrochenes Brot, wie jener, der nicht die finanziellen Mittel hat, ein ganzes Brot zu kaufen.
5. *Maggid* (»Erzählung der *Haggada*«):
   Der *Seder*leiter hebt die Schüssel mit den drei *Mazzot* hoch und sagt: »Dieses ist das armselige Brot, das unsere Vorfahren im Land Ägypten gegessen haben. Wer hungrig ist, der komme und esse mit uns. Wer bedürftig ist, komme und feiere das *Pessach*fest mit uns. Dieses Jahr hier, nächstes Jahr im Land Israel. Dieses Jahr Knechte, nächstes Jahr freie Leute.«
   Daraufhin soll aus pädagogischen Gründen der Jüngste der Anwesenden vier Fragen stellen, weil er auf diese Weise neugierig den *Seder*abend verfolgt und auf die Antworten wartet. Er fragt, warum sich diese Nacht von den übrigen unterscheidet, indem nur ungesäuertes Brot und Bitterkräuter gegessen werden, zweimal Speisen in Salzwasser und in *Charosset* eingetaucht werden und alle Anwesenden nur angelehnt sitzen.
   Beim Vorlesen der *Haggada* berichtet man von dem Auszug aus Ägypten und beantwortet damit die Fragen des Kindes. So erzählt der *Seder*leiter, daß das Salzwasser an die Tränen in der Sklaverei erinnert, wie auch an Lots Frau, die sich gegen Gottes Willen bei ihrer Rettung aus Sodom und Gomorra zu den zerstörten Städten umdrehte und dabei zur Strafe zur Salzsäule erstarrte. Die Tradition lehrt, daß sie in der Weise gestorben ist, in der sie auch gesündigt hat. Sie habe nämlich nicht gastfreundlich ihren Besuchern Brot und Salz gereicht. Da ihr Todestag auf den 15. *Nissan* fällt, wird an *Pessach* die Erinnerung an sie wachgehalten.

Die Haupt*mizwa* des *Seder* besteht darin, den Auszug aus Ägypten und die dazugehörigen Wunder mit einem Maximum an Details zu erzählen. Dies erlaubt, den Glauben an und die Furcht vor Gott in uns hineinzuträufeln. Die Verpflichtung, die Geschichte vom Auszug aus Ägypten zu erzählen, wird auch in der *Haggada* erwähnt: »Auch wenn wir alle weise, verständig, alle erfahren

9. Dessert (nähere Erläuterung S. 182).

und alle *Tora*-gelehrt wären, so ist es dennoch unsere Pflicht, vom Auszug aus Ägypten zu erzählen, und jeder, der ausführlich vom Auszug aus Ägypten erzählt, ist zu loben.«

Fast jeder Jude, auch wenn er nicht fromm ist, weiß, was *Pessach* und der *Seder* bedeuten und kennt auch die erste Frage, die der jüngste Anwesende stellt: »Inwiefern ist diese Nacht anders als all die anderen Nächte?« Es ist nicht selten, nicht-fromme Menschen am *Seder*abend wie verwandelt zu sehen. Sie organisieren einen *Seder*, essen *Mazzot*, *Maror* und *Charosset* und erzählen den Auszug aus Ägypten.

Als ich meine Laufbahn als Rabbiner sofort nach Pessach in Osnabrück begann, hatte ich die Gelegenheit zu erfahren, daß kein Mitglied der Gemeinde koscher aß. Und dies trotz meiner zahlreichen Angebote, koscheres Fleisch zu besorgen und es zu einem adäquaten Preis des Marktes anzubieten.
Wie groß war meine Überraschung, als mehrere Personen zu mir kamen, von denen die einen ein bißchen Fleisch, andere ein oder zwei Hühner bei mir bestellten. Besonders gerührt war ich von einer nicht-jüdischen Frau, deren Vater ein russischer Jude war, die mir sagte: »In Rußland hatte Papa keine Gelegenheit, Pessach zu feiern. Neben dem Umstand des Antisemitismus kam er aus einer ganz und gar assimilierten Familie. Sich mit einer nicht-jüdischen Frau zu verheiraten, hat ihm keine Probleme bereitet. Trotz allem war er sich seines Jüdischseins bewußt und stolz darauf. Heute, da wir in Deutschland leben, möchte ich ihm einen Seder als Geschenk geben. Können Sie mir Mazzot, Wein, Fleisch und eine Haggada verkaufen?«
Ich war sehr von der Geschichte und dem Verhalten dieser Frau beeindruckt. Zahlreiche Gedanken gingen mir durch den Kopf, aber eine Frage war vorherrschend: »Inwiefern ist diese Nacht anders als all die anderen Nächte?«[10]

Es gibt Zeugenaussagen über Juden, die bis zur Perestroika *Pessach* und den *Seder* heimlich organisierten. Sogar in den dunkelsten Zeiten der *Schoa* bemühten sich Menschen, einen *Seder* unter Einsatz ihres Lebens zu organisieren. Folgende Geschichte ist eine Veranschaulichung dazu:

Ein paar Wochen vor Pessach versammelten sich etwa 70 Juden der ausländischen Nationalitätenabteilung in Bergen-Belsen, um für das Mazzenbacken für das bevorstehende Pessachfest nach Mehl zu fragen. Sie wählten Reb Israel Spira, den Bluzhower Rebbe, aus, um ihre Bitte beim KZ-Kommandanten vorzutragen. Jeder der 70 Juden unterschrieb die Petition. Adolph Haas, der KZ-Kommandant, lachte Reb Spira zunächst aus und sagte dann aber: »Ich werde diese Bitte nach Berlin senden, und wir werden der Antwort gemäß handeln.«

10. Vom Autor erlebte Geschichte.

Die Tage gingen vorüber, doch aus Berlin kam keine Antwort. Mit jedem Tag, der verstrich, wurden die Menschen der Gruppe mutloser. Sie dachten, daß sie vielleicht einen Fehler gemacht hatten und damit schon ihre eigene Selektion vollzogen hatten. Sie stellten sich vor, daß sie selber das Passachopfer werden würden. Wenige Tage vor Pessach, die Antwort aus Berlin war noch nicht da, kamen plötzlich zwei riesige SS-Leute mit zwei großen Wachhunden in die Abteilung für ausländische Nationalitäten und befohlen Reb Spira, mit zum KZ-Kommandanten zu kommen. Jeder wußte, was es für denjenigen bedeutet, den Befehl, zum KZ-Kommandanten zu gehen, zu bekommen: den Tod. Reb Spira verabschiedete sich von seinen Freunden und sprach auf seinem Gang zu dem Kommandanten leise den Widuj[11]. Voller Angst stand der Rebbe vor dem Lagerführer und hörte, was dieser zu sagen hatte: »Wie immer ist Berlin großzügig mit den Juden. Sie dürfen ihr religiöses Brot backen.« Der Rebbe war sehr erstaunt. In wenigen Minuten schon hatte der KZ-Kommandant einige andere Häftlinge zusammengerufen und ihnen befohlen, einen Ofen zu bauen, damit Reb Spira seine Mazzen backen könne. Dieser bedankte sich bei dem Kommandanten, lief zu seiner Baracke zurück und konnte gar nicht glauben, daß er wirklich die Genehmigung zum Mazzenbacken bekommen hatte. So schnell wie möglich wurde der Ofen gebaut und die Mazzen darin gebacken, weil man befürchtete, der Kommandant könnte seine Meinung wieder ändern. Bei den gebackenen Mazzen erinnerte nur noch der Namen an die Mazzen vor dem Krieg. Trotzdem waren die Menschen über sie begeistert, weil sie damit den Kindern zeigen konnten, wie man sogar im Tal des Todes jüdische Feste feiern kann. In einer Baracke wurde ein Seder organisiert und von irgendwoher ein Tisch und Bänke herbeigeschafft. Dann wurden drei der wertvollen und ungebrochenen Mazzen auf den Tisch gelegt. Natürlich gab es weder Sroa[12], noch Ei, Charosset[13], (...), nur eine gekochte Kartoffel, die ihnen von einem netten Deutschen gegeben worden war, der in den Duschen arbeitete. Auch Maror, bittere Kräuter, fehlten nicht. Bitterkeit existierte zur Genüge; das Leiden der Juden spiegelte sich in ihren Augen wider. Reb Spira saß am Kopf des Tisches, und um ihn herum versammelten sich kleine Kinder und Erwachsene. Auswendig erzählte er die Haggada und sprach, während er die Mazzen zeigte: »Dieses ist das armselige Brot, das unsere Vorfahren im Land Ägypten gegessen haben (...) Dieses Jahr Knechte, nächstes Jahr freie Leute.« Das jüngste Kind stellte die vier Fragen, auf die Reb Spira wie üblich die Bedeutung von Pessach erklärte. In dieser Sedernacht in Bergen-Belsen hatten aber die alten traditionellen Fragen eine ganz aktuelle Bedeutung. Obwohl es weder Wein noch Essen gab, erklärte Reb Israel Spira während des ganzen Seders

11. Hebräisches Sündenbekenntnis an *Jom Kippur* oder vor dem Tod.
12. Ein Stück gegrillter Knochen mit etwas Fleisch, der an Gottes starke Hand und Seinen ausgestreckten Arm erinnert.
13. Fruchtmus aus Äpfeln, geriebenen Nüssen und Rotwein.

die Haggada und versuchte, seine Freunde zu trösten und zu ermutigen. Gegen Ende sagte er, daß diejenigen, die im Schatten des Todes gehen, auch das Licht der Erlösung erblicken werden. Zum Abschluß des Seders küßte Reb Spira jedes Kind auf die Stirn und versicherte ihnen, daß auf die dunkelste Nacht der Menschheit der hellste Tag folgen wird.[14]

Zur Zeit der Inquisition, als die Juden entweder die katholische Religion annehmen oder das Land verlassen mußten, gab es zahlreiche Marranos, Juden, die sich in der Öffentlichkeit als Christen benahmen, aber im geheimen treue Juden blieben. Die folgende Geschichte wurde seit dem 17. Jahrhundert mündlich überliefert und illustriert den Willen der Marranos, trotz aller Schwierigkeiten *Pessach* gemäß allen Regeln zu feiern:

In der Mitte des 17. Jahrhunderts lebte in Spanien ein berühmter, jüdischer Arzt, Doktor Awraham Gordon. Als es für ihn zu schwierig wurde, seine geheime Identität zu bewahren, entschloß er sich, das Land zu verlassen. Wegen der Probleme, die man ihm machte, wurde ihm klar, daß er Spanien nicht rechtzeitig verlassen konnte und er Pessach in Spanien feiern mußte.
So ging er zum Markt, um Gemüse für das Maror zu kaufen. Auf dem Weg sah Doktor Gordon einen Offizier, der gerade grüne bittere Kräuter kaufte und der sofort davonrannte. Doktor Gordon verstand, was geschah, er verfolgte den Offizier bis zu seinem Haus und klopfte an seine Tür. Als der Offizier öffnete, fragte Doktor Gordon ihn, ob er Pessach mit ihm und seiner Familie feiern könne. Der Offizier war sehr erstaunt und fragte ihn, wie er sein Geheimnis entdeckt habe. Doktor Gordon antwortete, daß er ihn bittere Kräuter auf dem Markt hat kaufen sehen und daß nur ein versteckter Jude Maror kaufen und sogleich wegrennen würde.
So feierte Doktor Gordon Pessach mit dem Offizier, und sie konnten beide Spanien verlassen.

Die Verpflichtung, die *Haggada* zu lesen und *Mazzot* zu essen, obliegt jedem, auch den Frauen. Der *Talmud*, Traktat Sotah 11b, erläutert, daß unsere Vorfahren aus Ägypten durch den Verdienst der gerechten Frauen erlöst wurden. Deshalb müssen Frauen wie Männer den *Seder* mit allen Einzelheiten feiern.

Der Rama, Reb Mosche Isserles, schrieb, daß die *Haggada* in einer Sprache, die alle Anwesenden verstehen, gelesen und erklärt werden muß. Er sagte weiterhin, daß ein Rabbiner aus London früher schon die *Haggada* in die englische Sprache übersetzt habe.

14. Nach der Erzählung: »Seder Night in Bergen Belsen: Tonight We Have Only Mazzah, in: Yaffa Eliach, Hasidic Tales of the Holocaust, New York: Vintage Books, 1982.

Man erzählt auch, daß der Verfasser des Buches »Chatam Sofer«, Rabbi Mosche Sofer von Pressburg, die Gewohnheit hatte, jeden Abschnitt der *Haggada* zunächst auf hebräisch und danach in der für die Anwesenden gewohnten Sprache zu lesen, damit alle die gesamte *Haggada* verstehen konnten.

Die *Haggada* erzählt uns weiter, wie man den *Seder*abend feiern soll:

»Einmal saßen Rabbi Elieser, Rabbi Jehoschua, Rabbi Elasar Ben Asaria, Rabbi Akiwa und Rabbi Tarfon in Bnei Berak zusammen und unterhielten sich die ganze Nacht hindurch über den Auszug aus Ägypten, bis ihre Schüler zu ihnen kamen und sagten : ›*Rabbotenu*[15], die Zeit ist bereits da, das Morgen-*Schema* zu lesen.‹«

Neben den vier Fragen des jüngsten Anwesenden prägt die Zahl 4 auch weitere Elemente des *Seder*abends:

- Mit den vier Bechern Wein wird an die vier Mütter Israels, Sara, Riwka, Lea und Rachel, erinnert. Die vier Becher Wein sollten nicht ohne eine bestimmte Ordnung getrunken werden. Jeder Becher Wein, der getrunken wird, findet seinen Platz in der *Seder*ordnung und trägt einen bestimmten Segensspruch. Der erste Becher Wein wird beim *Kiddusch* getrunken, der zweite während des Aufsagens der *Haggada*, während der Erzählung des Auszugs aus Ägypten, der dritte nach dem Tischgebet und der vierte am Ende des Lobgesangs (*Hallel*).
- In der *Tora* wird von vier Sprüchen Gottes bei der Rettung des Volkes Israel berichtet (»Ich habe euch herausgenommen aus Ägypten, habe euch gerettet, euch erlöst und zu Mir als Mein Volk genommen.«)
- Parallel zu den Gottessprüchen werden im Verlauf der *Haggada*-Lesung vier Becher Wein getrunken. Der fünfte gefüllte Becher ist für den Propheten Elijahu bestimmt, der die kommende messianische Zeit ankündigen wird. Auf diesen Becher bezieht sich Gottes fünfter Spruch in Ex 6,8: »Ich werde euch in das Land bringen.«
- Es wird in der *Haggada* auch von vier verschiedenen Söhnen gelehrt, von denen jeder auf seine Art zu fragen versteht: der Weise, der Böse, der Einfältige und der, der nicht mehr zu fragen versteht.

  Der Weise fragt nach den verschiedenen Geboten.

  Ihm sollen alle *Pessach*gebote erklärt werden.

  Der Böse distanziert sich von der feiernden Tischgemeinde und fragt, weshalb sie so einen Aufwand machen. Die Zähne soll man ihm ausbrechen und ihm sagen: »Leute wie du wären nicht erlöst worden.«

  Der Einfältige fragt nur danach, was das sei, was sie da feiern.

  Er soll die Antwort erhalten, daß damit Gott für die Rettung gedankt würde.

15. »Unsere Lehrer«, Plural von Rabbiner.

Der Letzte, der nicht mehr zu fragen versteht, fragt deshalb gar nicht mehr. Ihm sollen die verschiedenen Erzählungen von Anfang bis Ende beigebracht werden.
Neben diesen vier Söhnen wird häufig noch ein fünfter genannt, der Nicht-Anwesende. Mit dem fünften Becher Wein wird die Hoffnung auf eine Versöhnung ausgedrückt, die Elijahu zwischen den Eltern und Söhnen bewirken wird, so daß alle Söhne einst um den Tisch versammelt werden.

Die vier Söhne werden auch mit vier Generationen verglichen. Der Weise symbolisiert die Juden am Ende des letzten und Anfang dieses Jahrhunderts, als sie die jüdischen Traditionen pflegten. Mit Beginn der Assimilation setzt die Generation des Bösen ein, der sich fragt, wozu die religiösen Riten eigentlich nützen. Dadurch haben die Kinder nicht mehr den Hintergrund des religiösen Verständnisses und können als die Generation der Einfältigen nur noch fragen, was die Religion eigentlich sei. Ihre Nachfolger haben die Ausübung des Kultes gar nicht mehr erfahren und sind deswegen nicht mehr imstande, danach zu fragen.

Rabbi Chajim Jossef David Azulai, auch bekannt als der »Chida«, traf einmal einen Mann ohne Bart und fragte ihn, warum er sich rasiere[16]. Der Mann antwortete ihm: »Genauso wie ich ohne Bart geboren wurde, lebe ich ohne Bart weiter.«
Der Chida erwiderte: »Jetzt verstehe ich, warum in der Haggada in bezug auf den bösen Sohn steht: ›Die Zähne soll man ihm ausbrechen.‹ Genauso wie er ohne Zähne geboren wurde, muß er ohne Zähne weiterleben.«

Auch werden die Erkundigungen des Jüngsten durch die Erinnerung an die vielen Wunder Gottes bei der Herausführung aus Ägypten beantwortet. Der *Seder*leiter berichtet von den zehn Plagen, die Gott an den Ägyptern vollzog, um die Freilassung des jüdischen Volkes zu erzwingen:

Blut, Frösche, Ungeziefer, wilde Tiere, Pest, Eiterbeulen, Hagel, Heuschrekken, Finsternis und das Sterben der Erstgeborenen.

Bei der Aufzählung jeder Plage tunken die Anwesenden einen Finger in Wein und schnippen ihn von sich in Anlehnung an Psalm 104, in dem der Wein Freude symbolisiert. Die Juden sollen sich aber trotz ihrer eigenen Rettung nicht über den Tod ihrer Feinde freuen. Analog dazu berichtet die *Tora* von dem Lobgesang des Volkes nach ihrem Zug durch das Rote Meer (Ex 14,30-15,19). Den Engeln aber verbot Gott zu jubilieren, da auch die umgekommenen Ägypter seine Geschöpfe sind.

16. Bis heute ist es üblich, daß fromme Männer sich nicht rasieren.

Im selben Sinn wird vom dritten bis letzten Tag von *Pessach* eine verkürzte Form des *Hallel* gelesen, während der der erste Teil der Psalmen 115 und 116 ausgelassen werden.

Reb Simche Bunem von Pschys'cha erklärte, daß jede Plage, die Gott nach Ägypten sandte, ein Heilmittel für das jüdische Volk wurde. Die Blutplage heilte die Juden von Blutkrankheiten, die Eiterbeulenplage heilte sie von Hautkrankheiten usw.

Die Verhärtung des Herzens des Pharaos heilte das jüdische Volk von Unglauben und führte sie dahin, Gott zu vertrauen.

Im Anschluß an die ausführlichen Wundererzählungen wird zur Ehre Gottes der zweite Becher Wein noch vor der Mahlzeit getrunken.

Ablauf des Seder (Fortsetzung)

6. *Rochza* (Das Waschen):
   Alle Teilnehmenden waschen sich die Hände vor der Mahlzeit und sagen den entsprechenden Segensspruch
7. *Mozzi* (Segen über das »Brot«):
   Alle Anwesenden sagen den Segensspruch über das Brot bzw. über die *Mazzot*.
8. *Mazza* (Die Mazzen):
   Jetzt wird ein spezifischer Segensspruch über die *Mazzot* gesagt, bevor sie zum ersten Mal verzehrt werden.

Als Reb Levi Jizchak von Berditschew die Haggada las, wurde er bei den Worten »diese Mazza« von einer solchen Ekstase ergriffen, daß er von seinem Stuhl unter den Tisch fiel und die Sederschüssel, die Mazzot und den Wein umwarf.
Als er zu sich kam, war der Tisch wieder gedeckt, und man gab ihm einen weiteren Kittel, um den befleckten zu ersetzen. Er hörte nicht auf, entzückt zu sagen: »Ah, diese Mazza!«

9. *Maror* (Die Bitterkräuter):
   Es werden Bitterkräuter, Meerrettich oder Radieschen, mit *Charosset* zur Erinnerung an das bittere Leben in der Sklaverei gegessen.

Reb Chajim von Zanz war sehr sorgfältig in bezug auf die Mizwa, bittere Kräuter als Maror zu essen, und er verzehrte jedes Jahr eine große Menge bitteren Meerrettichs.
Als er alt wurde, verbaten ihm seine Ärzte, Meerrettich zu essen. Trotzdem bestand er am Sederabend darauf, scharfen Meerrettich zu haben. Zu dem Zeitpunkt, als

man das Maror verzehren mußte, nahm er eine Handvoll Meerrettich, sah ihn an und sagte den folgenden Segensspruch: »Gelobt seist Du, Haschem, unser Gott, König der Welt, der Du geheiligt hast durch Deine Gebote und uns befohlen hast, sich seine eigene Gesundheit zu bewahren«, und er legte den Meerrettich zurück auf die Sederschüssel.

10. *Korech* (»zusammen«):
Nun werden *Bitterkräuter* und *Charosset* zusammen mit einem Stück *Mazza* verzehrt, um an das Ziegelbrennen in der Sklavenarbeit zu erinnern.
Diese Art Sandwich wird in Erinnerung an Hillel angelehnt gegessen, indem gesagt wird: »Also tat Hillel zur Zeit des Tempels. Er verband *Mazza* mit *Maror* (Bitterkräuter) und aß beides zusammen, um zu erfüllen, was geschrieben steht: ›Mit *Mazza* und *Maror* soll man es essen‹«.
11. *Schulchan Orech* (»Der gedeckte Tisch, die Mahlzeit«):
Mit einem in Salzwasser getunktes Ei als Zeichen der Trauer um den verlorenen Tempel wird die eigentliche Mahlzeit begonnen. Es ist auch interessant zu bemerken, daß der erste Tag von *Pessach* auf den gleichen Wochentag fällt wie der Fastentag des 9. *Aw*. Letzterer erinnert an die Zerstörung des Tempels.
Die Mahlzeit enthält nur Speisen, die den *Pessach*vorschriften der sich nicht vergrößernden Lebensmittel entspricht.
12. *Zafun* (Das »Versteckte«):
Erst jetzt sucht der *Seder*leiter das versteckte *Afikoman*[17], und er erhält es von den Kindern nach dem Versprechen eines größeren Geschenkes zurück.
Die ganze Tischgesellschaft ißt davon in Erinnerung des *Pessach*opfers, das zu Zeiten des Tempels an dieser Stelle des *Seder* verspeist wurde.
Der *Talmud*, Traktat Pessachim 109a, lehrt: Man ergreift die *Mazzot* während der *Pessach*nächte (d.h. während des *Seder*), um zu verhindern, daß die Kinder einschlafen.
Die Gewohnheit, ein Versprechen für ein Geschenk gegen die *Mazza* auszutauschen, hat keinen anderen Grund als den, die Kinder bis zum Schluß des *Seder* wachzuhalten.
Es ist üblich, ein kleines Stück des *Afikomans* als Omen wegzulegen. Dieses soll als Schutz vor schlechten Zeiten im kommenden Jahr dienen. Jedes Jahr wird es dann mit dem *Chamez* zusammen verbrannt.

17. *Afikoman* ist ein Wort griechischen Ursprungs. Es bedeutet: Speise, die als Dessert verzehrt wird.

Das Opfer des Pessachlammes
(nach der Mischna Pessachim Kap. 5, Mischna 5)

Das Opfer des *Pessach*lammes konnte nur im Hof des Tempels stattfinden. Das Schlachten des *Pessach*lammes geschah in drei Gruppen. Die erste Gruppe füllte den Hof, die Tore wurden verschlossen, und man begann, die Tiere zu schlachten.

Währenddessen sangen die *Leviten* das *Hallel* und bliesen drei verschiedene Klänge mit dem *Schofar.* Die *Kohaniten* standen in Reihen und hielten Krüge aus Gold und aus Silber in den Händen. Das Blut der Opfer wurde in diesen Gefäßen gesammelt und dann gegen das Fundament des Altars vergossen. Als das Opfer beendet war, öffnete man die Tore des Hofes. Die erste Gruppe ging hinaus, und die zweite ging hinein, um es der ersten gleichzutun, und so verhielt es sich auch mit der dritten Gruppe.

Das *Pessach*lammfleisch wurde in der Nacht des 15. *Nissan* verzehrt, als man gesättigt war und man anschließend nichts mehr essen sollte. Die Mahlzeit mußte um Mitternacht beendet werden, und die Essensreste mußten verbrannt werden. Jeder mußte von diesem Opfer essen, außer den Nicht-Beschnittenen und den Fremden.

Das Lamm durfte nur gegrillt verzehrt werden. Bevor man davon aß, sagte man den üblichen Segensspruch, und während der Mahlzeit wurde das *Hallel* gesprochen.

13. *Barech* (Der Segen):
    Das Tischgebet wird zum Lob und Segen Gottes sowie zum Dank für das Essen gesprochen.
    Während des letzten Segensspruches des Tischgebetes wird folgendes eingefügt: »Möge der Barmherzige uns den Tag erben lassen, der vollkommen gut ist, den Tag, der für immer dauert, den Tag, an dem die Gerechten mit Kronen auf ihrer Köpfen dasitzen und das Spiegeln von Gottes Majestät genießen werden«. Es handelt sich um eine Anspielung auf die künftige Welt.
    Bevor man das Tischgebet spricht, füllt man den dritten Becher Wein. Er wird sofort nach dem Tischgebet getrunken. Danach wird der vierte Becher gefüllt, genau wie der, der »Becher des Propheten Elijahu« genannt wird. Letzterer wird nicht am *Seder*abend getrunken, sondern am nächsten Tag während des mittäglichen *Kiddusch.* Der Becher des Propheten Elijahu bezieht sich auf den Vers Exodus 6,8: »Ich werde euch in das Land bringen (...)«, und er ist das Thema einer Diskussion zwischen verschiedenen Rabbinen der *Mischna.*
    Rabbi Tarfon ist der Meinung, daß dieser Becher Wein getrunken werden soll, und die anderen Rabbinen denken, daß man ihn nicht trinken soll. Wir

gehen der Meinung der Mehrheit nach. Allein der Prophet Elijahu wird diesen Zweifel erhellen, wenn er kommt, und deshalb wird dieser Becher »der Becher des Propheten Elijahu« genannt.
Es handelt sich um eine Anspielung auf die zukünftige Erlösung, deren Erfüllung uns der Prophet Elijahu verkünden wird. Diese wird die Wiedersammlung des exilierten, jüdischen Volkes in Israel ermöglichen und den Vers »Ich werde euch in das Land bringen (...)« verwirklichen.
Zu Ehren des Propheten Elijahu und auch, um zu zeigen, daß diese Nacht unter den göttlichen Schutz fällt, öffnet man die Wohnungstür und sagt folgenden Abschnitt laut: »Schütte Deinen Grimm über die Völker aus, die Dich nicht kennen, über die Reiche, die Deinen Namen nicht anrufen«.

Am Sederabend trug der Kotzker Rebbe einem seiner Chassidim auf, die Tür für den Propheten Elijahu zu öffnen. Der Chassid war ganz aufgeregt, diesen Auftrag auszuführen. Als er aber zurückging, um sich hinzusetzen, las man in seinem Gesicht die Enttäuschung.
Der Rebbe fragte ihn, warum es ihm nicht gutginge, und der Chassid antwortete ihm, daß er den Propheten Elijahu nicht gesehen habe. Der Kotzker Rebbe sagte ihm: »Du Meschuggener! Weißt du noch nicht, daß der Prophet Elijahu nicht durch die Tür, sondern durch den Geist kommt?«

14. *Hallel* (Der Lobgesang):
Man liest das *Hallel* (Psalmen 113-118 und 136), den Lobgesang zum Dank Gottes. Darüber hinaus wird das schöne Gebet »*NiSchemat*« wie am *Schabbatmorgen* gesprochen. Dieses Gebet drückt unsere Abhängigkeit von Gottes Barmherzigkeit, unsere Unfähigkeit, Ihn angemessen zu loben, und unseren Entschluß, uns Seinem Dienst zu widmen, aus. Danach wird der vierte Becher Wein getrunken.

An jedem Schabbat und jedem Feiertag sang Reb Zwi Elimelech von Dinow das NiSchemat-Gebet mit einer einnehmenden Melodie neben einem Fenster seiner Betstube. Von diesem Fenster aus hatte er einen Blick auf das Tal. Die Melodie, die er sang, war so sanft und einnehmend, daß die nicht-jüdischen Hirten sich mit ihren Herden in das Tal begaben, um das Lied von Reb Zwi Elimelech zu hören.
Am ersten Schabbat, der auf den Tod von Reb Zwi Elimelech folgte, war die Stimmung in der Betstube sehr gedrückt. Je mehr man sich dem NiSchemat-Gebet näherte, desto schlechter wurde die Stimmung.
Plötzlich strömte zum Erstaunen der Anwesenden Reb Zwi Elimelechs Melodie in die Betstube. Die Hirten, die diesen Gesang jahrelang gehört hatten, gingen das NiSchemat-Gebet zum richtigen Zeitpunkt an.

15. *Nirza* (Die Einwilligung):
Am Schluß des *Seder* steht das Gebet um die Annahme des *Seder*, als wäre der *Seder* mit einem auf dem Altar des Tempels dargebrachten *Pessach*opfer begangen worden. In den Ländern der Diaspora ist es üblich, am zweiten Abend von *Pessach* an dieser Stelle des *Seder* das *Omer*[18] zu zählen. Es ist üblich, noch verschiedene *Pijutim* (Gedichte) und Lieder zu singen wie auch Salomos Hohelied zu lesen. Mit dem sehnsüchtigen Wunsch »Nächstes Jahr in Jerusalem« findet der *Seder* seinen Abschluß.
Diese *Seder*ordnung wird sowohl am Abend des 15. wie auch des 16. *Nissan* gefeiert.
Der *Seder* gehört zu den *Mizwot*, die nach der Zerstörung des Tempels weiter gelten. Gewiß ist unser *Seder* nicht zu vergleichen mit dem, der im Tempel stattfand und vom Opfer des *Pessach*lammes begleitet wurde. Dennoch hat unser *Seder* insgesamt die Form von vor 3.000 Jahren behalten. Jedes Jahr hoffen wir darauf und wünschen uns, daß der Tempel wieder aufgebaut werde und wir *Pessach* und den *Seder* im Tempel von Jerusalem mit demselben Prunk wie früher feiern können. Deshalb sagen wir uns an dieser Stelle jedes Jahr: »Nächstes Jahr in Jerusalem!«

Am Vorabend von Pessach, als der Kozhnitzer Rebbe die Sederzeremonie gerade begann, trat ein jüdischer Soldat ein und fragte den Rebbe, ob er bei ihm den Seder feiern dürfe, da sein Regiment nur an diesem Abend in Kozhnitz war und er unbedingt mindestens einen koscheren Seder begehen wollte. Selbstverständlich lud der Maggid ihn ein und forderte ihn auf, an seinem Tisch neben sich Platz zu nehmen. Zum Ende des Seder sang der glückliche Soldat gemeinsam mit dem Rebbe den Chassal Siddur Pessach (»Vollbracht ist nun der Pessach-Seder«). Bei den letzten Worten Pedujim lezion berina (»Erlöste nach Zion jubelnd«) schrie der Soldat enthusiastisch anstelle von »pedujim«, »pajdjom«, das auf Russisch »Los, laßt uns gehen!« heißt. Als der Maggid diese Worte hörte, stand er auf und rief ebenfalls mit einer vor Freude vibrierenden Stimme: »Ja, wir sind bereit, nach Zion zu gehen!« – Währenddessen war der eingeladene »Soldat« verschwunden – denn es war der Prophet Elijahu, der sich verstellt hatte.

Zur Erinnerung an den Auszug aus Ägypten

Die Wiederholung des *Seder* jedes Jahr ist nicht nur eine Mahnung an die Wunder des Auszugs aus Ägypten, sondern auch eine Hoffnungsbotschaft. Kein Jude, auch wenn er noch so entfernt von seinem Jüdischsein ist, darf verzweifelt sein

18. Dieser Begriff wird im folgenden Kapitel ausführlich entwickelt.

und denken, daß es keine Rückkehr für ihn gibt. Genau wie Gott die Wunder hervorgerufen hat, um ihren Höhepunkt im Auszug aus Ägypten zu erreichen, wobei unsere Vorfahren am Tiefpunkt der Unreinheit angelangt waren, genauso kann Gott immer für jede einzelne Person alles verursachen, damit jeder büßt und zu seinen Traditionen zurückkehrt. Deshalb werden zahlreiche Gebote der *Tora* als Erinnerung an den Auszug aus Ägypten erwähnt. Indem man sich an den Auszug aus Ägypten erinnert, sollte man nie am geistigem Streben verzweifeln, wie weit man auch von der Religion entfernt sein mag. Wenn unser Streben und unsere Buße ehrlich sind, wird Gott immer einen Weg finden, um uns zu reinigen. Der *Midrasch* (Schir Haschirim Rabba 5:2) lehrt in bezug auf die Buße, daß Gott sagt: »Öffnet Mir eine Öffnung wie die eines Nadelöhrs, und Ich werde euch eine Öffnung wie die einer riesigen Halle öffnen.«

Der rote Faden des Seder: Die Großzügigkeit gegenüber dem Nächsten

Viele Exegeten haben einen roten Faden über die 15 Punkte des *Seder* ausgearbeitet. Unter den bekanntesten befindet sich die Arbeit des mittelalterlichen Exegeten von Tsefad, Rabbi Mosche Alschiech.

Reb Meir von Premischlan, einer der großen Meister des *Chassidismus*, bietet folgende Interpretation an:

Kadesch:	Rezitiere das *Kiddusch*, aber heilige auch, wenn du geheiligt werden möchtest, (...)
Urchaz:	und dich von der Sünde reinigen möchtest
Karpas:	*(Der Exeget teilt das Wort »Karpas« in zwei Teile, »Kar« bedeutet »Kissen« und »Pas« heißt im Hebräischen mit aschkenasischer Aussprache »Brot«)*, setz dich auf dein Kissen und nimm dein Brot
Jachaz:	und gib davon die Hälfte den Armen.
Maggid:	Wenn ein Armer zu dir kommt, sag ihm:
Rochza:	»Wasch dich für die Mahlzeit!«
Mozzi:	und teile dein Brot mit ihm
Mazza:	*(bedeutet phonetisch »wegnehmen«)* und so wirst du wegnehmen (...)
Maror:	die ganze Bitterkeit deines Hauses.
Korech:	Setz dich mit den Armen zusammen
Schulchan Orech:	an deinen Tisch und laß sie nicht alleine sitzen.
Zafun:	Die Belohnung dafür wird sein, daß du deinen Lebensunterhalt verdienen wirst aus für dich versteckten Quellen,

Barech: Du wirst Gott danken,
Hallel: und du wirst Ihn loben für all das Gute, das Er für dich getan hat, und
Nirza: du wirst von Menschen und Gott angenommen sein.

Gebetsordnung am Pessachabend

An den beiden ersten Abenden werden während des Abendgottesdienstes manche *Pijutim* eingefügt, die Rabbi Meir ben Jizchak[19] zugeschrieben sind. Nach der *Amida* wird ausnahmsweise das ganze *Hallel* gesprochen. Der Brauch, das ganze *Hallel* am Vorabend von *Pessach* in der Synagoge zu lesen, ist ein uralter Brauch.

Normalerweise wird nach dem Gottesdienst an *Schabbat* oder an anderen Feiertagen das *Kiddusch* in der Synagoge rezitiert. Es handelt sich um einen Brauch, der bereits zur Zeit des *Talmuds* üblich war, und der den Leuten, die auf der Durchreise waren, erlaubte, das *Kiddusch* zu hören. An *Pessach* wird dieser Brauch nicht ausgeübt, denn das *Kiddusch* gehört zum *Seder*, und es ist auch unvorstellbar, daß jemand, der auf der Durchreise ist, nicht zum *Seder* eingeladen wird.

Zweiter Feiertag in der Diaspora

Die jüdischen Gemeinden der Diaspora kennen wegen eines Zweifels, der an die Feststellung des neuen Monats gebunden war, einen zusätzlichen Feiertag an *Pessach* (wie für *Schawuot* und *Sukkot*). Zur Zeit des Tempels wurde die Verkündigung des neuen Monats von Zeugen, denen nichts vorzuwerfen war und die den Neumond in Jerusalem gesehen hatten, durchgeführt.

Um die Nachricht zu verbreiten, zündete man von Berg zu Berg Feuer an, bis die gesamte Diaspora einem großen Flammenmeer glich.

Als die Samariter Unruhe stifteten, indem sie ebenfalls Feuer anzündeten, wurde beschlossen, in alle Gemeinden Israels und der Diaspora Boten zu schicken. Die von Jerusalem weiter entfernten Gemeinden, die nicht rechtzeitig informiert werden konnten, feierten zwei Tage, um jegliche Entweihung zu vermeiden.

Trotz der Festsetzung des Kalenders durch Hillel II., der jeglichem Zweifel ein Ende setzte, wurde dieser zweite Feiertag bewahrt und muß gleichermaßen eingehalten werden wie der erste.

19. Er war eine der rabbinischen Autoritäten im 11. Jahrhundert in Deutschland.

Am zweiten Abend von Pessach waren die Chassidim von Reb Jizchak Aisik von Sidatschow sehr inspiriert. Dennoch war irgend etwas nicht in Ordnung. Als Reb Jizchak Aisik in die Synagoge kam, trug er seinen Tallit für die Wochentage. Die Chassidim hatten bemerkt, daß die Gebete ihres Rebbes nicht von derselben Begeisterung geprägt waren wie sonst.

Nach der leisen Amida legte der Rebbe eine Pause ein, bevor er das Hallel sprach. Dies war wiederum ein Grund zum Staunen für die Chassidim. Einige Minuten später wurde die erdrückende Stille durchbrochen, als der Rebbe begann, den fröhlich klingenden Gesang des Hallels anzustimmen.

Beim Essen des zweiten Seder erzählte Reb Jizchak Aisik von Sidatschow seinen Chassidim, was ihm passiert war: »Während des Abendgebetes fühlte ich mich plötzlich von meinen geistigen Kräften verlassen, und hinzu kam, daß man mich mit meinem Tallit für die Woche bekleidet hatte. Ich verstand nicht, was mit mir geschehen war. Kurz bevor das Hallel gesprochen wurde, ist mir klargeworden, daß der Grund für dies alles der folgende war. Ich hatte mich dazu entschlossen, sofort nach Pessach nach Israel zu reisen. So ließ sich die Heiligkeit des zweiten Feiertags nicht mehr auf mich anwenden. Deshalb habe ich die Stimmung der Feier nicht empfunden. Ich habe es bedauert, die Heiligkeit des zweiten Feiertags der Diaspora nicht weiter genießen zu können, und aus diesem Grund habe ich mich dazu entschlossen, auf die Reise nach Israel zu verzichten. So habe ich die Spiritualität des Feiertages zurückbekommen, und so habe ich das Hallel gesprochen.«

Reb Jizchak Aisik wandte sich also an seinen Sohn und bat ihn, mehr Wein auf den Tisch zu stellen und zu trinken, um das Land Israel zu »trösten«.

Der Morgengottesdienst

Der Ablauf des Morgengottesdienstes ähnelt dem, der an *Sukkot* stattfindet, außer daß man nicht die *Hoschanot*, die spezifischen Gebete zu *Sukkot*, spricht. Während des *Mussaf*gottesdienstes des ersten Tages wird das Taugebet (*Tal*) in das zweite Bittgebet der *Amida* eingefügt. Dies wurde von Rabbi Elasar Hakalir geschrieben. Es wurde in 24 Versen, die dem Alphabet, das man in diesem Falle mit dem letzten Buchstaben beginnt, folgen.

Toralesung am ersten Tag

Die *Tora*lesung des ersten Tages befindet sich in Exodus 12,21-51 und handelt von dem *Pessach*opfer und den Geboten, die sich darauf beziehen. Das *Maftir* befindet sich in Numeri 28,16-25, der von dem spezifischen Opfer, das man zum Tempel getragen hat, spricht.

Die *Haftara* ist dem Buch von Joschua entnommen (3,5-7; 5,2-6,1; 6,27). Sie handelt von dem Befehl der Beschneidung, den Joschua dem jüdischen Volk gegeben hat. Erst danach konnte das jüdische Volk das *Pessach*opfer wie seine Vorfahren in Ägypten durchführen. Anschließend war das Volk bereit, die Stadt Jericho zu erobern.

Toralesung am zweiten Tag

Die *Tora*lesung des zweiten Tages befindet sich in Levitikus 22,26-23,44 und handelt generell von den Festen. Das *Maftir* ist dasselbe wie am ersten Tag, und die *Haftara* befindet sich im zweiten Buch der Könige 23,1-9; 21-25. In dieser *Haftara* wird von der Buße und der Umkehr von König Joschiah erzählt, als dieser die Götzen aus dem Tempel entfernte und *Pessach* mit großer Inbrunst feierte. Die *Haftara* erzählt, daß es vor Joschiah und nach ihm niemanden gab, der mit seinem ganzen Herzen und seiner ganzen Seele und all seinen Kräften gebüßt hat und zu Gott umgekehrt ist. Die Botschaft ist deutlich: Wie schon im Abschnitt über den *Seder* erwähnt, gibt es immer einen Weg zu büßen, sosehr man auch gesündigt hat. Und wenn die Buße ehrlich gemeint ist, vergibt Gott sicherlich.

Schabbat Chol-Hamoed

Die Begriffe *Chol-Hamoed* und *Schabbat Chol-Hamoed* wurden schon im Kapitel über *Sukkot* erläutert.

Während *Schabbat Chol-Hamoed* wird das Hohelied vor der *Tora*lesung gesprochen.

Falls es keinen *Schabbat Chol-Hamoed* gibt, wird es am siebten oder achten Tag gelesen.

Das Hohelied (Schir Haschirim)

Das Hohelied ist das Jugendwerk von König Salomo, und mit der Begeisterung seiner Inspiration beschreibt er die »Liebesbeziehung« zwischen Gott und dem jüdischen Volk als eine erotische Liebesbeziehung zwischen einem Mann und seiner Geliebten oder zwischen einem Bräutigam und seiner Braut, so wie es geschrieben steht (Hosea 2,21): »Ich werde Dich mit Mir verloben für alle Ewigkeit.« Diese Liebe zwischen Gott und seinem Volk ist bedingungslos und unvergänglich. So muß man den Vers des Hohelied 6,3 »Ich gehöre zu meinem Geliebten, und mein Geliebter gehört zu mir« verstehen. Welchen größeren Beweis der

Liebe Gottes für Sein Volk kann man finden, wenn nicht die verschiedenen Wunder des Auszugs des jüdischen Volkes aus Ägypten? Das ist der Hauptgrund, weshalb wir das Hohelied an *Pessach* lesen.

Man darf den Text gewiß nicht wortwörtlich nehmen, sondern muß ihn als Allegorie verstehen. Rabbi Akiwa[20] sagte in bezug auf das Hohelied: »Alle Bücher sind heilig, doch das Hohelied ist das allerheiligste«.

Es gibt eine Tradition, die leider immer mehr in Vergessenheit gerät, die darin besteht, kurz vor dem Sonnenuntergang am Freitagabend das Hohelied zu lesen[21]. So konnten manche fromme Männer einen Vorgeschmack auf den *Schabbat* genießen. Zahlreiche Väter profitierten davon, ihren Kinder dabei zuzuhören, wie sie das Hohelied lasen.

Die *Tora*lesung an *Schabbat Chol-Hamoed* befindet sich in Exodus 33,12- 34, 26 und handelt von der zweiten Fassung der Zehn-Gebote-Tafeln und endet mit einem Abschnitt über *Pessach.*

Die *Haftara* in Jecheskel 37,1-14 ist die Beschreibung, die der Prophet in bezug auf die Knochen, die sich mit Fleisch beziehen werden, hatte.

Die Essenz von Chol-Hamoed

Wie schon im Kapitel über *Sukkot* erklärt wurde, sind die *Chol-Hamoed-T*age Halbfeiertage. Das bedeutet, daß im Prinzip entlohnte Arbeit verboten ist, aber im Falle, daß man dieses Geld wirklich für den Lebensunterhalt braucht, ist einem erlaubt zu arbeiten. Der Gebrauch von Elektrogeräten ist erlaubt, was einen großen Unterschied ausmacht hinsichtlich der Feiertage oder *Schabbat.* Nichtsdestoweniger sollte man darauf achten, während *Chol-Hamoed* die Heiligkeit dieser Tage widerzuspiegeln, indem man feierliche Kleidung anzieht. Der Chafez Chajim schreibt, daß der Maharil, Rabbi Jaakow ben Mosche Levi Mullin (1360-1427), seinen *Schabbat*-Kaftan an *Chol-Hamoed* trug. Er schreibt darüber hinaus, daß man zwei feierliche Mahlzeiten zu Ehren von *Chol-Hamoed* zu sich nehmen sollte. Es wird auch empfohlen, Wein während dieser Tage zu trinken. Man sollte trotz allem nicht vergessen, dem *Tora*lernen mehr Zeit zu widmen als sonst.

20. Rabbi Akiwa war einer der berühmtesten Rabbinen zur Zeit der Weisen der *Mischna.* Er wurde auf bestialische Weise von den Römern ermordet. Um mehr über ihn zu erfahren, siehe folgendes Kapitel.
21. Da diese Tradition fast nicht mehr durchgeführt wird, wurde sie im Kapitel »*Schabbat*« nicht genannt.

Gebetsordnung für Chol-Hamoed

Während des Morgengottesdienstes wird das *Schacharit* der Wochentage vorgetragen, und gleich nach der *Amida* wird die gekürzte Fassung des *Hallels* rezitiert. Man sagt den *Tachanun* nicht, da es sich um einen Halbfeiertag handelt. Nach dem *Hallel* hebt man zwei *Tora*rollen aus. Für die erste werden drei Personen aufgerufen und für die zweite eine vierte Person. Darauf folgt das feierliche *Mussaf*gebet als Ersatz für die zusätzlichen Opfer dieses »feierlichen« Tages.

Abends, am Schluß des *Arwit*gebetes, zählt man das *Omer*.

Der siebte Tag von Pessach

Der siebte Tag von *Pessach* ist der letzte Tag des Festes in Israel, aber in der Diaspora wird er von einem achten Tag gefolgt. Es ist ein kompletter Feiertag, an dem jegliche Arbeit verboten ist, mit Ausnahme des Kochens für denselben Tag. In Israel wird an diesem Tag das *Jiskor* (Seelenfeiergebet) gesprochen, was in der Diaspora am achten Tag geschieht.

Am 21. *Nissan* (dem siebten Tag von *Pessach*) fand das Wunder des geteilten Wassers statt. Dieses war der Höhepunkt der verschiedenen Ereignisse und Wunder, die mit dem Auszug aus Ägypten zusammenhängen. Die Erzählung dieses Ereignisses findet sich in Exodus 14,30-15,19.

Ein nicht-gläubiger Wissenschaftler kam einmal zum Baal Schem Tow und sagte in bezug auf das Durchqueren des Roten Meeres, als sich die Gewässer teilten, daß es sich um ein Naturphänomen – wie ein Seebeben oder ein Zyklon – handele. Er fragte, was denn übrig sei von den großen Wundern Gottes.
Der Baal Schem Tow antwortete: »Weißt du nicht, daß Gott die Natur erschaffen hat? Und Gott schuf die Natur, damit sich das Meer in dem Moment und an jenem Ort teile, wo das jüdische Volk es durchqueren mußte. Das ist das große Wunder!«

Die *Tora*lesung des siebten Tages handelt von dem Auszug aus Ägypten und von dem Durchqueren des geteilten Meeres und findet sich in Exodus 13,17-15,26.

Die Lesung des achten Tages ist die gleiche wie die des zweiten Tages von *Schawuot* und von *Schmini Azeret* und findet sich in Dtn 14,22-16,17. Sie endet mit einer Wiederholung der drei Wallfahrtfeste. Das *Maftir* wird aus einer zweiten *Tora*rolle gelesen und ist das gleiche für beide Tage. Es befindet sich in Numeri 28,19-25.

Zusammenfassung der Ereignisse des ersten Pessach

- An *Schabbat* des 10. *Nissan* haben die Juden die Lämmer für das *Pessach*opfer genommen.
- In der Nacht vom 14. bis 15. *Nissan* tötete der Todesengel die nicht-jüdischen Erstgeborenen von Ägypten.
- Am 15. *Nissan* (Donnerstag) sind die Juden morgens aus Ägypten ausgezogen und sind von Ramses nach Sukkot gereist.
- Am 16. *Nissan* (Freitag) sind sie von Sukkot fortgegangen, und sie kampierten in Etam, am Ende der Wüste.
- Am 17. *Nissan*, an *Schabbat*, sind sie nicht gereist.
- Am 18. *Nissan* (Sonntag) haben sie sich auf den Weg gemacht.
- Am 19. *Nissan* (Montag) haben die ägyptischen Wächter dem Pharao die Flucht der Juden mitgeteilt.
- Am 20. *Nissan* (Dienstag) haben die Ägypter sich an die Verfolgung der Juden begeben und haben sie vor dem Meer erreicht.
- Am 21. *Nissan* (Mittwoch), dem siebten Tag von *Pessach*, streckte Mosche in der Nacht seine Hand über dem Meer aus. Gott rief einen gewaltigen Ostwind hervor, und die Gewässer teilten sich, so daß das jüdische Volk mit trokkenen Füßen durchgehen konnte. Die Ägypter, die das jüdische Volk verfolgten, wurden von den sich schließenden Gewässern ertränkt. Es gab keinen einzigen Überlebenden außer dem Pharao. Da sangen Mosche und die Kinder Israels das Lied des Meeres.

Das Ende von Pessach

In dem Moment, in dem die ersten drei Sterne am Himmel zu sehen sind, ist das Fest zu Ende. Man rezitiert das Wochentags-Abendgebet, und danach feiert man die *Hawdala* nur mit Wein. Direkt nach der *Hawdala* beginnt man mit dem Abwasch des Geschirrs von *Pessach*, um es sofort wegräumen zu können, erst danach räumt man das Geschirr des ganzen Jahres wieder ein. Alle Lebensmittel, die von *Pessach* übrig bleiben, können noch nach *Pessach* verzehrt werden.

Normalerweise wartet man eine Stunde, um dem Rabbiner der Stadt oder seiner Gemeinde die Möglichkeit zu geben, das *Chamez* zurückzukaufen oder den Kauf vor *Pessach* wieder rückgängig zu machen. Danach ist es klar, daß man gewöhnliches *Chamez* verzehren kann. Dennoch hat man in den *aschkenasischen* Kreisen die Gewohnheit, kein Brot bis zum nächsten Mittag zu essen. Diese Tradition basiert darauf, daß die jüdischen Bäcker kein Mehl mehr hatten und sich erst neue Vorräte anschaffen mußten, bevor sie Brot für den nächsten Tag backen konnten.

Im Gegensatz dazu achten die *sephardischen* Juden darauf, sofort nach dem Ausgang von *Pessach Chamez* zu essen. Sie bereiten sich ein Gericht vor, das *Sabann* genannt wird. Es besteht aus Eiweiß, das mit viel Zucker verrührt ist. Nach der *Hawdala* feiern sie das Ende von *Pessach* außerdem mit der *Mimunah*-Zeremonie (siehe unten).

Es ist noch zu bemerken, daß die *sephardischen* Juden, als sie in Nord-Afrika lebten, sehr gute Beziehungen zu ihren arabischen Nachbarn hatten, die ihnen zum Ende von *Pessach* das nötige *Chamez* brachten. Übrigens backen Araber das Brot genauso wie Juden, und so besteht kein Zweifel darüber, daß sie keine verbotenen Produkte verwandten. Das Brot ist also *koscher*, aber da es kein Jude war, der das Feuer im Ofen angesteckt hat, kann es nicht als jüdisches Brot bezeichnet werden.

Die Mimunah

Die *sephardischen* Juden haben die Gewohnheit, am Ende von *Pessach* die Feierlichkeiten des Festes zu verlängern, indem sie »Abende der offenen Tür« organisieren. Die Einladungen sind nicht förmlich, und jeder besucht den anderen, manchmal sogar ohne sich vorher anzumelden. Die Tische sind mit Kuchen, Brot, Öl-Nudeln, Pfannkuchen etc. gedeckt. In der Mitte des Tisches steht eine Schale mit Mehl, Öl und Grünzeug, das den Frühling symbolisiert. Man verteilt in den verschiedenen Zimmern Weizen-Ähren. Sobald die Gäste ankommen, werden sie vom Hausherren empfangen, indem er ein Salatblatt oder einen Minzezweig nimmt, die vorher entweder in Mehl oder in Milch getaucht wurden, seine Gäste damit bestäubt und den aronitischen Segen spricht oder einen anderen Spruch als Omen für Segen, Reichtum, Frieden und ein langes Leben[22].

Über die Herkunft des Wortes *Mimunah* gibt es verschiedene Theorien. Die erste lautet: Das Wort *Mimunah* wird mit dem hebräischen Wort *Emunah*[23] in Verbindung gebracht. Es handelt sich um den Glauben an die zukünftige Erlösung. Genauso wie das jüdische Volk im Monat *Nissan* aus Ägypten erlöst wurde, wird das jüdische Volk in der Zukunft im Monat *Nissan* erlöst werden[24]. Die zweite Theorie lautet: *Mimunah* kommt von »Maimon«, der der Vater von Maimonides war. Maimon schrieb seinerzeit mehrere Briefe an die Juden, die von

22. Daß dir Tage, Lebensjahre und Frieden hinzugefügt werden. (Sprichwörter 3, 2).
23. *Emunah* bedeutet »der Glaube«.
24. Es handelt sich um das Kommen des Messias.

den Almohaden verfolgt wurden, weil sie dazu gezwungen werden sollten, zum Islam überzutreten. In seinen Briefen gab er ihnen moralische Unterstüzung, damit sie den Mut nicht verloren. Diese Botschaft der Hoffnung war eine Botschaft des Glaubens an eine baldige Erlösung. Eine dritte Theorie lautet: *Mimunah* wird mit dem hebräischen Wort *Mamon*, das Geld bedeutet, in Verbindung gebracht. Nach der Durchquerung des Roten Meeres haben die Juden die »Vermögen« der ertrunkenen Ägypter aufgesammelt und dabei »*Mamon, Mamon*« gerufen. Das Feiern der *Mimunah* ist also ein Omen für Reichtum und Wohlstand.

Die *aschkenasischen* Juden wünschen sich am Ende von *Pessach* gegenseitig »a guten Summer« und nehmen damit Bezug auf das Taugebet in der gleichen Weise, wie sie sich am Ende von *Simchat Tora* gegenseitig in bezug auf das Regengebet einen guten Winter wünschen.

Wenn Nichtjuden keinen Chamez kaufen (...)

Reb Koppel von Likow, der Großvater mütterlicherseits von Reb Jaakow Jizchak, dem Seher von Lublin, war ein Wirt, der viel Alkohol verkaufte. Da alkoholische Getränke aber Chamez sind, mußte er jedes Jahr vor Pessach den ganzen Alkohol mit dem anderen Chamez an einen Nicht-Juden verkaufen.

In einem Jahr sprachen sich alle potentiellen Käufer ab, daß keiner von ihnen den Chamez und den Alkohol kaufen würde, damit Reb Koppel gezwungen würde, seinen gesamten Alkohol freizugeben und sie sich daran reichlich bedienen könnten. So geschah es auch. Vor diesem Pessach konnte Reb Koppel keinen nicht-jüdischen Käufer finden. Einen Tag vor Pessach brachte er sein ganzes Chamezvermögen auf eine einsame Stelle neben einen Fluß und sprach das dazugehörige Gebet über die Chamezvernichtung aus. Auf dem Weg nach Hause freute sich Reb Koppel sehr, daß er doch ohne weiteres das Gebot Gottes einhalten konnte. Es stimmte schon, daß er nun arm wie ein Bettler war, aber sein Gewissen war rein. Seine Angehörigen waren dagegen entsetzt, aber Reb Koppel war trotzdem sehr froh und bedauerte keine seiner Taten. Nach Pessach gingen seine Angehörigen mit dem Gedanken zum Fluß, daß der Alkohol mit Sicherheit verschwunden wäre, aber daß sie vielleicht noch leere Flaschen finden und aufsammeln könnten, um sie in ein wenig Geld umzusetzen. Überrascht sahen sie dort viele Einwohner von Likow, die sie begrüßten: »Was soll das, Juden? Auf eine solche Weise macht ihr für Pessach sauber, daß ihr Soldaten bestellt, die mit Waffen euren Alkohol bewachen?« Reb Koppel und seine Familie wußten gar nicht, wovon die Menschen sprachen. Was für Soldaten, was für Waffen (...)? Als sie an dem Platz ankamen, wo Reb Koppel seinen Alkohol deponiert hatte, war ihre Überraschung grenzenlos. Alle Flaschen waren noch da, und kein Tropfen Alkohol fehlte. Da verstanden Reb Koppel und seine Angehörigen, daß vom Himmel befohlen worden war, Wärter zu schicken, die auf sein Vermögen aufpassen sollten. Weil dieser

Alkohol draußen im Freien lagerte, hatte Reb Koppel das Recht, ihn an sich zu nehmen. So brachte er sein ganzes Vermögen wieder nach Hause zurück und erlitt keinen Geldverlust.

»Wenn du schon wußtest, was man zu tun hat, (...)«

Ein Jude hatte sein ganzes Leben in einem Dorf umgeben von Nichtjuden gelebt. Eines Tages entschied er sich dazu, zu seinen Religionsgenossen in die Stadt zu ziehen. Weil er sich mit der Religion nicht so gut auskannte und wenig über die Traditionen auf dem laufenden war, schickte er seine Frau, als Pessach nahte, zu seinen Nachbarn, vorgebend, Geräte auszuleihen, jedoch mit der Absicht zu sehen, wie das Fest vorbereitet wurde.

Seine Frau ging zu dem Nachbarn und sah durch das Fenster, wie er sich mit seiner Frau stritt und sie mit einem Stock schlug. Verängstigt kehrte die Frau zu ihrem Ehemann zurück, und dieser fragte, was sie gesehen habe. Die Frau schwieg. Der Ehemann fragte nochmals nach und befahl ihr: »Erzähl mir, was du gesehen hast.« Die Frau schwieg noch immer. Der Ehemann wurde wütend und sagte ihr: »Ich hab' dich dorthingeschickt, um zu spionieren, also erzähl, was du gesehen hast!« Da seine Frau immer noch schwieg, ergriff den Mann die Wut, und er nahm einen Stock und begann, seine Frau damit heftig zu schlagen. Schließlich rief sie schluchzend aus: »Wenn du schon wußtest, was man zu tun hat, warum hast du mich zu den Nachbarn zum Ausspionieren gesandt?«

Als Reb Chanoch Henich von Alexander diese Geschichte beendete, brachen seine Chassidim in lautes Lachen aus. Nur einer seiner Studenten, Reb Jechiel von Gustinin, verstand den tieferen Sinn dieser Geschichte. Er wandte sich an die Anwesenden: »Beklagen wir uns nicht vor Gott, indem wir sagen ›Wenn Du wußtest, daß wir sündigen werden, warum hast Du uns ins Exil geschickt!‹?«

Der Respekt vor den Geboten

Als am Tag vor Pessach das ganze Chamez schon verbrannt worden war, ging Reb Levi Jizchak von Berditschew auf den städtischen Markt. Er blieb bei einem Verkäufer stehen, der für den Verkauf von Schmuggelwaren berühmt war. Der Rebbe fragte ihn: »Hast du reine Seide?« Der Kaufmann antwortete: »Von der besten Art und soviel du möchtest.« Der Rebbe bedankte sich für die Auskunft und ging weiter. Ein paar Minuten später fragte er auf dem Markt einen jüdischen Verkäufer: »Besitzt du etwas Chamez?«

»Chamez?« fragte der Kaufmann. »Aber Rebbe, Gott behüte, ich habe meine ganze Wohnung bis auf den letzten Chamezkrümel gereinigt.«

Darauf sprach Reb Levi Jizchak zu Gott: »Siehst Du, wie ehrlich Dein auserwähltes Volk ist. Der russische Zar, der meistgefürchtetste Mann in der Welt, besitzt die größte Armee und strengste Polizei sowie die furchtbarsten Gefängnisse. Dieser Zar hat verboten, Waren in das Land zu schmuggeln. Und obwohl Tag und Nacht die Grenzen bewacht werden, wird Schleierhandel betrieben, und man verkauft Waren in aller Öffentlichkeit. Im Gegensatz dazu hast Du, lieber Gott, einmal in Deiner Tora befohlen: »Du sollst kein Chamez besitzen.« Obwohl dieses Gebot schon 3000 Jahre alt ist, kannst Du selbst sehen, daß es am Tag vor Pessach keinen Juden gibt, der Chamez besitzt.«

Wein ist die Basis der Medizin

Einmal wußte ein Jude, der einen Schlaganfall erlitten hatte, nicht, ob er bei der Sederfeier die vier Becher Wein trinken solle oder verzichten müsse.

Ein Übermittler brachte ihm als Antwort eine Flasche Wein mit den besten Wünschen von seinem Rebbe, dem Gerrer Rebbe. Daran war ein kleiner Brief befestigt, der den Auszug aus dem Talmud enthielt, daß die Ursache der Erkrankungen das Blut ist und ein guter Wein die Basis der besten Medizin sei. Dies verstand der Kranke schon als Antwort, nahm getrost an dem Seder und dem Weingenuß teil und wurde einige Zeit später geheilt.

Freude nach dem Seder

In einem Jahr legte sich Reb Chajim von Zanz nach dem Seder auf sein Sofa, legte seine Hände auf den Bauch und sagte: »Freut euch, Magen und Darm! Überlegt, wieviel Heiligkeit es in den Mazzot, im Maror, im Afikoman, in den vier Bechern Wein usw. gibt, die ich zu mir genommen habe. Und das alles ist sofort bei euch, Magen und Darm. Freut euch!« Über diesen Gedanken vergoß er Freudentränen.

Reb Schneur Salmans wundersame Medizin

Unter den Chassidim von Reb Schneur Salman von Liadi gab es einen Arzt, der als Reb Awraham Doktor bekannt war und in Riga lebte. Reb Schneur Salman von Liadi hatte die Gewohnheit, ihm die Reste seiner Mazzot und des Gemüses, das für das Karpas und das Maror benutzt wurde, zu schicken. Reb Awraham Doktor mahlte die Mazzot und das Gemüse und vermengte diesen Teig mit Medikamenten, die er selbst herstellte. Einmal wurde er zu einem Kranken gerufen, von dem der Arzt meinte, daß er sterben müsse. Reb Awraham Doktor gab ihm die besagten Medikamente, und der Kranke wurde gesund. Der offizielle Arzt war sehr erstaunt über den Erfolg des Chassid und fragte ihn, was er getan habe, um ein solches Wunder zu vollbringen. Da der Chassid sah, daß er es mit einem ehrlichen Mann zu tun hatte, enthüllte er sein Geheimnis.

Etliche Jahre später, als Reb Schneur Salman von Liadi in Sankt Petersburg verhaftet wurde, weil er von seinen Gegnern denunziert worden war, wurde seine Akte an einen ehemaligen Arzt aus Riga weitergegeben. Dies war derselbe Arzt, dem Reb Awraham Doktor sein Geheimnis enthüllt hatte.

Der mit der Akte von Reb Schneur Salman von Liadi beauftragte Arzt erklärte, daß der Angeklagte eine ehrenvolle Person sei und es nicht verdiene, verurteilt zu werden. Seine Meinung wurde respektiert, und Reb Schneur Salman wurde befreit.

Ein Hähnchen für den Seder

Einmal, am Vortag von Pessach, hatte Reb Meir von Premischlan sein ganzes Geld unter den Armen verteilt, so daß seine Frau kein Fleisch für die Feier einkaufen konnte. Dennoch fand sie in einer Schublade zwanzig Kopeken und ging los, um ein dickes Hähnchen zu kaufen.

Als Reb Meir von Premischlan von der Synagoge zurückkehrte, sagte ihm seine Frau, daß sie dennoch ein Hähnchen für die Feier kaufen konnte, und er erzählte, daß er gerade erfahren hatte, daß eine arme Frau, die am Tag zuvor ein Kind zur Welt gebracht hatte, ganz und gar nichts für Pessach im Hause hatte. Er schlug seiner Frau also vor, daß er das Hähnchen und die Brühe zu dieser Frau bringe. »Wir können uns immer noch mit Mazzot und Kartoffeln zufriedengeben.« Er brachte der Frau das Hähnchen, und als er nach Hause zurückkam, war er begeistert, seinen Seder zu beginnen.

Lag BaOmer

»Ihr werdet für euch, sofort nach dem nächsten Ruhetag,
seit dem Tag, an dem ihr das geschwenkte *Omer*opfer herbeigebracht habt,
sieben vollständige Wochen zählen.«
(Levitikus 23, 15)

Das Erntedankopfer

Die *Omer*zeit beginnt am zweiten *Pessach*tag, dauert 49 Tage und wird direkt von der *Schawuot*feier am 50. Tag gefolgt. Bereits in der *Tora* (Levitikus 23, 15) steht das göttliche Gebot, die Tage zu zählen, geschrieben. Dennoch ist das *Omer* nicht nur eine Reihenfolge von Tagen, die gezählt werden sollen. Das *Omer* ist vor allen Dingen ein Opfer, bestehend aus einem Gerstenbündel, das man ab dem zweiten Tag von *Pessach* zum Tempel in Jerusalem brachte. Das Gewicht der Gerste wurde gemessen, wobei eine Meßeinheit ein *Omer* genannt wurde. Der Sinn dieses Opfers lag darin, Gott für die neue Ernte zu danken, bevor man sich von ihr ernährte.

Unsere Weisen sagen, daß das jüdische Volk vor dem Auszug aus Ägypten auf dem niedrigsten Niveau der Reinheit angelangt war. Der Begriff der Reinheit und der Unreinheit wird auf einer Skala mit 50 Punkten berechnet. Jeder Punkt der Skala stellt einen Tag dar. Das jüdische Volk brauchte 50 Tage, um sich von allem Schmutz und aller Unreinheit von Ägypten zu befreien, bevor es die *Tora* an *Schawuot* am Berg Sinai entgegennehmen konnte, denn das Ziel des Auszugs aus Ägypten war die Übergabe der *Tora*. Indem man die Tage vom zweiten Tag von *Pessach* bis *Schawuot* zählt, drückt man das Verlangen und die Ungeduld aus, den Tag der Übergabe der *Tora* zu erreichen.

Seitdem der Tempel zerstört wurde, ist es nicht mehr möglich, das *Omer*-opfer zu bringen, und die *Mizwa*, die Tage zu zählen, wurde zu einem Rabbinergebot.

Die *Mizwa*, das *Omer* zu zählen, obliegt jedem einzelnen außer den Frauen. Das Zählen findet nach Einbruch der Nacht, nach dem Abendgottesdienst, statt. Man zählt das *Omer* stehend, also so wie die Ähren stehen, bevor sie gemäht werden.

Omer – eine Trauerperiode

Im Laufe der jüdischen Geschichte wurde dieser Zeitraum, der die Vorbereitung auf die Übergabe der *Tora* ist, zu einer Periode der Traurigkeit und der Trauer. Die 24.000 Schüler von Rabbi Akiwa starben an einer Epidemie, weil es an Respekt der einen gegenüber den anderen fehlte. Die Epidemie endete am 33. Tag der *Omer*zeit.

Während der *Omer*zeit gibt es den Brauch, am Abend in der Zeit zwischen dem Sonnenuntergang und dem Zählen des *Omer* nicht zu arbeiten, um den Schülern von Rabbi Akiwa, deren Beerdigung nach Sonnenuntergang stattgefunden hat, zu gedenken.

Rabbi Jehuda Leib ben Bezalel von Prag (1512-1609) erklärt, daß die 24.000 Schüler von Rabbi Akiwa während der 32 ersten Tage des *Omer* starben. Das hebräische Wort für Respekt oder Ehre, an denen es untereinander fehlte, hat einen Zahlenwert von 32. Auf der anderen Seite fällt *Lag BaOmer*, der Tag, an dem die Epidemie zu Ende ging, auf den 18. *Ijar*; 18 ist der hebräische Zahlenwert für »*Chaj*«, was »Leben« bedeutet.

Es gibt eine weitere Version der Geschichte über die Epidemie, die sich unter den Schülern von Rabbi Akiwa verbreitet hatte. Nachdem die 24.000 Schüler von Rabbi Akiwa gestorben waren, die Welt leer von allem Geistlichem und die *Tora* beinahe vergessen war, ging Rabbi Akiwa in den Süden Israels und lehrte sein Wissen den fünf Weisen, die bereits erwähnt wurden.

Eine Version erzählt, daß alle Schüler von Rabbi Akiwa am 32. Tag des *Omer* tot waren, die andere Version erklärt, daß die Epidemie an *Lag BaOmer* anfing zurückzugehen. Aus diesem Grund werden bis zu *Schawuot* keine Hochzeiten gefeiert, es werden keine Haare geschnitten, und man vermeidet, Musik zu hören, außer an *Lag BaOmer* und am 1. Tag des Monats *Siwan*. Die *sephardischen* Juden allerdings feiern auch zwischen *Lag BaOmer* und *Schawuot* Hochzeiten.

Die Bestrafung der Schüler von Rabbi Akiwa könnte uns überproportional im Vergleich zu ihren Sünden erscheinen. Es handelte sich schließlich um Personen mit einem hohen Maß an Geistlichkeit. Aber es ist bekannt, daß je höher das Niveau der Geistlichkeit ist, desto strenger auch die Strafe Gottes ist. Mosche, der ein tadelloser Mensch war, wurde mit dem Verbot bestraft, das Land Kanaan nicht betreten zu dürfen, weil er ein einziges Mal sündigte, indem er den Felsen schlug, statt zu diesem zu sprechen, damit er Wasser gebe.

Es war auch während der *Omer*zeit, daß die ersten Kreuzfahrten Tausende von Menschenleben der jüdischen Gemeinden von Worms, Speyer, Mainz usw. forderten. Die Pogrome in der Ukraine, geleitet von dem Hetman Bogdan Chmelnizki, begannen mit falschen Anschuldigungen gegenüber den Juden, Ritualmorde begangen zu haben (d.h. kurz vor *Pessach*), und fanden also auch während der *Omer*zeit statt.

Es existiert noch ein weiterer Brauch, der leider immer seltener durchgeführt wird und der darin besteht, an *Lag BaOmer* auf die Friedhöfe zu gehen und dort die Gräber der Gerechten zu besuchen. Diese Besuche waren organisiert. Der Rabbiner, manchmal der *chassidische* Rebbe, leitete den Besuch zusammen mit den Verantwortlichen der *Chewra-Kaddischa*[1], die zwischen den Gräbern hindurchgingen, um herauszufinden, welche Grabsteine gepflegt werden mußten. Nach dem Besuch des Friedhofs trafen sie sich alle in der Gemeinde bzw. in der Synagoge oder manchmal sogar direkt gegenüber des Friedhofs, wo bereits Tische aufgestellt worden waren, um dort eine gemeinsame Mahlzeit einzunehmen, der sich weitere Mitglieder der Gemeinde anschlossen. Diese Mahlzeit bestand aus Eiern, Kuchen und Wodka. Im Verlauf des gemeinsamen Essens hielt der Rabbiner eine Ansprache.

Als Reb Jizchak Homiller zwischen den Gräbern hindurchging, blieb er vor einem bestimmten Grabstein stehen. Er las immer wieder die lange Aufzählung der Tugenden des Verstorbenen und sagte dem Oberhaupt der Chewra-Kaddischa, daß das himmlische Gericht diesen Mann aufgefordert hatte, alle seine Tugenden, die auf dem Grabstein geschrieben standen, zu erklären. Der Rebbe beauftragte das Oberhaupt der Chewra-Kaddischa, die übertriebene Inschrift des Grabsteins mit einer Axt zu entfernen. Das verursachte eine große Verspätung der beiden zum anschließenden Essen. Als sie endlich eintrafen, erklärte der Rebbe, daß sie einem jüdischen Genossen noch einen Gefallen getan hätten.

Die Geschichte berichtet uns über den von Bar-Kochba (auch Bar-Kosiba genannt) angeführten Aufstand gegen die Römer zur Zeit von Rabbi Akiwa (118-121 nach Chr.[2]). Zahlreiche Schüler von Rabbi Akiwa nahmen an den Kämpfen teil. Zu dieser Zeit waren ihre Waffen Pfeil und Bogen, und deshalb ist es heutzutage noch Brauch, daß die Kinder an *Lag BaOmer* in die Felder und Wälder gehen und dort in Erinnerung an die Kämpfe der Schüler von Rabbi Akiwa mit Pfeil und Bogen spielen.

Ein weiterer Grund für diesen Brauch ist, daß daran erinnert werden soll, daß während des ganzen Lebens von Rabbi Schimon bar Jochai kein einziger Regen-

1. Heilige Gesellschaft; so werden die jüdischen Bestattungsunternehmen bezeichnet.
2. Laut der Enzyklopädie »Larousse« (Paris) fand der Aufstand von Bar Kochba zwischen den Jahren 132 und 135 statt.

bogen am Himmel zu sehen war. Der Regenbogen ist das Zeichen für den Bund zwischen Gott und Noah, daß die Menschheit nie wieder zerstört werde. Während des Lebens von Rabbi Schimon bar Jochai war dieses Zeichen nicht notwendig, da seine Verdienste ausreichten, um die Menschheit vor jedweder Zerstörung zu schützen.

> Als Reb Menachem Mendel von Kotzk als Rebbe benannt wurde, war ein Mann aus Tomaschow überrascht, daß der »glühende Engel«, wie der Kotzker Rebbe später genannt wurde, so ein heiliger Mann wurde. Der Mann sagte, daß er den Rebbe von Kindheit an kannte und sie zusammen im Cheder[3] gelernt hatten. Die Chassidim wollten mehr über die Kindheit ihres Rebbes erfahren und befragten den Mann aus Tomaschow.
> Der Mann antwortete: »Ich habe euch nichts Besonderes zu erzählen. Er war ein Junge wie jeder andere.« Doch die Chassidim ließen nicht locker, und so begann der Mann zu erzählen. »Ich erinnere mich daran, daß unser Lehrer uns zu einem Ausflug an Lag BaOmer mitnahm. Am Ende des Tages kamen wir in die Stadt zurück, und wir bemerkten, daß Menachem Mendel nicht mehr bei uns war. Wir gingen zurück, um ihn zu suchen, und als wir ihn fanden, lag er auf dem Boden und wiederholte: Mein Herz und mein Fleisch singen zum lebenden Gott[4].«

Um sich an diese traurige Zeit zu erinnern, ist es seit der Zeit von Rabbi Akiwa ein weltweiter Brauch der jüdischen Gemeinden, bis zum 33. Tag der *Omer*zeit keine Hochzeiten zu feiern und sich auch nicht die Haare zu schneiden oder den Bart zu rasieren. Dieser 33. Tag der *Omer*zeit wurde zu einem feierlichen Tag. Deshalb wird das *Tachanun* während des Morgengottesdienstes nicht gesprochen, und dieser Tag wurde als ein bevorzugter Hochzeitstermin festgelegt. Dieser 33. Tag ist unter dem Namen *Lag BaOmer* bekannt.

Lag BaOmer ist aber auch der Jahrestag des Todes von Rabbi Schimon bar Jochai, dem das »*Sohar*«, das »Buch der Herrlichkeit« zugeschrieben ist, sowie der Todestag des Rama[5], dem Redakteur der »*Mappa*«. Rabbi Schimon bar Jochai ist auch bekannt als der »Raschbi« und war einer der fünf überlebenden Schüler von Rabbi Akiwa nach der Epidemie[6]. Nachdem er von den Römern zum Tode verurteilt wurde, versteckte er sich mit seinem Sohn Elasar für dreizehn Jahre in einer Höhle. Tausende von Menschen begeben sich an diesem Tag nach Meron

3. Hebräischer und jiddischer Begriff für eine jüdische religiöse Grundschule.
4. Psalm 84,3.
5. Reb Mosche Isserles, siehe Vorwort.
6. Der *Talmud*, Traktat Jewamot 62a, überliefert, daß die fünf überlebenden Studenten von Rabbi Akiwa Rabbi Meir, Rabbi Jehuda, Rabbi Josse, Rabbi Schimon bar Jochai und Rabbi Elasar ben Schamua waren.

in Israel, um am Grab von Rabbi Shimon bar Jochai zu beten. Dieser Tag wird auch als *Hillula*[7] von Rabbi Schimon bar Jochai bezeichnet. Gleichzeitig begeben sich zahlreiche *Chassidim* aus Amerika, England, Israel, Belgien und vielen weiteren Ländern nach Krakau, um dort am Grab des Rama, das sich hinter der Synagoge, die seinen Namen trägt, befindet, zu beten.

Die erste »Schur« bei Kindern

Wenn man einem jüdischen Jungen das erste Mal die Haare schneidet, ist er drei Jahre alt, und die Schur wird gemäß der *Tora*-Gebote durchgeführt, das heißt, daß die Haare an den Schläfen nicht abgeschnitten werden. Diese Zeremonie heißt auf Jiddisch »Opscheren« und wird mit Freude im Familien- und Freundeskreis gefeiert. Unsere Weisen können diese Tradition bis zur *Tora* zurückverfolgen[8]. Nichtsdestotrotz sagen manche Weise, daß selbst wenn ein Kind noch nicht drei Jahre alt ist, man ihm an *Lag BaOmer* bereits die Haare schneiden kann.

Fromme Juden haben die Gewohnheit angenommen, ihren Kindern an *Lag BaOmer* die Haare in der Nähe des Grabes von Rabbi Schimon bar Jochai zu schneiden. Manche wiegen die abgeschnittenen Haare und geben das gleiche Gewicht in Gold oder in Silber als gutes Omen an Wohltätigkeitsvereine, damit das Kind ein langes Leben haben und gottesfürchtig sein wird.

An diesem Tag wird der Kopf des Kindes das erste Mal mit einer *Kippa* bedeckt, und man zieht ihm das erste Mal einen kleinen Gebetsschal (*Tallit katan*) an. Von diesem Tag an ist das Kind reif genug, zur Schule zu gehen, um dort die *Tora* zu lernen. Der Lehrer legt Honigkekse in Form von verschiedenen hebräischen Buchstaben vor das Kind auf den Tisch, auf daß die Wörter der *Tora* ihm so süß im Mund zergehen wie der Honig.

Die Geschichte des Rabbi Akiwa

Rabbi Akiwa war ein völlig ungelernter und analphabetischer Schäfer bei den reichen Kalba Sawua. Als er 40 Jahre alt wurde, beobachtete er, daß kleinste Wassertropfen selbst sehr große Steine abtragen können. Diese Beobachtung löste bei ihm den Wunsch aus zu lernen. Zur gleichen Zeit sah Rachel, die Tochter von Kalba Sawua, die Tugend von Akiwa, und sie entschied, ihn zu heiraten, unter

7. Hebräischer Begriff für Freudenfest eines Gerechten an seinem Todestag.
8. Levitikus 13,33.

der Voraussetzung, daß er anfinge zu studieren. Sie heirateten ohne das Wissen von Kalba Sawua. Als dieser davon erfuhr, jagte er seine Tochter aus dem Haus.

Akiwa lernte in der *Jeschiwa* von Rabbi Elieser und Rabbi Jehoschua. Dort blieb er zwölf Jahre lang. Als er wieder nach Hause zu seiner Frau Rachel kam, hörte er die Nachbarn, die mit seiner Frau sprachen. Sie rieten ihr, sich von einem Mann scheiden zu lassen, der nicht zum Lebensunterhalt beiträgt und nie zu Hause ist. Akiwa hörte, wie Rachel antwortete, daß sie es war, die ihm gesagt hatte, zwölf Jahre lang zu studieren, und wenn er auch noch für die kommenden zwölf Jahre lernen würde, sei sie die glücklichste aller Frauen. Akiwa ging gar nicht erst ins Haus und lernte für zwölf weitere Jahre bei seinen Lehrern.

Zwölf Jahre später kam er von 24.000 Schüler begleitet wieder zu seiner Frau. Sein Ruf als großer Lehrer war in ganz Israel bekannt, und die ganze Stadt versammelte sich, um den sehr berühmten Rabbi Akiwa willkommen zu heißen.

Als Rachel sich Rabbi Akiwa nähern wollte, versuchten die Studenten, sie zu vertreiben. Rabbi Akiwa sagte ihnen: »Laßt sie, denn sie ist diejenige, deren Verdienst mein Wissen und somit auch euer Wissen ist.«[9] Kalba Sawua flehte seine Tochter und Rabbi Akiwa an, ihm zu verzeihen und vermachte ihnen die Hälfte seines Vermögens.

Das Wissen von Rabbi Akiwa war so groß, daß er der einzige war, der den Sinn der Krönchen über den Buchstaben in der *Tora* interpretieren konnte. Man hat ihm das *Midrasch*-Werk »Die Buchstaben von Rabbi Akiwa« zugeschrieben.

Die Römer verboten, die *Tora* zu lernen. Trotz dieses Verbots lehrte Rabbi Akiwa weiterhin die *Tora*. Er wurde gefangengenommen und zum Tode verurteilt. Sein Tod war sehr grausam, denn sein Körper wurde mit metallenen Kämmen zerschnitten. Während seines Leidens war Rabbi Akiwa gelassen und freute sich sogar. Seine Schüler baten ihn um eine Erklärung für sein Verhalten. Er erklärte, daß er während seines ganzen Lebens, wenn er das *Schema* sprach, danach strebte, den Vers »Du wirst *Haschem*, deinen Gott, lieben mit deinem ganzen Herzen, deiner ganzen Seele und deiner ganzen Kraft (...)« zu erfüllen. »Und jetzt«, sagte Rabbi Akiwa, »da ich die Gelegenheit habe, dieses Gebot zu erfüllen, Gott mit meiner ganzen Seele zu lieben und zu dienen, soll ich mich nicht freuen?«

9. Rabbi Elijahu ben Schlomo Salman, der sogenannte *Gaon* (Genie) von Wilna, hatte die Möglichkeit, sein ganzes Leben nur dem Lernen der *Tora* zu widmen, da seine Frau alle alltäglichen Sorgen auf sich genommen hatte. Als sie starb, sagte der *Gaon* von Wilna in seiner Trauerrede: »Ihre Verdienste sind größer als die meinen, da sie wußte, wie man die Leiden der Armut ertragen kann. Ihre Wohltaten sind unendlich zahlreich, so wie die Sterne im Himmel unzählbar sind.«.

Rabbi Akiwa sprach das *Schema,* »Höre Israel, *Haschem,* ist unser Gott, *Haschem* ist einzig«, und als er das letzte Wort »einzig«, auf hebräisch »*Echad*«, sagte, zog er die letzte Silbe »*chad*« in die Länge, bis seine Seele seinen verwundeten Körper verließ. Er starb an *Jom Kippur* im Jahre 138 n. Chr.

Die Geschichte des Rabbi Schimon bar Jochai

Der *Talmud* übermittelt in Traktat Schabbat 33b, daß Rabbi Jehuda bar Ilai während einer Versammlung von Weisen die römischen Bauten lobte, die nach der Zerstörung des zweiten Tempels errichtet wurden. Rabbi Jossej schwieg, und Rabbi Schimon bar Jochai erklärte, daß alles, was die Römer errichtet hatten, nur ihrem eigenen Interesse diene. Einer der Anwesenden wiederholte die Bemerkung von Rabbi Schimon bar Jochai in der Öffentlichkeit, ohne Schaden anrichten zu wollen, aber diese Bemerkung fand ihren Weg bis zu den Römern, die Rabbi Schimon bar Jochai zum Tode verurteilten.

Dieser versteckte sich mit seinem Sohn Elasar erst in einem Lehrhaus. Aber aus Furcht, von den Römern entdeckt zu werden, flüchteten sie sich in eine Höhle, wo sie zwölf Jahre lang blieben. Es passierte ein Wunder, als ein Johannisbrotbaum und ein Bach erschienen, um ihnen das Essen und Trinken zu ermöglichen. Dort lernten sie Tag und Nacht die *Tora.* Laut der Überlieferung verfaßte Rabbi Schimon bar Jochai in dieser Zeit das Buch des *Sohar* (das Buch der Herrlichkeit), einen mystischen Kommentar über die *Tora.*

Nach zwölf Jahren stand der Prophet Elijahu an der Öffnung der Höhle und fragte: »Wer wird Rabbi Schimon bar Jochai informieren, daß der Kaiser tot ist und sein Dekret aufgehoben wurde?« Rabbi Schimon bar Jochai und sein Sohn verließen die Höhle auf der Stelle, von Heiligkeit und Wissen, die ihnen eröffnet wurden, erfüllt. Auf dem Weg trafen sie einen Bauern, der gerade dabei war, sein Feld zu pflügen. Rabbi Schimon bar Jochai und sein Sohn konnten nicht verstehen, wie man seine Zeit mit solch alltäglichen Beschäftigungen verlieren konnte. Alles, worauf sich ihre Blicke richteten, wurde vom Feuer verbrannt. Eine himmlische Stimme befahl ihnen, wieder in die Höhle zurückzukehren. Sie blieben dort für zwölf Monate, und als sie die Höhle zum zweiten Mal verließen, trafen sie einen alten Mann, der mit zwei Myrthenzweigen herbeilief. Sie fragten ihn: »Warum hast du diese beiden Zweige?« Er antwortete: »Ich habe sie zu Ehren des *Schabbats.*« Rabbi Schimon bar Jochai fragte den alten Mann: »Reicht denn einer nicht aus?« Der Mann erwiderte: »Einer ist zu Ehren des Verses *Sachor*[10] – ›erinnere dich an den *Schabbat*-Tag‹,

10. Ex 20,8.

und der andere Zweig ist zu Ehren des Verses *Schamor*[11] – ›halte den *Schabbat*-Tag ein‹.«

Rabbi Schimon bar Jochai rief vor Freude aus und sagte zu seinem Sohn: »Sieh, wie wertvoll die Gebote Gottes den jüdischen Menschen sind!«

Hillula von Rabbi Schimon bar Jochai

Die *Hillula* (Freudenfest) wird bei den *sephardischen* Juden am Abend mit großer Feierlichkeit zelebriert. Es ist üblich, gemeinsam eine festliche Mahlzeit zu sich zu nehmen, während die Teilnehmer Lieder zu Ehren und zum Gedenken an Rabbi Schimon bar Jochai singen. In diesem Sinn werden heutzutage in Israel auch zahlreiche Konzerte veranstaltet.

11. Dtn 5,12.

Schawuot

Die *Tora*, die Mosche uns befohlen hat,
ist das Erbe der Gemeinschaft von Jaakow.
(Dtn. 33,4)

Das Wallfahrtsfest

Schawuot ist das zweite Wallfahrtsfest, an dem die Juden – zur Zeit des Tempels – nach Jerusalem pilgerten, um dort Opfer zu bringen. *Schawuot* bedeutet im Hebräischen »Woche« und fällt sieben Wochen nach dem zweiten Tag von *Pessach* auf das Ende der *Omer*zeit, d.h. auf den sechsten *Siwan*. Das Fest dauert einen Tag in Israel und zwei Tage in den Ländern der Diaspora, findet also am sechsten und siebten *Siwan* statt.

Einige einleitende Erzählungen

Als Gott Seine *Tora* offenbaren wollte, zeigte Er Sich allen Völkern der Erde. Die Nachkommen von Esau fragten Ihn: »Was steht in der *Tora* geschrieben?« Gott antwortete ihnen: »Du darfst nicht morden!« Daraufhin erwiderten sie: »Herrscher der Welt, unser Vorfahre Esau mordete schon, und deswegen können wir die *Tora* nicht annehmen.« Anschließend wandte Sich Gott an die Nachkommen von Amon und Moaw. Diese stellten Ihm dieselbe Frage wie schon die Nachkommen von Esau, und Gott sagte zu ihnen: »In der *Tora* steht, du sollst deine Ehe nicht brechen«, worauf sie erwiderten, daß sie die *Tora* nicht annehmen könnten, da ihre beiden Völker die Frucht einer außerehelichen Beziehung seien. Daraufhin ging Gott zu den Nachfolgern Ismaels, um sie um ihre Meinung zu fragen, indem Er ihnen erklärte, daß man nicht stehlen dürfe. Doch diese antworteten: »Unser Volk lebt nur von Diebstahl und Räuberei. Wie können wir die *Tora* annehmen?« Jedes Volk fand einen Punkt, der ihm nicht zusagte und lehnte das Angebot Gottes ab.

Als Gott die *Tora* dem jüdischen Volk anbot, sprach dieses sofort: »Wir werden tun und hören!« Da offenbarte Gott die *Tora* dem jüdischen Volk.

Reb Jaakow Jossef von Polnoje hatte die chassidischen Lehren seines Schwagers, des Baal Schem Tow, aufgeschrieben und herausgebracht.
Er hatte jedoch nur wenige Kunden, und es kam häufig vor, daß Reb Jaakow Jossef kein einziges Buch verkaufte. Eines Tages beklagte er sich bei Reb Wolf von Zhitomir, der ebenfalls Herausgeber eines chassidischen Werkes war. Dieser versuchte, ihn zu trösten: »Du bist nicht der einzige, der davon betroffen ist. Gott selbst hatte ein Buch geschrieben, das nicht weniger interessant war als deines, und als Er es allen Völkern der Erde vorstellte, wollte es keiner haben. Schließlich war es das kleine jüdische Volk, das das Buch Gottes erworben hat.«

Der *Midrasch* Schir Haschirim Rabba, Kapitel 1, erzählt, daß, als das jüdische Volk am Fuße des Berges Sinai stand, um die *Tora* entgegenzunehmen, Gott zu ihm sprach: »Ich bin bereit, euch die *Tora* zu geben, unter der Bedingung, daß ihr Mir gute Garanten vorweist, daß ihr die *Tora* befolgen werdet.« Das jüdische Volk antwortete: »Unsere Vorfahren werden unsere Garanten sein.« Gott erwiderte, daß diese bereits tot seien und somit keine Garanten sein könnten. Das jüdische Volk schlug daraufhin die Propheten als ihre Garanten vor, doch Gott antwortete, daß selbst die Propheten Garanten brauchten und daß diese also auch nicht geeignet seien. Letztendlich schlugen sie ihre eigenen Kinder als Garanten vor. Diesen Vorschlag gefiel Gott, und er übergab dem jüdischen Volk die *Tora*.

In der Tat unterstreichen verschiedene Stellen im *Talmud* und im *Midrasch*, daß die Kinder, die die *Tora* lernen, am wichtigsten für das Überleben des jüdischen Volkes sind.

Die verschiedenen Namen des Festes und deren Bedeutungen

1. *Schawuot:* Feier der Wochen (siehe oben)
2. *Sman Matan Toratenu:* Zeit unserer *Tora*übergabe. Diese Bezeichnung des Festes wird nicht in der *Tora* erwähnt, sondern wurde von den Rabbinen eingeführt und findet sich in der Liturgie des Festes.

Eine Geschichte aus dem *Talmud*, Traktat Schabbat 88b und 89a
Rabbi Jehoschua ben Levi erzählt von einem Streitgespräch zwischen Gott, Mosche und den Dienstengeln, das von der Übergabe der *Tora* an die Menschen handelt.

Als Mosche vom Sinai zum Himmel hinaufgestiegen war, regten sich die Dienstengel darüber auf. Sie fragten Gott, was jemand, der von einer Frau geboren ist, zwischen ihnen tue. Gott gab ihnen die Antwort, daß Mosche gekommen sei, um die *Tora* zu empfangen. Da fragten die Dienstengel Gott, ob Er wirklich vorhabe, die *Tora*, die wie ein Schatz geliebt und schon 974 Generationen lang seit der Erschaffung der Erde bewahrt wird, einem Wesen aus Fleisch und Blut zu überreichen. Weiter führten die Engel den 8. Psalm Davids auf: »Was ist ein Sterblicher, an den Du Dich erinnerst? Warum gedenkst Du überhaupt eines Menschen? Ewiger, unser Fürst, Dein Name ist so groß über der Erde, daß Du Deinen Ruhm besser im Himmel verbreitest.«

Gott befahl Mosche, den Engeln zu antworten. Da er aber fürchtete, von dem Atem der Engel verbrannt zu werden, erlaubte ihm Gott, sich an Seinem Thron festzuhalten, um so den Engeln ohne Gefahr antworten zu können.

Als er daraufhin mit seiner Antwort begann, sprach er zunächst im Beisein der Engel zu Gott: »Herrscher der Welt, was steht in Deiner *Tora*, die Du mir gibst? ›Ich bin der Ewige, dein Gott, der dich aus Ägypten herausgeführt hat.‹[1]« Daraufhin wandte Mosche sich an die Engel: »Seid ihr aus Ägypten ausgewandert? Seid ihr von dem Pharao versklavt worden? Wieso soll dann die *Tora* euch gehören? Was steht noch in der *Tora* geschrieben? ›Du sollst keine anderen Götter haben.‹[2] Lebt ihr etwa unter Völkern, die den Götzen dienen? Und was steht noch in der *Tora* geschrieben? ›Erinnere dich an den *Schabbat*tag, um ihn zu heiligen.‹[3] Seid ihr überhaupt mit Arbeit beschäftigt, um euch am siebten Tag auszuruhen? Was steht weiter in der *Tora*? ›Du sollst den Namen Gottes nicht mißbrauchen.‹[4] Habt ihr etwa irgendwelche Geschäftsbeziehungen untereinander, die euch zwingen könnten, in Gottes Namen zu schwören? Und dann, was steht noch in der *Tora*? ›Ehre deinen Vater und deine Mutter.‹[5] Habt ihr einen Vater oder eine Mutter? Was steht noch in der *Tora* geschrieben? ›Du sollst nicht morden. Du sollst nicht ehebrechen. Du sollst nicht stehlen.‹[6] Gibt es zwischen euch Neid, der euch zum Morden drängt? Leidet ihr unter Versuchung?«

Sofort waren die Engel mit Gottes Entscheidung, die *Tora* der Erde zu überlassen, einverstanden, und jeder der Dienstengel freundete sich mit Mosche an und gab ihm ein Geschenk.

1. 1. Gebot, Ex 20,2.
2. 2. Gebot, Ex 20,3.
3. 4. Gebot, Ex 20,8.
4. 3. Gebot, Ex 20,7.
5. 5. Gebot, Ex 20,12.
6. 6., 7. und 8. Gebot, Ex 20,13.

Als Reb Schlomo von Radomsk schon sehr alt war, beschloß er, nach Zanz zu fahren, um dort Schawuot in der Nähe von Reb Chajim zu feiern.
Vor seiner Abfahrt fragte ihn sein Sohn Awraham: »Wie kannst du für Schawuot wegfahren, wo doch alle Chassidim aus der Gegend zu dir kommen, um am Fest bei dir zu sein?« Daraufhin erwiderte Reb Schlomo: »Weißt du, mein Sohn, ich bin alt und möchte am Ende meines Lebens einmal das Gefühl des Toraempfangs am Sinai empfinden.«

Reb Menachem Mendel von Kotzk erklärte, daß *Schawuot* »Zeit unserer *Tora*-Übergabe« und nicht »Zeit unserer *Tora*-Annahme« heißt. Die *Tora* wurde jedem Juden in der gleichen Weise übergegeben, aber sie wurde nicht von jedem in der gleichen Weise entgegengenommen, denn die Annahme hängt von der Fähigkeit des Verstehens jedes einzelnen ab.

3. *Chag Haschewuot:* Fest des Schwörens.
   Indem die Juden die *Tora* empfingen, haben sie Gott und Seiner *Tora* Treue geschworen.

   Als die Brüder Reb Schmelke von Nikolsburg und Reb Pinchas von Koretz jeweils sieben und fünf Jahre alt waren, lernten sie mit ihrem Vater Reb Zwi Hirsch von Tschortkow zwischen Purim und Pessach den Traktat Pessachim. Nachdem sie den Traktat beendet hatten, fragte Reb Zwi Hirsch seine Söhne, welchen Traktat sie als nächstes lernen wollten. Da das Schawuot-Fest nahte, schlug der ältere Sohn, Schmelke, vor, den Traktat Schewuot zu lernen, das sie vor dem nahenden Fest beenden könnten. Ihr Vater fragte ihn lächelnd: »Glaubst du wirklich, daß dieser Traktat vom Fest Schawuot handelt?«
   Der junge Schmelke antwortete: »Ich weiß, daß der Traktat Schewuot von den verschiedenen Geboten in bezug auf das Schwören handelt. Aber es geschah an Schawuot, daß die Juden die Tora empfangen haben und Gott geschworen haben, die Gebote der Tora einzuhalten. Ich glaube, daß, indem wir den Traktat Schewuot jetzt lernen, wir in der Lage sein werden, die Wichtigkeit des Schwurs, den wir auf dem Berg Sinai geleistet haben, zu schätzen.«

4. *Chag Hakazir:* Fest der Ernte.
   Zu jener Zeit des Jahres fand der Beginn der Sommerernte in Israel statt. Diese Bezeichnung findet sich in Exodus 23,16.
5. *Jom Habikurim:* Tag der ersten Früchte.
   Diese Benennung steht in Numeri 25,26 geschrieben. *Schawuot* ist der Beginn der Saison der ersten Früchte, und jeder Bauer brachte eine Gabe zum Tempel, die aus der Ernte der ersten Früchte, durch die Israel besonders gesegnet wurde, bestand.

6. *Azeret:* dieses Wort bedeutet »Schlußfest« oder »Tag der Versammlung«. Schlußfest, weil es die *Omer*zeit abschließt, und »Tag der Versammlung«, weil die Juden sich in Jerusalem versammelten. Diese Bezeichnung wird auch nicht in der *Tora* erwähnt, sondern im *Talmud.*

Die Übergabe der Tora

Selbst wenn *Schawuot* die Übergabe der *Tora* darstellt, handelt es sich nicht um ein punktuelles Ereignis, sondern vielmehr um ein Ereignis, das während einer ganzen Woche vorbereitet wird.

- Über den 1. *Siwan* schreibt die *Tora*: »Im 3. Monat ist das jüdische Volk an diesem Tag in die Wüste von Sinai gegangen.« (Exodus 19,1)
- Am 2. *Siwan* stieg Mosche zu Gott auf, und das jüdische Volk erklärte: »Alles, was Gott sagte, werden wir erfüllen.« (Exodus 19,8)
- Am 3. *Siwan* überbrachte Mosche Gott die Worte des Volkes. Gott befahl ihm dann, das Volk vom Berg wegzuführen.
- Vom 3. bis zum 6. *Siwan* waren es drei Tage geistlicher Vorbereitungen im Hinblick auf die Übergabe der *Tora.* Während dieser drei Tage mußten sich Männer und Frauen trennen.
- Am 6. *Siwan* wurde die *Tora* dem jüdischen Volk übergeben. Dieser Tag war ein *Schabbat.* Heutzutage ist es üblich, die *Tora* an den drei Tagen vor *Schawuot* gründlich zu lernen, damit man sich »auf die Wiederannahme der *Tora*« vorbereitet.

Die Übergabe der Tora im weitesten Sinn des Torabegriffs

Eigentlich wurden die zehn Gebote von Gott am sechsten *Siwan* ausgesprochen. Nur 40 Tage später stieg Mosche vom Sinai mit den Gesetzestafeln herab, die er sofort zerbrach, als er das jüdische Volk sah, wie es dem goldenen Kalb diente. Nichtsdestoweniger hat das jüdische Volk, als Gott die zehn Gebote mitten im Donner und Blitz aussprach, einstimmig geantwortet: »*Naasse WeniSchema*«, was »wir werden tun und hören« heißt. Es handelte sich um eine bedingungslose Annahme der Gebote Gottes, deren Text 620 Buchstaben aufweist und die also eine Anspielung darstellen auf die 613 Ge- und Verbote der *Tora,* zu denen die 7 Gebote[7], die die Rabbinen zur Zeit des *Talmud* kodifiziert haben, hinzugefügt werden.

7. Die 7 Rabbinengeboten betreffen: 1) sich vor dem Brotessen die Hände waschen, 2) die Gesetze der Städtebegrenzungen an *Schabbat* festzulegen, 3) *Purim,* 4) *Chanukka,* 5) das Sprechen der Segen, 6) das Anzünden der *Schabbat-* und Feiertagslichter, 7) Sprechen des *Hallel* an Feiertagen.

In der Tat konnte dies nicht anders sein, da die zehn Gebote von Gott sieben Wochen nach dem Auszug aus Ägypten ausgesprochen wurden und die *Tora* (Pentateuch) 40 Jahre später von Mosche geschrieben wurde.

Reb Israel Salanter erklärte auch, daß die *Tora* dem jüdischen Volk an einem unbekannten Ort, in der Mitte einer Wüste, an einem nicht genau festzulegenden Tag, entweder am sechsten oder am siebten *Siwan*, übergegeben wurde. Dieses lehrt uns, daß die *Tora* immer und überall aktuell ist und nicht, wie manche Leute behaupten, daß es heutzutage unmöglich ist, die *Tora* einzuhalten. Es bedeutet auch, daß die Gebote der *Tora* aktualisiert und an die heutige Zeit angepaßt werden sollten.

Unsere Weisen machen uns darauf aufmerksam, daß die *Tora* nicht nur das Pentateuch ausmacht, sondern auch die Heiligen Schriften der Propheten sowie auch den *Talmud* beinhaltet. Sie führten zwei Begriffe ein: die schriftliche und die mündliche *Tora*. Diese Einteilung gründet sich auf den Spruch: »der uns die *Tora* der Wahrheit gab und uns ewiges Leben eingepflanzt hat.« »*Tora* der Wahrheit« bezeichnet die schriftliche *Tora*, und »ewiges Leben« ist die mündliche *Tora*. Letztere ist der Zwilling der schriftlichen *Tora*, die wiederum auch von Mosche auf dem Berg Sinai in Empfang genommen wurde. Das Verb »eingepflanzt« symbolisiert das Wachsen eines Baumes aus einem Samen. Genauso wächst und entwickelt sich die mündliche *Tora* aus der schriftlichen *Tora*.

Die Gesamtheit der jüdischen Gesetze heißt *Halacha*, das von dem Verb *haloch* (laufen, vorwärtskommen) abgeleitet wird. Damit wird gezeigt, daß das jüdische Gesetz nicht statisch ist, sondern sich im Laufe der Zeit weiterentwickelt und weiterentwickeln wird.

Beschreibung der schriftlichen Tora

Die schriftliche *Tora* wird auf hebräisch als *TaNaCh* bezeichnet. Das Wort *TaNaCh* setzt sich aus den Anfangsbuchstaben der Worte »*Tora*«, »*Newiim*« (Propheten) und »*Ketuwim*« (Hagiographen) zusammen und besteht aus 24 Büchern.

Die *Tora* beinhaltet die 5 Bücher Mosches: Genesis, Exodus, Levitikus, Numeri, Deuteronomium. Die Propheten setzen sich aus acht Büchern zusammen, nämlich das Buch Jehoschua (Josua), das Buch Richter, die Samuel-Bücher, die Bücher der Könige, das Buch Jesaja, das Buch Jeremias, das Buch Ezechiel und das Zwölfpropheten-Buch. Die Hagiographen weisen elf Bücher auf: Ruth, die Psalmen, Hiob, die Sprichwörter, das Hohelied, die Klagelieder, Kohelet, Esther, Daniel, Esra, Nechemia sowie zwei Bücher der Chronik.

Bei der Auflistung wird deutlich, daß die schriftliche *Tora* weniger Bücher beinhaltet als das alte Testament. Eine Vielzahl an Propheten und Prophetinnen haben in Israel gepredigt, doch nur die für die zukünftigen Generationen bestimmenden Prophezeiungen wurden im biblischen Kanon aufgenommen.

Beschreibung der mündlichen Tora

Die mündliche *Tora* ist die Auslegung der *Tora*, die dem jüdischen Volk von Gott am Berge Sinai gegeben wurde. Die hieraus abgeleiteten Kommentare und Gesetze wurden immer mündlich weitergegeben. Erst nach der Zerstörung des 2. Tempels wurden die Kommentare und Gesetze aufgeschrieben, da man befürchtete, sie zu vergessen. Die *Tanaim* (Meister) waren die erste Generation der Exegeten, die verschiedene Bücher wie die *Mischna*, den *Midrasch* und den *Sohar* (Buch der Herrlichkeit) schrieben. Die Informationen wurden in den Jahren von 3460 bis 3978 (300 v. Chr. – 218 n. Chr.) zusammengetragen.

Ungefähr im Jahre 3950 (190 n. Chr.) kodifizierte Rabbi Jehuda Hanassi die *Mischna* in sechs Traktaten, die jeweils Gesetze beschreiben: 1) die landwirtschaftlichen Gesetze, 2) die Gesetze zu den Feiertagen, 3) die Ehegesetze, 4) die Gesetze bezüglich Entschädigungen, 5) die Gesetze bezüglich der Heiligkeiten und 6) die Gesetze zur Reinheit.

Die *Gemara* beinhaltet die Lehren der zweiten Generation der Meister (*Amoraim*), die zwischen 3979 und 4235 (219 n. Chr. – 475 n. Chr.) verfaßt wurden und den Kommentar der *Mischna* darstellen.

Die *Gemara* bildet zusammen mit der *Mischna* den *Talmud*.

Der *Talmud* besteht aus zwei Teilen: zum einen der *Talmud* von Jerusalem, der von Rabbi Jochanan im Jahre 4039 (279 n. Chr.) zusammengestellt wurde, und zum anderen der babylonische *Talmud*, der von Raw Aschi und Rawina im Jahre 4234 (475 n. Chr.) geschrieben wurde.

Die folgende Generation der Meister erarbeitete die verschiedenen Texte des *Talmud*. Es waren Rabbi Jossef Karo von Safed und Reb Mosche Isserles (der Rama), die den Codex der jüdischen Gesetze im Jahre 5335 (1575 n. Chr.) aufschrieben, indem sie sich auf die Schlußfolgerungen des *Talmud* bezogen.

Das Werk der beiden Meister, deren Autorität weltweit anerkannt war, setzt sich aus vier Teilen zusammen:

1. Das *Orach Chajim* beinhaltet die Gesetze bezüglich des täglichen Lebens, des *Schabbat* und der Feste sowie des Ablaufs der Gebete.
2. Das *Joreh-Dea*-Buch beschreibt die Reinheitsgebote, die Ernährungsgesetze sowie die Vorschriften zur Trauer.
3. Der dritte Teil, *Choschen Mischpat*, listet die zivilen und strafrechtlichen Gesetze auf.
4. Der *Ewen Haeser* definiert die Gesetze bezüglich der Heirat und der Scheidung.

Mit der Entwicklung der Technologie sahen sich die Rabbinen des 19. und 20. Jahrhunderts mit den Problemen, die von den alten Meistern »nicht vorhergesehen« waren, konfrontiert und mußten somit Antworten hierfür finden. Ihre Entscheidungen haben auch heute noch Bestand, und es ist nicht selten, daß Rabbinen ersucht werden, eine Entscheidung in bezug auf ethische Fragen zu treffen, wie beispielsweise: »Darf man das Leben künstlich mit Hilfe eines Beatmungsgeräts verlängern?«, »Darf man ein Organ spenden oder empfangen?«, »In welchem Maße hat man das Recht, eine Genmanipulation an Embryonen vorzunehmen?« etc. Diese Studien sind alle in den Bänden der »Responsa[8]«, zusammengefaßt, die integraler Bestandteil der mündlichen *Tora* sind und somit ebenfalls als heilige Bücher angesehen werden. Einer der letzten Kodifikatoren war Reb Mosche Feinstein (1895-1986), der in New York lebte.

Abendgottesdienst

Während aller anderen Feste, sogar an *Schabbat*, ist es erlaubt, die Gebete am Abend vor Nachteinbruch anzufangen. An *Schawuot* jedoch wird empfohlen, die Nacht abzuwarten, damit die sieben Wochen des *Omer* vollständig sind, so wie es geschrieben steht (Levitikus 23,15): »Sieben vollständige Wochen«.

Es ist nicht selten, auf Gemeinden zu treffen, wo die Nacht gegen 22 oder 23 Uhr anbricht, da *Schawuot* immer in die Zeit der Sommersonnenwende fällt. Selbst in diesen Gegenden wartet man mit dem Abendgottesdienst bis zum Einbruch der Nacht. Während des Abendgottesdienstes werden viele allegorische Gedichte bezüglich der zehn Gebote eingefügt.

Der *Kiddusch* (Heiligung des Festes) wird nach dem Abendgottesdienst und somit ebenfalls nach Einbruch der Nacht gesprochen. Erst danach wird das Festessen zu sich genommen.

Nacht des Lernens

Genauso wie an *Hoschana Rabba* ist es üblich, während der ersten Nacht von *Schawuot* wach zu bleiben und das *Tikun*[9] von *Schawuot* aufzusagen. Diese »Nacht des Lernens« heißt auf hebräisch: *Tikun Lel Schawuot*. Dies soll eine Anspielung auf die drei Tage und drei Nächte sein, während derer sich das

8. Wort lateinischen Ursprungs, das »Antworten auf« bedeutet.
9. Sammlung von Auszügen der wichtigsten Stellen aus der schriftlichen und mündlichen *Tora*.

jüdische Volk darauf vorbereitete, die *Tora* in der Wüste entgegenzunehmen. Während dieser drei Tage und drei Nächte durfte das jüdische Volk nicht schlafen. Trotzdem schliefen einige von ihnen ein, und das *Tikun* (bedeutet auch »Entschädigung«) dient dazu, den Fehler unserer Ahnen wiedergutzumachen, indem wir in dieser Nacht nicht schlafen.

Der berühmte *Kabbalist* Rabbi Jizchak Luria (1534-1572) erklärte, daß demjenigen, der die ganze erste Nacht von *Schawuot* über lernt, ohne dabei einzuschlafen, vom Himmel ein vollständiges Jahr versprochen wird, das heißt, daß ihm gar kein Unglück widerfahren wird.

Dieser Brauch wird sowohl bei den *sephardischen* als auch bei den *aschkenasischen* Juden durchgeführt. Nach dem *Tikun*, bei Tagesanbruch, ist es üblich, das Gebet des Morgengottesdienst zu sprechen.

> Anstatt die erste Schawuot-Nacht mit dem Aufsagen des Tikun und mit Lernen zu verbringen, blieb ein Chassid mit zahlreichen anderen am Tisch von Reb Israel von Rizhin, wo sie mit ihm gemütlich aßen, sangen und diskutierten.
> Doch dann kamen Zweifel in dem Chassid auf, und er dachte: »Müßte ich in diesem Moment nicht eigentlich das Tikun aufsagen? Ich erfülle sicher nicht meine Aufgabe.«
> Reb Israel las in den Gedanken des Chassids und versicherte ihm: »Mach dir keine Sorgen, die Initialen des hebräischen Spruchs ›Du deckst einen Tisch vor Mir‹ sind die gleichen, wie die des Spruchs 'Tikun Lel Schawuot‹. Du hast also deine Aufgabe erfüllt.«

Da es sich in keiner Weise um eine Nacht des Fastens handelt, ist es erlaubt, während des *Tikun* zu essen und zu trinken. Deshalb werden auch in den Gebetshäusern Tische mit verschiedenen Getränken, Früchten und Kuchen gedeckt.

Traditionen an Schawuot

In Erinnerung an den Berg Sinai, der zur Zeit der Übergabe der *Tora* völlig begrünt war, ist es üblich, die Synagoge und die Wohnhäuser mit Blumen und Sträuchern zu schmücken.

Außerdem ißt man am ersten Tag von *Schawuot* Milchspeisen. Unsere Weisen sagen hierzu, daß ebenso wie die Milch das Grundnahrungsmittel der Säuglinge ist, auch die *Tora* unser grundsätzliches spirituelles Nahrungsmittel darstellt.

Der *Talmud*, Traktat Sotah 126b, lehrt uns, daß Mosche in einem Binsenkörbchen im Nil am 6. *Siwan* ausgesetzt wurde. Die Tochter des Pharaos, die ihn aufnahm, vertraute Mosche einer ägyptischen Amme an, aber Mosche weigerte sich zu trinken, da Gott nicht wollte, daß derjenige, der mit Ihm kommunizieren würde, von einer nichtjüdischen Frau gestillt wurde. Daher verursachte Gott, daß die Tochter des Pharaos den Jungen einer jüdischen Amme, Jochewed, anvertraute, ohne zu wissen, daß diese Frau die leibliche Mutter des Kindes war. Mosche wurde von seiner Mutter am 6. *Siwan* gestillt. Und wenn wir Milchspeisen an diesem Tag essen, gedenken wir dieses Wunders.

Es wäre falsch zu glauben, daß alle Speisen, die an *Schawuot* gegessen werden, Milchspeisen sein müssen. Im Gegenteil ist *Schawuot* ein Fest und damit eine Art »Freudenquelle«. Wie wir schon im Kapitel über *Pessach* und *Sukkot* gesehen haben, zeichnet sich die Freude dadurch aus, daß man Fleischspeisen zu sich nimmt.

Eines der beliebtesten Gerichte der *aschkenasischen* Juden, das an den verschiedenen Festen gegessen wird, ist das »*Kräplech*«, eine Art Ravioli gefüllt mit Hähnchenfleisch, Leber und gebratenen Zwiebeln.

Reb Meir von Premischlan schickte einen Boten mit einem Brief an Reb Israel von Rizhin, in dem er schrieb: »Wir nähern uns Schawuot, und gemäß der Tradition essen wir Kräplech. Allerdings haben uns unsere Weisen nicht gesagt, wie viele wir essen sollen. Einen einzigen? Wenn die Tradition so wichtig ist, dann ist einer sicherlich zu wenig. Zwei? Das ist eine gerade Zahl und damit eine unreine. Drei? Das ist vielleicht ein bißchen zu viel.«
Nachdem Reb Israel von Rizhin den Brief gelesen hatte, sagte er zum Boten: »Sag deinem Rebbe, daß er einen Kräplech essen soll, der so groß wie zwei ist.«

Gottesdienstordnung am ersten Tag

Wie schon besprochen, wird der Morgengottesdienst bei Tagesanbruch gefeiert. Dennoch können diejenigen, die *Tikun* nicht begangen haben, ihr Morgengebet zu ihrem gewöhnlichen Zeitpunkt sprechen. Vor der *Tora*lesung am ersten Tag sprechen der Vorbeter und die Betenden abwechselnd ein Gedicht, das *Akdamot* heißt und eine Hymne an den Ruhm des Schöpfers und des jüdischen Volkes ist, das sich weigert, seinen Glauben abzulegen und sich zu assimilieren.

Dieses Gedicht, geschrieben auf aramäisch, wurde im 11. Jahrhundert von Rabbi Meir ben Jizchak von Worms[10], der einer der Meister des berühmten *Tora*kommentators Raschi[11] ist, verfaßt. Jeder Vers endet auf die Endung »Ta«, die im Aramäischen den femininen Genus bezeichnet. Diese Endung wird aus dem letzten Buchstaben und dem ersten Buchstaben des (hebräischen) Alpha-

10. Es gibt keine genaue Angabe über sein Geburtsjahr. Er soll entweder im Jahre 1030 oder 1040 geboren sein und ist 1096 in Worms gestorben.
11. Rabbi Schlomo ben Jizchak (1040-1105).

bets zusammengesetzt, um uns zu zeigen, daß der Zyklus der *Tora*lesung ohne Ende ist und daß man, sobald man die *Tora*lesung beendet hat, sie wieder von neuem beginnen soll.

Dieses Gedicht wird in allen *aschkenasischen* jüdischen Gemeinden gesprochen. Es ist interessant zu bemerken, daß nur die Gemeinde von Worms die *Akdamot* nicht in die Gottesdienstordnung aufgenommen hat. Ein Grund hierfür könnte sein, daß das Aufsagen des Gedichtes an den traurigen Tod des aus Worms stammenden Autors erinnern könnte. Er starb vor Kummer einige Monate nach dem Tod seines Sohnes, der brutal im Jahre 1096 während der Zeit der Kreuzzüge zusammen mit 800 jüdischen Leidensgenossen ermordet wurde.

Die *Tora*lesung steht in Exodus 19,1–20,23 geschrieben und handelt von den 10 Geboten, wie sie zur damaligen Zeit von Gott ausgesprochen wurden. Der *Midrasch* (Jalkut Schimoni § 271) besagt, daß Gott dem jüdischen Volk versprach, daß, wenn es diesen Auszug jedes Jahr lesen würde, Er beachten würde, daß es vor dem Berg Sinai stand und die *Tora* empfing.

Die Massendeportationen fingen in Ungarn im Mai 1944 an. Bis dahin hatte die ungarische Regierung versucht, die Juden davor zu beschützen. Dennoch mußten viele jüdische Männer als Teilnehmer der ungarischen Armee Zwangsarbeit verrichten. Imre, ein religiöser junger Mann, versuchte immer, zum Schabbat nach Hause in Jànoshalma zu fahren. Für Schawuot 1944 gelang es ihm nicht, vor dem Fest zu fahren, und es blieb ihm nichts anderes übrig, als nachts zu reisen, als das Fest schon begonnen hatte. So groß war sein Eifer, die 10 Gebote zu hören und Schawuot mit seiner Familie zu feiern. Zu dieser Zeit lebten seine Eltern schon im Ghetto von Bàcsalmàs.

Vom Bahnhof begab er sich mit seinem Bündel direkt zur Synagoge. Obwohl Imres Vater, Lipot, wußte, daß sein Sohn während der Nacht gereist war, machte er ihm keinen Vorwurf und war voller Freude, als sie in der Synagoge nebeneinander saßen, um zu beten.

Nach dem Gottesdienst gingen Lipot und Imre in die Mühle, in der sie im Ghetto lebten, wo sie Schawuot mit Imres Mutter und seinen zwei Schwestern verbrachten. (Imre hatte damals noch zwei Brüder, die, wie er, Zwangsarbeiter waren. Diese durften Schawuot leider nicht mit ihrer Familie verbringen.)

Kurz vor dem Ausgang des Festes gingen Lipot und Imre eine Weile spazieren. Sie waren glücklich zusammenzusein, aber keiner von ihnen sprach ein Wort. Als der Augenblick des Abschieds gekommen war, segnete Lipot seinen Sohn, umarmte ihn und sagte: »Mein Sohn, vergiß niemals, daß du ein Jude bist.« Sie sahen sich nie wieder.

Lipot und seine gesamte Familie wurden nach Auschwitz deportiert und starben dort kurz nach ihrer Ankunft. Imre überlebte den Krieg in verschiedenen Konzentrationslagern. Als Imre erfuhr, daß seine Familie ermordet worden war, war er erleichtert bei dem Gedanken, daß er das 5. Gebot, Vater und Mutter zu ehren, an den letzten Tagen vor ihrer Ermordung hatte erfüllen und ihnen so noch ein paar glückliche Tage hatte schenken können.

Nach der *Tora*lesung wird die *Haftara* aus den Prophezeiungen von Ezechiel vorgetragen. Die *Haftara* beschreibt die Vision, die der Prophet über den himmlischen Wagen, der von einer Engelschar gezogen wurde, hatte. Der Prophet präzisiert, daß das, was er gesehen hatte, aussah wie die Herrlichkeit Gottes. (Ezechiel 1,28 und 3,12)

In den *sephardischen* Gemeinden liest man nach dem *Mussaf*gottesdienst ein Gedicht über die 613 Gebote, das aus dem Text der *Tora* genommen und *Asharot* (Warnung) genannt wird. Dieses Gedicht wurde von Rabbi Schlomo Ibn Gabirol im 11. Jahrhundert in Spanien geschrieben.

Außerdem ist es üblich, am ersten Tag von *Schawuot* vor dem Ausheben der *Tora* ein Gedicht, das *Ketuba* (Ehevertrag) heißt und das Bündnis zwischen dem jüdischen Volk und der Tora symbolisiert, zu lesen. Dieses Gedicht wurde von Rabbi Israel Nazhara, einem *Kabbalisten* des 16. Jahrhundert aus Safed (Israel), verfaßt.

Mincha-Gottesdienst

Der *Mincha*-Gottesdienst an den zwei Tagen von *Schawuot* spielt sich genauso wie an den anderen Festtagen ab. Die *Amida* beinhaltet sieben Segenssprüche, wobei der zentrale Segensspruch »die Heiligkeit des Tages« ist, in dem das *Schawuot*fest genannt wird. Am ersten Tag von *Schawuot* ist es üblich, vor dem *Mincha*-Gottesdienst das gesamte Buch der Psalmen, geschrieben von König David, zu lesen.

Ein Chassid aus Kotzk diskutierte mit einem Chassid aus Tschernobyl über die verschiedenen Denkrichtungen innerhalb der chassidischen Bewegung. Der Chassid aus Tschernobyl sprach: »Wir haben drei Schwerpunkte. In der Nacht vom Donnerstag auf den Freitag bleiben wir alle wach, um die Tora zu lernen. Am Freitag verteilen wir so viele Almosen, wie wir es uns erlauben können. Und am Schabbat lesen wir das gesamte Buch der Psalmen.« Der Chassid aus Kotzk erwiderte hierauf: »Bei uns ist es anders. Die Chassidim bleiben während aller Nächte wach, um die Tora zu lernen. Was die Almosen betrifft, verteilen wir sie jedes Mal, wenn wir einen Bedürftigen treffen. Was das Buch der Psalmen jedoch angeht, sind wir nicht in der Lage, es vollständig zu lesen. Im Gegenteil, wir lesen nur einige Teile daraus, die jedoch mit großer Konzentration. Denn kann man wirklich auf einmal die Gesamtheit der Psalmen lesen, die König David während seines ganzen Lebens geschrieben hat?«

Gottesdienstordnung am zweiten Tag

Das Buch Ruth wird am zweiten Tag vor der *Tora*lesung rezitiert. Die *Tora*lesung selbst ist dieselbe wie an *Schmini Azeret* und beschreibt unsere Verpflichtung, den Armen ein Zehntel unseres Einkommens zu geben. Sie steht in Dtn 14,22-16,17 geschrieben.

Die *Haftara* befindet sich in Chabakuk 2,20-3,19. Da Chabakuk eine Vision vom Exil hatte, das das jüdische Volk treffen würde, wandte er sich an Gott mit einem bewegenden Bittgebet. Gott möge Sich trotz Seines Zorn Seinem Volk gegenüber barmherzig zeigen.

Nach der *Tora*lesung wird das *Jiskor* (Seelenfeiergebet) wie an *Jom Kippur*, an *Schmini Azeret* und am 8. Tag von *Pessach* gesprochen. Danach sprechen die Anwesenden zusammen mit dem Vorbeter das *Mussaf*gebet.

Die übrigen Gebete von *Schacharit*, *Mussaf* und *Mincha* sind grundsätzlich die gleichen wie an *Pessach* und *Sukkot*.

Schawuot in Israel

In Israel dauert das Fest nur einen Tag lang, und daher werden alle Gedichte sowie das Buch Ruth am selben Tag, nämlich dem 6. *Siwan*, gelesen. Die *Tora*-Lesung und die *Haftara* des zweiten Tages entfallen somit in Israel. Der Grund für den zusätzlichen Festtag in der Diaspora ist derselbe wie an *Pessach*, das hier ebenfalls einen Tag länger dauert.

Das Buch Ruth

Das Buch Ruth erzählt die Geschichte zweier Frauen, einer Jüdin, Naomi, und einer Moabitin, Ruth, ihrer Schwiegertochter. Das Buch berichtet von ihrer Rückkehr nach Israel nach einem langen und schmerzhaften Exil sowie von dem Übertritt Ruths zum Judentum und ihrer Hochzeit. Das Buch endet mit der Aufzählung der Nachkommen Ruths bis zum König David, ihrem Urenkel.

Mehrere Gründe geben Anlaß, dieses Buch an *Schawuot* zu lesen, insbesondere weil König David am Tag eines *Schawuot* geboren wurde und 70 Jahre später auch an einem solchen Tag starb.

Die Geschichte Ruths spielt sich zur Zeit der Gerstenernte, die mit der *Schawuot*zeit zusammenfällt, ab.

Mit ihrem Übertritt zum jüdischen Glauben akzeptierte Ruth die 613 *Mizwot* der *Tora*, ebenso wie das jüdische Volk an diesem Tag die zehn Gebote bzw. die *Tora* angenommen hatte. Es ist zusätzlich interessant zu bemerken, daß der Zahlenwert des Namens »Ruth« 606 ist. Eigentlich ist es diese Anzahl an *Mizwot*, die Ruth annahm, da die Nationen der Welt sieben ethischen Geboten[12] unterworfen sind, die schon zur Zeit Noahs verkündet wurden.

Der *Midrasch* Ruth Rabba, Kapitel 2, lehrt, daß das Buch Ruth kein Gebot in bezug auf Reinheit und Unreinheit und keine Gebote bezüglich Erlaubnissen oder Verboten enthält. Warum wurde dieses Buch also geschrieben? Um uns die Entschädigung zu lehren, die denen reserviert ist, die Wohltätigkeit verkünden. Die Entschädigung, die Ruth für ihre Wohltaten empfing, war, die Matriarchin der königlichen Dynastie Davids werden zu können.

Als die Römer in Israel herrschten, hatten die römischen Behörden verboten, daß das jüdische Volk die *Tora* lernen dürfte. Dennoch umging Rabbi Akiwa das Verbot und lehrte weiterhin die *Tora* in aller Öffentlichkeit. Einer seiner Freunde, Papuss, fragte ihn: »Warum riskierst du dein Leben, indem du das Verbot mißachtest?« Rabbi Akiwa antwortete ihm hierauf mit einem Gleichnis: »Ein Fuchs strich am Ufer eines Flusses umher, von wo aus er die Fische beobachtete, die versuchten, sich zu verstecken. Als er dies sah, fragte er sie nach dem Grund ihrer Aufregung, und sie antworteten, daß sie sich vor den Netzen der Menschen fürchteten. Daraufhin bot ihnen der Fuchs an, daß sie doch an Land kommen könnten, wo er sie verstecken und sie dann glücklich zusammenleben könnten. Als die Fische das hörten, sprachen sie zum Fuchs: ›Stimmt es wirklich, daß du der Gescheiteste unter den Tieren bist? Du bist nichts als ein Dummkopf, denn sonst müßtest du wissen, daß unser Leben vom Wasser abhängt. Ohne Wasser können wir nicht leben. Wenn wir schon im Wasser, unserem natürlichen Umfeld, bedroht sind, dann sind wir noch mehr außerhalb unseres natürlichen Umfelds bedroht.‹«

Rabbi Akiwa fügte hinzu: »Dasselbe gilt auch für uns. Unser Leben hat nur durch die *Tora* einen Sinn.«

Kurze Zeit nach dem Gespräch wurden beide von den Römern gefaßt. Papuss sprach zu Rabbi Akiwa: »Glücklich seist du, Rabbi Akiwa, wegen des *Tora*lernens gefaßt worden zu sein. Unglücklich sei Papuss, für eine Belanglosigkeit festgenommen worden zu sein.«

12. Die sieben Gebote (oder Verbote) Noahs sind folgende: 1) nicht morden, 2) keine Götzenanbetung betreiben, 3) nicht stehlen, 4) keinen Ehebruch und Inzucht betreiben, 5) kein Fleisch von noch lebenden Tieren essen, 6) Gott nicht lästern, 7) gut funktionierende gesetzliche und soziale Ordnungen schaffen, die die Einhaltung der sechs Verbote gewährleisten.

17. Tamus und 9. Aw

Jede Generation, in der der Tempel nicht wiedererrichtet wird,
wird angesehen,
als ob sie den Tempel zerstört habe.
(Talmud von Jerusalem, Traktat Joma 1:1)

Die Erinnerung pflegen

Als im Jahre 1812 die napoleonischen Armeen in Polen einmarschierten, durchquerten sie ein jüdisches Dorf. Napoleon hörte den Lärm einer großen Volksversammlung, die in einem Gebäude weinte. Um herauszufinden, ob er diesen Menschen in irgendeiner Weise helfen könnte, schickte er einen seiner Generäle zu ihnen, um nach dem Grund ihrer Trauer zu fragen.

Als der General in das Haus eintrat, in dem man die Schreie und das Weinen vernommen hatte, bemerkte er, daß dieses Haus eine Synagoge war und war überrascht, die Menschen auf dem Boden sitzen zu sehen. Er diskutierte mit einigen Anwesenden in der Synagoge, die ihm erklärten, daß es der Tag des 9. *Aw* war und daß sie über die Zerstörung des Tempels von Jerusalem trauerten.

Der General kehrte zu Napoleon zurück, um diesem über das Gesehene zu berichten. Er erklärte ihm, daß diese Menschen Juden seien, daß sich ein großes Unglück ereignet hatte und ihr Tempel zerstört worden war. Napoleon fragte, ob dies vor kurzem geschehen sei. Der General erwiderte, daß sich alles vor mehr als 1700 Jahren ereignet hatte. Napoleon fragte weiterhin, ob sich das Ereignis in diesem Dorf zugetragen hatte. Hierauf erklärte ihm der General, daß sich alles in Jerusalem ereignet hatte.

Napoleon war so beindruckt, daß er daraufhin ausrief: »Unglaublich! Diese Menschen beweinen etwas, das sich vor so langer Zeit und in einem solch fernen Ort zugetragen hat. Jetzt verstehe ich, warum das jüdische Volk so lange in seiner Verbannung überlebt hat. Ein Volk, das seine Erinnerung so lange pflegt und das noch immer nach seiner Erlösung strebt, kann nicht vernichtet werden und wird auch in Zukunft leben.«[1]

Einige Vorbemerkungen

Der 9. *Aw* heißt auf hebräisch *Tischa BeAw*. Der Einfachheit halber wird jedoch in diesem Kapitel die Bezeichnung 9. *Aw* benutzt.

Alle Gebote, Verbote und Traditionen, die sich auf den 9. *Aw* beziehen, wurden nach der Zerstörung des zweiten Tempels aufgeschrieben. Daher wird wenig Wert auf die Chronologie der Ereignisse gelegt, und es ist beinahe unmöglich, die Zerstörung des ersten und die des zweiten Tempels getrennt voneinander zu betrachten.

In der aktuellen Erinnerung an die Zerstörung des Tempels hat man eher die zweite Zerstörung im Sinn, da sie uns zeitlich näher ist und die Diaspora, die wir heute erleben, eine direkte Folge dieses Ereignisses darstellt. Dennoch bleibt die erste Zerstörung im Hintergrund erhalten, da wir am Abend des 9. *Aw* die Klagelieder Jeremias' lesen. Andererseits bezieht sich das Fasten des 10. *Tewet* auf die Belagerung der Stadt Jerusalem vor der ersten Zerstörung. Nichtsdestotrotz ist die zweite Zerstörung eine größere Katastrophe, da in der Zeit des Exils, das schon mehr als 19 Jahrhunderte dauert, der zerstörte Tempel nicht durch einen neuen ersetzt wurde. Das Exil jedoch, das auf die Zerstörung des ersten Tempels folgte, dauerte kaum 70 Jahre, und ein neuer Tempel ersetzte den von Salomo.

Die Bedeutung des Monats Aw

Der Monat, in dem sich die Verbannung abspielte, wird *Aw* genannt, was auf hebräisch »Vater« bedeutet und impliziert, daß unser Leiden kein körperliches Leiden ist, welches an das Exil gebunden ist, sondern vielmehr das psychologische Leiden eines vom Vater zurückgewiesenen Kindes sowie der Kummer des Vaters, weil seine Kinder sich von ihm abgewandt haben. Das Sternzeichen für diesen Monat ist der Löwe, und wir erklären dies damit, daß, als

1. Aufgrund dieser Geschichte führte Napoleon als Kaiser ein, daß die Religionsfreiheit auch für die Juden galt sowie die damit verbundene Anerkennung der jüdischen Religion.

das jüdische Volk beinahe seinem Vater im Himmel gehorcht hatte, der Löwe von Babylonien (Nebukadnezar) kam und das jüdische Volk verschlang. Dies ist der Grund dafür, daß Gott jede Nacht wie ein Löwe im Himmel brüllt.

Weshalb wurde der Tempel zerstört?

Der erste Tempel stand 410 Jahre. Es war im Jahre 3338 (423 v. Chr.), als die Armee von Nebukadnezar in das Land Israel einfiel und den Tempel am 9. *Aw* zerstörte. Die Verbannung in Babylon dauerte 70 Jahre. Danach fand die Errichtung des zweiten Tempels von Jerusalem statt. Diese dauerte 420 Jahre, und genau 490 Jahre nach der Zerstörung des ersten Tempels wurde der zweite Tempel ebenfalls am 9. *Aw* von den Armeen Titus' zerstört.

Der *Talmud*, Traktat Joma 9b, erklärt, daß der erste Tempel zerstört wurde, da zu dieser Zeit das jüdische Volk gegen drei Hauptsünden verstieß: Götzendienst, unerlaubte Beziehungen (Inzest) und Mord. Weiterhin werden hier die Gründe für die Zerstörung des zweiten Tempels beschrieben, denn trotz der Tatsache, daß das jüdische Volk die Gebote der *Tora* auf das genaueste einhielt, herrschte gegenseitiger Haß unter den Menschen.

Der *Midrasch* (Eicha Rabbati 1:21) erzählt, daß in der Nacht des 9. *Aw*, in der Gott den zweiten Tempel zerstörte, Awraham zu Gott gegangen war, Der ihn daraufhin fragte, warum er käme. Awraham antwortete Ihm darauf: »Herr, wo sind meine Kinder?« Gott erwiderte: »Sie haben gesündigt, und so habe Ich sie aus den Nationen ausgestoßen.« Awraham fragte: »Gab es unter ihnen denn keine Gerechten?«[2] Gott erklärte ihm sodann: »Wie viele es gab? Niemand war mehr gerecht gewesen, da jeder sich am Unglück des anderen erfreute und jeder seinen Nächsten haßte.«

Als Nebukadnezar König Jojachin im Jahre 3327 (443 v. Chr.) nach Babylon verbannt hatte, setzte er Zidkijahu als König von Israel ein und verbündete sich mit diesem. Im achten Jahr seiner Herrschaft brach Zidkijahu die Allianz und entfernte sich von Gott. Der *Midrasch* Esther Rabba 3:1 erzählt, wie Nebukadnezar auf Zidkijahus Verhalten reagiert hat: »Wenn du dich nur gegen mich aufgelehnt hättest und nicht gegen deinen Gott, hätte ich befürchtet, daß dein Gott dich unterstützt hätte. Wenn du dich nur gegen deinen Gott aufgelehnt hättest und nicht gegen mich, hätte ich dich weiterhin wie einen Verbündeten unterstützt. Jetzt, da du sowohl Gott als auch mich betrogen hast, bist du verloren, und ich fürchte nicht, Jerusalem zu zerstören.«

2. Man muß sich in Erinnerung rufen, daß Awraham sich vor Gott für die Menschen von Sodom und Gomorra eingesetzt hatte, als Gott diese beiden Städte zerstören wollte. (Siehe Genesis, Kap. 18).

Der *Midrasch* (Einführung zu *Midrasch* Eichah) beschreibt, was im Himmel weiterhin an dem Tag vonstatten ging, als der erste Tempel zerstört war: Gott beklagte sich bei dem Propheten Jeremias und sagte: »Ich bin heute wie ein Mann, der nur einen Sohn hatte, für den er einen Baldachin vorbereitete und der dann unter dem Baldachin während seiner Hochzeit starb. Hast Du kein Mitleid mit Mir und Meinem Sohn? Geh zu Awraham, Jizchak, Jaakow und Mosche und sag ihnen, sie sollten sich aus ihren Gräbern erheben, denn sie wissen, wie sie zu klagen haben.«

Jeremias ging zu den Vorfahren und forderte: »Erhebt euch, denn ihr seid zu Gott bestellt.« Diese fragten Jeremias nach dem Grund für seine Forderung, woraufhin er erwiderte: »Ich weiß es nicht!« – obwohl er es wußte. Doch er fürchtete, daß die Vorfahren ihm dies antworten würden: »Es war zu deiner Zeit, daß ein solches Unglück unseren Kindern widerfahren ist.«[3]

Die Geschichte Kamzas und Bar Kamzas aus dem Talmud (Traktat Gittin 55b-56a)

Ein Mann hatte einen Freund, der Kamza hieß, sowie einen Feind, der den Namen Bar Kamza[4] trug. Eines Tages organisierte er ein großes Fest und beauftragte seinen Diener, seinen Freund Kamza einzuladen. Der Diener irrte sich jedoch und lud Bar Kamza, den Feind seines Herrn, ein. Am Festtag, als der Hausherr seinen Feind sah, ging er auf diesen zu und befahl ihm, den Saal zu verlassen. Bar Kamza war sehr verlegen und sprach: »Da ich nun schon einmal hier bin, laß mich bleiben, und ich werde dich für alles bezahlen, was ich trinken und essen werde.« Der Gastgeber lehnte diesen Vorschlag ab, und Bar Kamza bat ihn, nicht so viel Aufhebens um die Sache zu machen und schlug ihm vor, die Hälfte des Banquets zu bezahlen. Der Gastgeber lehnte dies jedoch ebenfalls ab, und Bar Kamza flehte, ihn nicht fortzuschicken, und bot ihm an, alle Kosten des Festes zu übernehmen. Doch auch dieses großzügige Angebot wurde abgelehnt. Der Hausherr packte ihn am Arm, schüttelte ihn und befahl ihm ein weiteres Mal, den Saal zu verlassen.

Bar Kamza sagte beim Weggehen: »Da viele anwesende Rabbinen meine Scham gesehen und sich nicht der mir entgegengebrachten Haltung widersetzt haben,

3. Es ist bekannt, daß Jeremias sich nichts vorzuwerfen hatte und daß er das Volk ausreichend gemahnt hatte, Reue zu zeigen. Der *Midrasch* Pessikta Rabbati § 26 überliefert die Worte Jeremias': »Meine Brüder, alles, was ihr erlitten habt, ist die Folge eurer Mißachtung der Göttlichen Worte, die Gott mir zukommen ließ. Der Himmel und die Erde sind Zeugen: Wenn ihr nur einmal geweint hättet, als ihr noch in Zion (Jerusalem) lebtet und ich euch mahnte, wäret ihr nicht vertrieben worden.«.
4. Name zweier Juden zur Zeit des zweiten Tempels.

vermute ich, daß sie einverstanden waren mit der Tatsache, daß ich so behandelt wurde. Ich werde sie also bei den römischen Behörden anklagen.« Was er auch tat.

Rabbi Elasar sagte hierzu: »Sieh, wie groß die Strafe bei Beleidigung ist. Selbst Gott unterstützte die Tat Bar Kamzas, was die Zerstörung Seines Hauses verursachte und die Verbrennung Seines Tempels.« (*Talmud*, Traktat Gittin 55b-56a)

Reb Raphael von Berschad war bekannt für seine Versöhnungsbemühungen zwischen Ehepaaren, Freunden, die zerstritten waren, und Geschäftspartnern. Einmal, am 9. Aw, ging er zu jemandem und fand ihn, als dieser dabei war, sich mit einer weiteren Person zu streiten. Er versuchte einzugreifen, um sie miteinander zu versöhnen, und der Hausherr antwortete ihm: »Rebbe, muß das heute gemacht werden oder kann das nicht bis morgen warten?«

Reb Raphael ließ sich nicht einschüchtern und erwiderte: »Im Gegenteil. Der Tempel wurde an diesem Tag zerstört, weil gegenseitiger Haß unter den Menschen herrschte. Daher ist es besonders wichtig, alles heute ins reine zu bringen, um Frieden unter den Juden zu schaffen.«

Die vier Fastentage verbunden mit der Zerstörung des Tempels

Der *3. Tischri* erinnert an den Tod des letzten Prinzen Israels, Gedalia ben Achikam.

Der *10. Tewet* gedenkt des Anfangs der Belagerung Jerusalems durch Nebukadnezar.

Der *17. Tamus* gedenkt fünf tragischer Ereignisse, die dem jüdischen Volk zugestoßen sind:

- Die ersten Gebotstafeln wurden von Mosche zerbrochen, als er das jüdische Volk dem goldenen Kalb dienen sah.
- Das zweite Ereignis war, daß das ständige Opfer aufgehoben wurde.
- Die erste Bresche in der Mauer von Jerusalem tat sich während der Zeit des zweiten Tempels auf. Eigentlich wurde die erste Bresche in der Mauer von Jerusalem während der Zeit des ersten Tempels am 9. *Tamus* gemacht, aber die Rabbinen wollten das jüdische Volk nicht mit noch einem zusätzlichen Fastentag belasten und beschlossen, daß der 17. *Tamus* als Fasten- und Gedenktag für die erste Bresche in der Mauer in beiden Epochen dienen sollte.
- Apostomos, ein griechischer General, verbrannte die *Tora*rolle, geschrieben von Esra dem Schreiber, die im Hof des Tempels aufbewahrt wurde. Es han-

delte sich um das genaueste Exemplar, das die anderen Schreiber zur Vervielfältigung der *Tora*rollen benutzten.
- Apostomos führte ein Idol im Tempel während der griechischen Besatzungszeit ein.

Der *9. Aw* gedenkt ebenfalls fünf tragischer Ereignisse, die das jüdische Volk erleiden mußte.

- Während des zweiten Jahres der Wanderung der Juden in der Wüste schickte Mosche zwölf Spione nach Kanaan, damit sie über das Land berichten sollten. Bei ihrer Rückkehr berichteten sie derart Schlechtes, daß das gesamte Volk anfing zu weinen. Der *Talmud*, Traktat Taanit 28b, übermittelt, daß diese Nacht die des 9. *Aw* war und Gott gesagt hatte: »Ihr habt umsonst geweint. Ich werde für euch einen Tag einrichten, an dem ihr und eure zukünftigen Generationen weinen werdet.« Gott entschied, daß aufgrund dieser Sünde die Juden während vierzig Jahren in der Wüste irren würden und daß kein männlicher Erwachsener dieser Generation in das Land Kanaan bzw. in das Land Israel kommen könnte.
- Die zwei Tempel wurden am 9. *Aw* in den Jahren 423 v. Chr. und 68 n. Chr. in Brand gesteckt und zerstört.
- Nach dem Widerstand von Bar Kochba, der mehr als neun Jahre dauerte, wurde die Stadt Bethar von den Römern im Jahre 120 n. Chr.[5] erobert und all ihre Einwohner getötet. Die Zahl der Toten lag bei mehreren Tausend. Zum Zeitpunkt der Ereignisse, die sich unter der Herrschaft des Kaisers Hadrian abspielten, wurde es aus Gründen der Unterdrückung den Juden nicht gestattet, ihre Toten zu beerdigen.
- Turnus Rufus machte die Reste des Tempels und der umliegenden Gebäude dem Erdboden gleich.

Zusätzlich zu diesen tragischen Ereignissen kam es zur Ausweisung der Juden in Spanien in der Zeit der Inquisition, die wiederum am 9. *Aw* 1492 stattfanden. Auch der erste Weltkrieg brach am 9. *Aw* aus.

Die drei Wochen

Die Tage zwischen dem 17. *Tamus* und dem 9. *Aw* bilden drei Wochen, und daher wird diese Zeitspanne gemeinhin »die drei Wochen« genannt. Der he-

5. Dieses Datum ergibt sich aus der jüdischen Tradition. Laut der Enzyklopädie Larousse hat der Aufstand von Bar-Kochba zwischen 132 und 135 n. Chr. stattgefunden und die Eroberung von Bethar im Jahre 133 n. Chr.

bräische Ausdruck lautet *Ben Hamezarim*, was »während der Tage des Elends« bedeutet. Jeremias benutzt in seinen Klagen diesen Ausdruck (Klagelieder 1,3) in einem anderen Sinn: »die engen Wege«. Der Vers kann somit auf verschiedene Weise übersetzt werden: »Alle seine Verfolger haben es (das jüdische Volk) auf engen Wegen erreicht.« Eine andere Interpretation lautet: »Alle seine Verfolger fingen es während dieser Zeit.« (Zwischen dem 17. *Tamus* und dem 9. *Aw*)

Der Maggid von Mesritsch interpretiert diesen Vers sehr optimistisch: »Alle, die aufrichtig Nähe zu Gott suchen, können diese während der Tage des Elends, d.h. während dieser drei Wochen, erreichen.«

Diese drei Wochen teilen sich in zwei Zeitspannen auf. Die erste geht vom 17. *Tamus* bis zum Ende des Monats. Während dieser sind Hochzeiten untersagt, und man hält sich fern vom Spielen oder Hören von Musik sowie vom Rasieren und Haareschneiden. Vom 1. *Aw* bis zum 9. *Aw* ißt man, zusätzlich zu den oben genannten Verboten, weder Fleisch, noch trinkt man Wein.

Unter den tragischen Ereignissen, die dem jüdischen Volk während der drei Wochen zugestoßen sind, befindet sich auch der Tod des Oberpriesters Aaron am ersten Tag des Monats *Aw* im vierzigsten Jahr des Auszugs aus Ägypten.

Als Reb Josséle von Ostilla, der Sohn von Reb Mordechaj von Nezhiz, gehört hatte, daß der Seher von Lublin, Reb Jaakow Jizchak, ihn bald besuchen würde, bestellte er beim Schreiner, der Gott stets fürchtete, ein Bett, das genauso aussehen sollte wie das des Sehers. Er wußte nämlich, daß der Seher es nicht schaffte, in einem anderen Bett als dem seinigen Schlaf zu finden. Reb Jossele erläuterte dem Schreiner, daß dieser nur dann an dem Bett arbeiten dürfte, wenn er heilige Gedanken hegte. Der Schreiner war nicht sehr erfreut über diese Bestellung, da er dafür während der ersten Woche des Monats Aw arbeiten sollte und sich somit nicht seinen Klagen widmen konnte. Dennoch nahm er die Bestellung von Reb Jossele an. Als das Bett fertiggestellt war, lieferte er es dem Rebbe, der es in einem Zimmer aufstellte, das extra für den Seher vorgesehen war.

Als der Seher schließlich einige Tage später bei Reb Jossele eintraf, freute sich dieser sehr und zeigte ihm das Bett. Er erklärte dem Seher, daß ein besonders gläubiger Jude das Bett für ihn angefertigt hatte. Der Seher legte sich alsbald in diesem Bett schlafen. Doch wie groß war die Enttäuschung Reb Josseles, als er den Seher sich seufzend und stöhnend im Bett hin- und herwälzen hörte, ohne daß dieser seinen Schlaf fand.

Nach langem Zögern schlug Reb Jossele dem Gast aus Lublin vor, in seinem eigenen Bett zu schlafen. Dieser nahm das großzügige Angebot dankend an und verbrachte eine ruhige Nacht im Bett von Reb Jossele.

Am nächsten Morgen fragte Reb Jossele den Seher, was an dem Bett, das er speziell für ihn hatte anfertigen lassen, nicht in Ordnung gewesen war. Dieser antwortete ihm darauf, daß er nichts zu fürchten hätte und das Bett vollkommen in Ordnung war: »Es gibt nur eine Sache: Das Bett verbreitete einen Geruch von Melancholie. Der Schreiner, der ein frommer Mann ist, hat sein Werk während der ersten Woche des Monats Aw vollendet und hörte nicht auf, in dieser Zeit über die Zerstörung des Tempels zu klagen.«

Rabbi Jochanan ben Sakkai und der Kaiser Vespasian

Kurz vor der Zerstörung des zweiten Tempels durch Titus wurde Rabbi Jochanan ben Sakkai in einem Sarg versteckt und so als Scheintoter aus der Stadt Jerusalem herausgebracht, von wo er dann weiter zu Vespasian reiste.

Beeindruckt von Rabbi Jochanan ben Sakkai erlaubte Vespasian ihm, drei Wünsche zu formulieren. Der erste war: »Gib mir Jawneh[6] und seine Weisen.« Damit man das Studium der *Tora* und das jüdische Leben fortsetzen könnte. Er forderte weiterhin, daß die Familie von Rabbi Schimon ben Gamliel vor einem Unglück bewahrt bliebe. Schließlich verlangte er von Vespasian, dem Gerechtesten der Generation, Rabbi Zadok, der während der letzten vierzig Jahre gefastet und gebetet hatte, den Tempel von Jerusalem nicht zerstören zu lassen, einen Arzt zur Verfügung zu stellen. Während der Unterhaltung mit Rabbi Jochanan ben Sakkai wurde Vespasian seine Krönung zum Kaiser angekündigt. Vespasian gab anschließend den drei Wünschen von Rabbi Jochanan ben Sakkai statt.

Unter den Weisen gab es einige, die der Meinung waren, daß Rabbi Jochanan ben Sakkai sich bei Vespasian dafür hätte einsetzen müssen, daß Jerusalem völlig verschont geblieben wäre. Rabbi Jochanan ben Sakkai dachte hingegen, daß er, wenn er eine so große Forderung gestellt hätte, wahrscheinlich nichts von Vespasian bekommen hätte.

Die göttliche Gegenwart in Jerusalem

Es existiert ein spezifischer hebräischer Terminus, um die »göttliche Gegenwart« zu definieren: die *Schechina*. Diverse *Midraschim*[7] berichten, daß die *Schechina* niemals die westliche Mauer, die man heutzutage die »Klagemauer« nennt, verlassen hat. In der Tat hat Gott geschworen, daß diese niemals zerstört würde.

6. Stadt, die ca. 20 km von Tel-Aviv liegt und zum religiösen Zentrum Israels geworden ist.
7. Plural von *Midrasch*; esoterische Auslegungen der heiligen Schriften, die durch Geschichten ausgeschmückt sind.

Der *Midrasch* Eichah 1:32 erzählt, daß während der Belagerung Jerusalems durch Vespasian dieser vier Generälen befahl, alle vier Stadtteile Jerusalems, nämlich den östlichen, westlichen, nördlichen und südlichen Teil, zu zerstören. Einer der Generäle, Pangar, hatte die Aufgabe, den westlichen Teil der Stadt dem Erdboden gleichzumachen. Die anderen drei Generäle vollbrachten ihre Aufgaben, und Pangar, selbst wenn er fast den ganzen ihm zugewiesenen Teil verwüstet hatte, verschonte die westliche Mauer.

Als er von Vespasian vorgeladen wurde, um vor diesem seine Tat zu rechtfertigen, erfand er eine Erklärung: »Ich schwöre dir, daß meine Absichten nur darin bestanden, deinen Ruhm zu steigern. Wenn ich den westlichen Teil der Stadt vollkommen zerstört hätte, wäre sich in Zukunft niemand bewußt über die Größe deines Sieges gewesen. Die Menschen hätten nämlich glauben können, daß Jerusalem nicht mehr als ein kleines Dorf gewesen sei. Jetzt, da ich die enorme westliche Mauer als Gedenkstätte stehen gelassen habe, wird jedermann wissen, daß du eine sehr große Stadt erobert und zugrunde gerichtet hast.« Pangar hatte gelogen. Der wahre Grund, weswegen er die westliche Mauer verschont hatte, war die Tatsache, daß er sie nicht zerstören konnte. Denn Gott hatte bestimmt, daß dieser Ort, den die *Schechina* niemals verlassen hatte, ein Denkmal für die Ewigkeit bleiben sollte.

Obwohl die Göttliche Gegenwart sich hauptsächlich auf die westliche Mauer konzentriert hat, ist die gesamte Stadt Jerusalem von Heiligkeit geprägt. Nur wenige Menschen jedoch sind sich dieser Tatsache bewußt und schätzen die von Jerusalem ausgehende Heiligkeit.

Ein polnischer Chassid, der nach Israel eingewandert war und in Jerusalem lebte, schaffte es nicht, sich zu integrieren. Er entschied sich also, nach Polen zurückzukehren, und bevor er die heilige Stadt verließ, ging er sich von Reb Simcha Bunem von Worki verabschieden, der damals in Jerusalem lebte.

Während des Gespräches erklärte der Chassid seinem Rebbe die Gründe für sein Weggehen. Reb Simcha Bunem von Worki seufzte voller Traurigkeit und sagte: »Es tut mir sehr leid für dich, aber es scheint, daß du keine Gnade vor den Augen Jerusalems gefunden hast. Denn wenn du Gnade vor ihren Augen gefunden hättest, dann hätte auch dir Jerusalem zugesagt.«

Die Worte des Rebbes beunruhigten den Chassid zutiefst. Er überdachte nochmals seine Situation und entschloß sich, in der Stadt Jerusalem zu bleiben, zu der er endlich größte Zuneigung empfand.

Als Sir Herbert Samuel, Vertreter von Lord Balfour in Israel, in seine Funktionen eingeführt wurde, entschied er, Reb Chajim Sonnenfeld, dem damaligen Oberrabbiner von Jerusalem, einen Besuch abzustatten.

Reb Chajim Sonnenfeld lebte in sehr ärmlichen Verhältnissen, und seine Wohnung bestand nur aus einem kleinen Zimmer in einem Keller gegenüber dem Tempelberg.

Als Sir Herbert Samuel in Reb Chajim's Wohnung eintrat, war er von den ärmlichen Verhältnissen, in denen Reb Chajim lebte, schockiert und fragte ihn, warum der Oberrabbiner von Jerusalem unter solchen Bedingungen leben müsse.
Reb Chajim schob einen Vorhang zur Seite, der ein kleines Fenster verdeckte, und der Besucher hatte nun freie Sicht auf den Tempelberg und die Klagemauer. Reb Chajim Sonnenfeld sagte dann: »Solange das Haus Gottes verwüstet ist, soll meine Unterkunft nicht besser aussehen.«

Die Türen des Tempels

Unsere Weisen berichten, daß zur Zeit der Zerstörung des ersten Tempels seine Türen auf wundersame Weise im Boden versunken sind und so nicht zerstört wurden. Weiterhin erzählen die Weisen, daß, wenn Gott den dritten Tempel auf Erden kommen lassen wird, Er die Türen des ersten Tempels benutzen wird. Selbst wenn die Türen verschont geblieben sind, können sie leider nicht als Denkmal für die Zukunft dienen, sondern als eines für das Werk der Könige David und Salomo in der Zeit des ersten Tempels.

Warum braucht ein göttlicher Tempel von Menschenhand gefertigte Türen? Hätte Gott nicht gleich den Tempel vollständig errichten können, ohne die Werke der Menschen zu gebrauchen? Auch hieraus sollen die Menschen eine Lehre ziehen. Gott hat den Menschen Seine *Tora* geschenkt. Es handelt sich um eine »Hochzeit« zwischen Gott und dem jüdischen Volk. Indem die Menschen die verschiedenen *Mizwot* der *Tora* erfüllen, beschleunigen sie das Kommen des Messias und die Errichtung des dritten Tempels. Als Zeichen des Engagements des jüdischen Volks gegenüber Gott und der *Tora* wird Gott die Türen, von Menschenhand gefertigt, bei der Errichtung Seines Tempels benutzen.

Der Triumphbogen Titus' und die Menora des Tempels

Das bekannte Bild der *Menora* (siebenarmiger Leuchter) mit den nach außen gehenden Armen in der Form eines Halbkreises und dem gemeinsamen Fuß ist eine falsche Darstellung. Es handelt sich um die älteste Darstellung der *Menora*, eingraviert auf dem Triumphbogen Titus' in Rom. In Wirklichkeit ragten jedoch die Arme der *Menora* ungekrümmt aus dem Fuß heraus.

Titus brachte die *Menora* nach Rom sowie zahlreiche andere Gegenstände, die er im Tempel geplündert hatte, beispielsweise das goldene Geschirr. Der Triumphbogen war vor seiner Rückkehr nach Rom errichtet worden, um seinen Sieg zu feiern. Bei dem Bau meißelten die Steinmetze die *Menora* in den

Bogen, um damit die Herrschaft Titus' über die Juden zu symbolisieren. Da niemand zuvor jemals eine *Menora* gesehen hatte, meißelten die Steinmetze fälschlicherweise das Bild der *Menora* so, wie wir es heute kennen, also in der Form eines Halbkreises.

Um sich der Zerstörung zu erinnern

Die Zerstörung des Tempels ist ein Ereignis, an das man sich jeden Tag erinnern muß. Es ist somit kein Begriff, der sich ausschließlich auf die drei Wochen bezieht. Unabhängig von den täglichen Klagen um Mitternacht (*Tikun Chazot*), die man auf dem Boden sitzend rezitiert, nachdem man sich etwas Asche auf den Kopf gestreut hat, gibt es einige Gebote, die von den Rabbinen eingeführt wurden und die die Erinnerung an die Zerstörung des Tempels wachhalten.

1. Wenn man seine Wohnung anstreicht, läßt man ein Quadrat in der Größe einer Elle genau gegenüber der Eingangstür übrig, ohne es auszumalen. Dieses Quadrat symbolisiert, daß man ständig etwas vor Augen hat, was noch nicht fertiggestellt ist.
2. Sobald eine Frau ihren Schmuck anlegt, achtet sie aus demselben Grund wie oben darauf, kein vollständiges Schmuckensemble anzuziehen.
3. Der Bräutigam streut, bevor er unter den Baldachin geht, um verheiratet zu werden, etwas Asche auf seinen Kopf, um an den Tempel zu erinnern, der in Rauch und Asche aufging.
4. Wenn man den Tisch für eine Verlobungsfeier oder ein anderes Familienfest deckt, sollte man immer darauf achten, einen leeren Platz zu lassen. Außerdem legt man an einem anderen Platz kein Gedeck auf den Tisch.
5. Am Ende der Hochzeitszeremonie zerbricht der Bräutigam ein Glas, um ebenfalls der Zerstörung des Tempels zu gedenken. In diesem Fall symbolisiert das Glas zusätzlich die Zerbrechlichkeit der Ehe.

Die Frau von Reb Izikel Safrin, dem Gründer der Dynastie von Sidatschow, fühlte sich besonders betroffen durch das eingetretene Unglück, nämlich die Zerstörung des Tempels von Jerusalem. Bei der Erziehung ihrer Kinder versuchte sie, ihnen zu zeigen, daß sie ebenfalls davon betroffen waren. Daher weckte sie jede Nacht ihre Kinder um Mitternacht, nahm sie aus ihren Betten und legte sie auf den Boden, wo sie weinten. Nach einigen Minuten nahm sie ihre Kinder wieder an sich, liebkoste sie, trocknete ihre Tränen und legte sie zurück ins Bett.
Ebenso wie Gott um Mitternacht über die Zerstörung des Tempels weint, so versuchte die Mutter, ihren Kindern schon im jüngsten Alter die Angst, die an die Zerstörung des Tempels gebunden war, beizubringen.

Ein Hoffnungsschimmer

Der *Talmud*, Traktat Makkot 24b, erzählt eine Begebenheit, die sich nach der Zerstörung des zweiten Tempels zugetragen hatte. Rabban Gamliel, Rabbi Elasar ben Asaria, Rabbi Jehoschua und Rabbi Akiwa reisten gemeinsam gen Jerusalem. Als sie sich dem Berg Scopus näherten, sahen sie einen Fuchs, der aus den Ruinen des Allerheiligsten herauskroch. Sie brachen bei diesem Anblick in Tränen aus, bis auf Rabbi Akiwa, der anfing zu lachen. Sie fragten ihn: »Warum bist du so vergnügt?« Und Rabbi Akiwa erwiderte: »Und ihr? Warum weint ihr?« Die drei anderen Rabbinen antworteten hierauf: »Sollten wir nicht weinen, wenn aus einem so heiligen Ort ein Fuchs herauskommt und die Prophezeiung von Micha ›Zion wird zum Acker, den man umpflügt‹ sich bewahrheitet ?«[8] (Micha 3,12)

Rabbi Akiwa sagte darauf: »Genau das ist der Grund meiner Freude. So wie wir die Realisierung der Prophezeiung Michas, eines glaubwürdigen Zeugen, gesehen haben, so können wir die Vollendung der Prophezeiung eines anderen glaubwürdigen Zeugen erwarten, nämlich die Sacharijas, (Sacharja 8,4-5): ›Alte Männer und Frauen werden wieder auf den Plätzen Jerusalems sitzen; jeder hält wegen seines hohen Alters einen Stock in der Hand. Die Straßen der Stadt werden voller Jungen und Mädchen sein, die hier spielen.‹«

Rabbi Akiwa beendete seine Ausführungen mit den Worten: »Solange ich die Prophezeiung von Uria bzw. von Micha sich nicht bewahrheiten gesehen hatte, fürchtete ich, daß auch die Prophezeiung von Sacharija nicht eintreten würde. Jetzt, da die Prophezeiung von Uria sich erfüllt hat und Jerusalem und der Tempelberg vollkommen verwüstet sind, ist es sicher, daß auch die Prophezeiung Sacharijas in Erfüllung gehen wird.« Sodann sprachen die drei anderen Rabbinen zu ihm: »Akiwa, du hast uns getröstet! Akiwa, du hast uns getröstet!«

Jedes Jahr, am Vortag des 9. Aw, kaufte Reb Awraham von Chechanow ein neues Exemplar des Buches der Klagelieder Jeremias'. In der Tat legte er nach jedem 9. Aw sein Exemplar in die Genisa[9], wo sich die alten unbrauchbaren Gebetsbücher befanden, die auf ihre Bestattung warteten. Als er sein Buch der Klagelieder niederlegte, pflegte er zu sagen: »Ich bin sicher, daß der Messias in diesem Jahr kommen wird, und in diesem Fall benötigen wir das Buch der Klagelieder nicht mehr.«

8. Der *Talmud* schreibt die Prophezeiung Michas dem Propheten Uria zu, die beide dasselbe vorhergesagt hatten.
9. Lager in der Synagoge, wo die unbrauchbaren Bücher aufbewahrt werden. Sobald das Lager voll ist, begräbt man sie auf dem jüdischen Friedhof, um sie nicht zu zerstören.

Reb David Mosche von Tschortkow erzählte von dem Verhalten seines Großvaters Reb Awraham am Tag des 9. Aw. »Jedes Jahr am 9. Aw setzte sich mein Großvater auf den Boden, den Kopf zwischen den Knien, und weinte ununterbrochen. Von Zeit zu Zeit hob er den Kopf, schaute nach links und nach rechts und fragte: ›Noch nicht da? Ist der Messias noch nicht angekommen?‹«

Die Gebote und Verbote des 9. Aw

Der 9. *Aw* ist ein Fastentag, der dieselben Verbote beinhaltet wie der Fastentag von *Jom Kippur*:

1. Essen und trinken
2. Sich waschen
3. Sich schminken und parfümieren
4. Das Tragen von Lederschuhen
5. Geschlechtsverkehr

Unter den anderen Verboten, die den 9. *Aw* betreffen, gibt es die Gewohnheit, sich nicht zu grüßen. Wenn man trotz allem von jemandem gegrüßt wird, der die Gebote des 9. *Aw* nicht kennt, erwidert man seinen Gruß in kurzer Form, indem man ihm erklärt, daß es an diesem Tag nicht üblich ist zu grüßen.

Man schenkt weder ein Geschenk, noch empfängt man eines. Man vermeidet es ebenfalls zu rauchen, und derjenige, für den es schwierig ist nicht zu rauchen, achtet darauf, es nicht in der Öffentlichkeit zu tun. Am Abend und am Morgen bis Mittag des 9. *Aw* schließlich setzt man sich entweder auf den Boden oder auf einen niedrigen Stuhl.

Fällt der 9. *Aw* auf den *Schabbat*, wird der Fastentag auf den Sonntag verlegt. In diesem Fall, also an diesem *Schabbat*, ist es untersagt, *Tora* zu lernen so wie am Fastentag, denn das Lernen der *Tora* birgt ein geistiges Vergnügen. Nur die Passagen des *Talmud*, die sich auf die Zerstörung beziehen, und das Buch Jobs sind erlaubt zu lesen, denn sie behandeln traurige Themen.

Am Vortag des Fastentages betet man das *Mincha*-Gebet ausreichend früh, damit man noch eine Mahlzeit vor dem Beginn des Fastentages zu sich nehmen kann. Während dieser Mahlzeit ißt man hartgekochte Eier, denn Eier sind die Nahrung trauernder Menschen. Am Ende der Mahlzeit taucht man ein Stück Brot in Asche und sagt: »Dies stellt das Mahl des 9. *Aw* dar.«

Wenn jedoch der Fastentag des 9. *Aw* am Ende des *Schabbat* beginnt, darf man während der Mahlzeit vor dem Fastentag Fleisch und Wein zu sich nehmen.

Die *Hawdala*, die Trennungszeremonie zwischen dem *Schabbat* und der Woche, wird auf den Sonntagabend verlegt.

Traditionen in der Synagoge

Der Synagogenboden wird mit Asche bestreut. Danach entfernt man den Vorhang, der die heilige Lade bedeckt. Anschließend setzt man sich auf den Boden oder einen niedrigen Stuhl, und das Licht wird gedimmt. Am Ende des Abendgebets rezitiert der Vorbeter mit halblauter Stimme die Klagelieder Jeremias', und die Anwesenden lesen zur gleichen Zeit mit leiser Stimme. Nach den Klagen haben die *sephardischen* Juden die Gewohnheit, die Jahre seit der Zerstörung des zweiten Tempels zu zählen, indem sie sagen: »Heute beweinen wir schon seit 1931 Jahren die Zerstörung des Tempels Jerusalem. Möge der barmherzige Gott Seinen heiligen Tempel in unseren Tagen schnell wiedererrichten.«

Die Klagelieder Jeremias'

Die Klagen Jeremias' sind vor allem eine Prophezeiung. In der Tat war Jeremias der Prophet, der störte. Da seine Prophezeiungen dem König Jojakim mißfielen, ließ dieser ihn einsperren. Dies geschah 18 Jahre vor der Zerstörung des ersten Tempels. In seiner Zelle schrieb Jeremias schließlich seine Klagelieder, die aus drei Kapiteln bestanden und vom König Jojakim verbrannt wurden. Jeremias verfaßte daraufhin seine ersten drei Klagen ein weiteres Mal, die heute den Kapiteln 1, 2 und 4 entsprechen, zu denen er die Kapitel 3 und 5 hinzufügte, so wie wir sie heute kennen.

9. Aw Morgengottesdienst (Schacharit)

Das Morgengebet wird ohne Gebetsschal (*Tallit*) und ohne Gebetsriemen (*Tefillin*) vorgetragen. Diese werden ausnahmsweise nachmittags im *Mincha*-Gottesdienst angelegt. Unter den Segenssprüchen, die zum ersten Teil des Morgengebetes gehören, wird der Segen »Der mir alles geschaffen hat, was ich brauche« ausgelassen, da er eingeführt wurde, um Gott zu danken, daß er uns mit Schuhen versorgt hat. (Schließlich gehört das Tragen von Lederschuhen zu den Verboten des Fastentags.)

Die *Tora*lesung am Morgen des 9. *Aw* befindet sich in Dtn 4,25-40 und handelt von der Hoffnung, die noch immer nach der Verbannung existiert und existieren wird. Die *Tora* empfiehlt uns, uns daran zu erinnern, daß uns Gott durch Seine Barmherzigkeit und Liebe aus Ägypten erlöst hat. Daher müssen wir uns bewußt sein und die Hoffnung bewahren, daß die Erlösung eintreffen wird und daß es nur an uns liegt sowie an unserer Buße, ob die Erlösung schneller eintrift. Drei Männer werden zur *Tora* aufgerufen. Der dritte liest auch die *Haftara* in Jeremias 8,13- 9,23. Die *Haftara* behandelt eine der Prophezeiungen Jeremias' und seine Verzweiflung, die er empfindet, als er die Dekadenz seines Volkes miterlebt. Diese *Haftara* wird mit derselben melancholischen Melodie gesungen wie die Klagelieder am Vorabend. Nach der *Tora*lesung werden 41 *Kinot* (Elegien), wovon die Mehrzahl Rabbi Elasar Hakalir[10] zugeschrieben wird, rezitiert.

Die Kinot (Elegien)

Einige *Kinot* erzählen von den Massakern, die zur Zeit der ersten Kreuzzüge stattfanden, während der die Gemeinden von Worms, Speyer und Mainz ungefähr 1.000 Jahre nach der Zerstörung des zweiten Tempels vernichtet wurden. Andere beschreiben die Autodafés, die sich im 13. Jahrhundert in Paris abspielten und während derer viele Manuskripte des *Talmuds* vernichtet wurden.

Die 21. *Kina* beschreibt die tragische Exekution der zehn Märtyrer durch die Römer. Der *Talmud*, Traktat Rosch Haschana 18a, erklärt, daß der Tod der Gerechten eine mit der Verbrennung (d.h. Zerstörung) des Tempels vergleichbare Tragödie ist. Daher paßt es, um den Verlust der Gerechten am 9. *Aw* zu trauern. Das Martyrolog ist auch ein wichtiger Teil des *Mussaf*gebets an *Jom Kippur*. Ein anderer Traktat des *Talmud*, Traktat Moed Katan 28a, überliefert, daß der Tod der Gerechten die Sünden des jüdischen Volkes sühnt. Dies ist auch der Grund für die Einführung in die *Jom-Kippur*-Liturgie. Es ist noch zu bemerken, daß die zwei Martyrologen, trotz der Tatsache, daß sie dasselbe Thema behandeln, zwei vollkommen unterschiedliche Texte beinhalten, da sie von verschiedenen Dichtern geschrieben wurden.

Der zeitgenössische Bobower Rebbe, Reb Schlomo Halberstam, ein Überlebender der *Schoa*, dichtete im Jahre 1984 eine *Kina*[11], um der Tragödie der Vernichtung des europäischen Judentums zu gedenken und seinem Schmerz darüber Ausdruck zu verleihen. Diese *Kina* wird heutzutage in nahezu jeder Synagoge am 9. *Aw* vorgetragen.

10. Die Identität von Rabbi Elasar Hakalir ist ein Geheimnis. Zahlreiche Meinungen divergieren hierüber. Einige geben vor, daß Rabbi Elasar Hakalir im 10. Jahrhundert lebte und ein Zeitgenosse von Raw Saadia Gaon (882-942) war. Andere identifizieren ihn mit dem Sohn von Rabbi Schimon bar Jochai. Nichtsdestotrotz ist Rabbi Elasar Hakalir weltweit anerkannt als der größte und genialste Dichter der jüdischen Liturgie.
11. Elegie; Singular von *Kinot*.

Übersetzung in Auszügen der Kina von Reb Schlomo Halberstam in Erinnerung an die Märtyrer des »zerstörten Europas«

Erinnere Dich, bitte, und klage, oh ganz Israel,
laß Deine Stimmen von oben erhört werden.
Da Deutschland unser Volk zerstört hat,
während der stürmischen Tage des zweiten Weltkrieges;
mit Mord, schrecklich und grausam, mit Hunger und Durst.
Daß keine Generation es je vergißt, bis ihr (ganz Israel) es verdient habt,
den Trost zu genießen.
[Erinnert Euch] ihrer Schreie und ihres Weinens,
als sie zusammengepfercht und eingeschlossen in den Zugwaggons waren.
Wie Schafe zum Schlachthof wurden sie geführt,
um in den Öfen der Krematorien verbrannt zu werden (...)
Möge der Ton ihrer flehenden Schreie bis in alle Ewigkeit Dem in Erinnerung bleiben, Der im Himmel schwebt.
Als sie riefen »*Schema* Israel« (Höre, oh Israel),
gaben sie ihr Leben dem Herrn der Herren (...)
Im Gedenken an das Brennen tausender Lehrhäuser und Synagogen
sowie Zehntausender *Tora*-Rollen und ihrer Schüler
sollen wir mit lauter und weinender Stimme klagen (...)
Seit dem Tag, an dem wir aus unserer Heimat vertrieben wurden,
gab es niemals mehr eine schreckliche Vernichtung.
Sei barmherzig mit unseren Übrigen;
bitte schau auf uns vom Himmel herab,
auf die [Toten] – Felder der Märtyrer,
zehnmal mehr als diejenigen, die aus Ägypten auszogen.
Errichte unseren heiligen Tempel und schenke uns doppelten Trost,
Richte uns auf und bring uns zurück nach Zion und Jerusalem.

Mincha-Gottesdienst

Wie wir zuvor schon gesehen haben, ist das Tragen der Gebetsriemen dem *Mincha*-Gottesdienst vorbehalten. Wie an den anderen Fastentagen werden drei Personen zur *Tora* gerufen, deren Lesung in Exodus 32,11-14 und 33,1-10 steht. In diesem Abschnitt werden die dreizehn Eigenschaften der Barmherzigkeit Gottes erzählt.

Der *Talmud*, Traktat Rosch Haschana 17b, erzählt zu diesem Thema, daß Mosche nach der Sünde des goldenen Kalbs dachte, daß diese Sünde des jüdischen Volkes so schlimm sei, daß seine Vorbitte vor Gott ohne Resultat sein werde. Gott erschien vor Mosche in der Gestalt eines Vorbeters, einen Gebetsschal tragend, und unterrichtete ihn in den dreizehn Eigenschaften der Barmherzigkeit. Gott sagte: »Sobald das jüdische Volk sündigen wird, solle es dieses[12] in der richtigen Ordnung aufsagen, und dann werde Ich ihm verzeihen.«

Die dritte aufgerufene Person liest die *Haftara* in Jesaia 55,6-56,8. Der Fastentag bedeutet einen Aufruf zur Buße. Diese *Haftara* ist dafür ein Ausdruck, indem der Prophet uns auffordert, Gott dort zu suchen, wo Er sich befindet und sobald Er in unserer Nähe ist. Dies bedeutet, daß Gott immer in unserer Nähe ist, daß sich jedoch das jüdische Volk vor Ihm abgewandt hat und sich somit nur umzudrehen braucht, um Ihn zu finden.

Nach dem Fasten

Die Verbote, die während der acht Tage vor dem 9. *Aw* gelten, bleiben am Abend nach dem Fasten in Kraft und werden erst am nächsten Tag nach Mittag aufgehoben.

»Möge es Dein Wille sein (...)«

Man darf nicht vergessen zu berücksichtigen, daß der 9. *Aw* nicht nur der Tag der Bestrafungen ist, die das jüdische Volk getroffen haben, und somit ein Tag der Klagen, sondern auch der Tag, der dazu bestimmt ist, in einen Freudentag verwandelt zu werden, sobald der Tempel wiedererrichtet sein wird.

Daher geben wir jeden Tag am Ende der *Amida*, morgens, nachmittags und abends, Zeugnis von unseren Wünschen und unseren Hoffnungen darauf, daß der Tempel wiedererrichtet werde und daß die Verbannung ein Ende nehme, so wie es geschrieben steht: »Möge es Dein Wille sein, *Haschem*, unser Gott und Gott unserer Vorfahren, daß der heilige Tempel schnell wiedererrichtet sein möge in unseren Tagen. Gewähr uns unseren Teil in Deiner *Tora*, und mögen wir Dir dort mit Ehrfurcht dienen so wie in den Tagen der vergangenen Zeit.«[13]

12. Siehe die dreizehn Eigenschaften der Barmherzigkeit im Kapitel zu *Rosch Haschana*.
13. Ende der *Amida*.

15. Aw

Das jüdische Volk hat noch nie so feierliche Tage
wie den 15. *Aw* und *Jom Kippur* erlebt.
(Traktat Taanit 26b)

Ein halber Feiertag

Zur Zeit des Tempels von Jerusalem wurde der 15. *Aw* mit großen Feierlichkeiten begangen. Seit der Zerstörung des Tempels wurden zahlreiche Feiertage, die nicht in der *Tora* festgelegt waren, abgeschafft, unter anderem der 15. *Aw*. Trotzdem wird dieser Tag noch als ein halber Feiertag angesehen, während dessen das *Tachanun* des Morgengottesdienstes nicht gesprochen wird.

Es ist üblich, daß der Bräutigam am Tag seiner Hochzeit fastet. Derjenige, der am 15. *Aw* heiratet, ist vom Fasten freigestellt, da dieser Tag an einige glückliche Ereignisse erinnert, die an verschiedenen Momenten der jüdischen Geschichte passiert sind.

Die Ereignisse

1. Am 15. *Aw* hörte das Sterben der Männer in der Wüste auf.
   Nach der Sünde der Auskundschafter[1] wurde das jüdische Volk in der Wüste von Gott bestraft, indem 600.000 Männer zwischen 20 und 60 Jahren während der 40 Jahre langen Wanderung in der Wüste sterben mußten. Jedes Jahr in der Nacht des 9. *Aw* starben 15.000 Männer. Also befahl Mosche den Männern jedes Jahr am Vortag des 9. *Aw*, ihr eigenes Grab auszuheben und sich darin schlafen zu legen. Am Morgen des 9. *Aw* befahl Mosche den Lebenden,

1. Siehe Numeri Kapitel 13 und 14.

aufzustehen und ihr Grab zu verlassen. Am 9. *Aw* des vierzigsten Jahres in der Wüste standen alle Männer lebend aus den Gräbern auf; sie glaubten, daß sie das Datum verwechselt hatten und kehrten am Abend des 10. *Aw* in ihre Gräber zurück. Am nächsten Morgen waren immer noch alle Männer am Leben. So geschah es auch am 11., 12., 13., 14. und 15. *Aw*. Dann wurde klar, daß Gott der Generation der Wüste verziehen hatte. Unsere Vorfahren entschieden, diesen Tag zu feiern.

2. Am 15. *Aw* konnten die Opfer des Aufstandes gegen die Römer in Bethar[2] beerdigt werden.
   Achttausend Personen fielen am 9. *Aw* während des Aufstandes, und die römischen Besetzer verboten als Vergeltungsmaßnahme die Beerdigung der Opfer. Auf wundersame Weise waren die Leichen noch nicht verwest. In Erinnerung an dieses Wunder setzten die damaligen Rabbinen einen zusätzlichen Segen im Tischgebet fest, der lautet: »der Gute und Gutes Tuende«. Der »Gute«, weil die Leichen nicht verwest waren, und »Gutes Tuende«, weil Gott die Beerdigung der Opfer am 15. *Aw* ermöglicht hat.

3. Am 15. *Aw* hob König Hosea ben Ela das Verbot für die Wallfahrten nach Jerusalem auf.
   Als Jeroboam mit dem Hause Davids brach und sein eigenes Königreich gründete (das Königreich Israel), fürchtete er, daß sich das jüdische Volk zusammenschließen würde, und so ließ er Sperren mit bewaffneten Wächtern auf den Wegen nach Jerusalem errichten. Etwa zwei Jahrhunderte später ließ Hosea ben Ela diese Sperren mit ihren Wächtern entfernen und erlaubte den Juden, nach Jerusalem zu gehen.

4. Am 15. *Aw* wurde den verschiedenen Stämmen von Israel erlaubt, untereinander zu heiraten.
   Zur Zeit Mosches durften die Mitglieder eines Stammes nur unter sich Ehen schließen. Nach dem Tod Joschuas und seiner Generation entschieden die religiösen Autoritäten der damaligen Zeit, daß dieses Verbot nur für die Generation der Wüste gültig war.
   Zur Zeit der Richter hat sich das jüdische Volk nach dem Geschehnis der »Konkubine aus Gibea«[3] geschworen, daß niemand seine Tochter an einen Nachfahren des Stammes von Benjamin zur Frau geben würde. Später wurde dieses Verbot von den Rabbinen aufgehoben. Die Rabbinen begründeten ihre

2. Diese Ereignis fand im Jahre 3880 (120 n. Chr.) statt, 52 Jahre nach der Zerstörung des 2. Tempels.
3. Siehe »Richter«, Kapitel 21.

Entscheidung damit, daß dieses Gelübde der Stämme Israels sich nur auf diese Generation bezog und nicht auf deren Nachfahren.

5. Zur Zeit des zweiten Tempels hörte man am 15. *Aw* auf, Holz für den Opferaltar zu hacken.
   Zu dieser Zeit gab es wenig Bäume in Israel, und darüber hinaus hinderten zahlreiche Straßenräuber die Wallfahrer daran, ihr Holz zum Tempel zu bringen. Mit dem Ziel, diese Probleme zu lösen, wurde entschieden, daß man kein Holz mehr für den Opferaltar hacken sollte.

Der *Talmud*, Traktat Taanit 26b, erzählt, daß das jüdische Volk keine so feierlichen Tage wie den 15. *Aw* und *Jom Kippur*[4] erlebt hat. Denn an diesem Tag gingen die Mädchen von Jerusalem in weißen Kleidern zwischen den Weinreben tanzen. Dort sagten sie den Jungen, die auch dahin kamen: »Junger Mann, schau dir an, was du dir aussuchst. Achte nicht auf die Schönheit, sondern auf die Familie, denn Anmut ist Lüge, und Schönheit eitel.«

Bevorzugter Tag für Hochzeiten

Im Verlauf der Generationen wurde der 15. *Aw* als ein Heiratsvermittlungs-Tag festgelegt, an dem neue Familien gegründet werden sollten. Seit der Unabhängigkeit des Staates Israel wird der 15. *Aw* auch symbolisch gefeiert, indem Feste unter dem Sternenhimmel organisiert werden, bei denen junge Leute singen, tanzen, feiern und sich kennenlernen.

Als Reb Levi Jizchak von Berditschew die Hochzeit seines Sohnes vorbereitete, bestellte er bei einem Schreiber eine besonders schöne Ketuba[5] sowie die Einladungen zur Hochzeit.
Als der Schreiber die Einladungen fertigte, schrieb er, daß die Hochzeit zu jenem Tag in Berditschew stattfinden werde. Reb Levi Jizchak zerriß die Einladung und schrie: »Warum in Berditschew? Schreib: ›Die Hochzeit wird an jenem Tag in Jerusalem stattfinden. Falls der Messias noch nicht angekommen sein wird, wird die Hochzeit in diesem Fall in Berditschew stattfinden‹.«

4. Es ist offensichtlich, daß *Jom Kippur* ein feierlicher Tag ist, da Gott an diesem Tag die Sünden der Menschen verzeiht.
5. Hebräisch: Hochzeitsvertrag.

Ein letztes Wort

Der *Talmud*, Traktat Taanit 31a, erklärt, daß jeder, der ab dem 15. *Aw* bis zum Ende der Regenzeit zusätzliche Stunden dem Lernen der *Tora* widmet, um die kurzen Wintertage zu kompensieren, sein Leben um einige Jahre verlängert. Unsere Weisen haben einen Zusammenhang zwischen der Aufgabe, die Nächte dem Lernen der *Tora* zu widmen, und der Tatsache, daß man aufhörte, Holz für den Opferaltar zu schlagen, hergestellt: Wenn man die *Tora* in der Nacht bei Kerzenlicht lernt, wird es von Gott so angesehen, als ob der Tempel wieder aufgebaut worden wäre und das Licht des Altars für das *Tora*-Lernen genutzt würde.

Nachwort

Wir sind am Ende dieses Buches angelangt. Eine Vielzahl an Informationen wurde anhand der anfangs definierten Achsen zu den Traditionen, ihren Ausgestaltungen und den *chassidischen* Geschichten dargestellt.

Selbst wenn dieses Buch sehr umfassend erscheinen könnte, so ist es doch weit davon entfernt, vollständig zu sein. Ich hätte noch zusätzliche im Buch schon angesprochene Themen wie beispielsweise die Gebete vertiefen oder weitere Festtage wie den *Chonis*tag, der zur Zeit des Tempels gefeiert wurde, behandeln können. Auch sind die *chassidischen* Geschichten nur eine kleine Auswahl aus der Fülle der Geschichten.

Mein Ziel war es, dem Leser ein Buch zu bieten, das angenehm zu lesen ist. Ein Buch, das der Leser gerne wieder in die Hand nimmt, um sich das eine oder andere Detail zu einem jüdischen Fest ins Gedächtnis zurückzurufen.

Wir haben einen Rundgang im jüdischen Kalender von *Rosch Haschana* bis zum 15. *Aw* gemacht. Der Monat *Elul* ist schon wieder eine Vorbereitung zur Reue für das neue Jahr. Gott öffnet uns wieder einmal das Buch des Lebens, und wir öffnen ein neues Buch unserer Geschichte und begehen einen neuen Lebensabschnitt. Möge dieser mit allem Guten gesegnet sein.

Jedes Jahr nähern wir uns mit Riesenschritten *Rosch Haschana, Jom Kippur* und allen anderen Festen. Sei dieses Buch für Sie, liebe Leserin und lieber Leser, ein Handbuch, um sich in unseren unzähligen Traditionen zurechtzufinden. Ich hoffe, daß es Sie inspiriert, auch Ihre Feste mit »Eifer« zu feiern, auf daß Sie sich so an ihnen erfreuen können, wie es in der *Tora* geschrieben steht: »Und erfreue dich während der Feste.«

Dankesworte

Vor allem möchte ich Gott danken, daß Er mir Kraft und Eingebung gegeben hat, das vorliegende Buch zu verwirklichen.

Weiterhin möchte ich meinen Eltern danken, die mich in einem frommen Geist erzogen haben und mich gelehrt haben, mein Judentum zu leben.

Meinen verschiedenen Lehrern in der Schule und in der *Jeschiwa* möchte ich ebenfalls meinen Dank aussprechen, da sie mir erlaubt haben, meine Kenntnisse der *Tora* zu vertiefen und einige ihrer Geheimnisse kennenzulernen.

Dank gilt auch meinem Freund Professor Horst-Georg Pöhlmann der Universität Osnabrück, der meinen Lehrauftrag an dieser Universität organisierte.

Dankesworte möchte ich auch an diejenigen richten, die mir eine Lehre vermittelt haben, die ich für dieses Buch gebraucht habe, und die mir die chassidischen Geschichten erzählt haben.

Last but not least danke ich Anna Goos, Judith Hofius, Judith Klein, Sarah Lauer und Anne Wicker, die mir beim Verfassen dieses Buches in deutscher Sprache geholfen haben.

Allen ihnen vielen Dank und »seid gesund«!

Osnabrück, im Juni 1999
im Nissan 5759

Anhang

Chronologie der wichtigsten Ereignisse in bezug auf den jüdischen Kalender

2448	(1312 v. Chr.)	Auszug aus Ägypten und Übergabe der *Tora* an das jüdische Volk
2928	(832 v. Chr.)	Einweihung des ersten Tempels
3318	(442 v. Chr.)	Nebukadnezar besteigt den Thron des babylonischen Reichs.
3320	(440 v. Chr.)	Nebukadnezar, König von Babylonien, erobert Judäa.
3327	(433 v. Chr.)	Nebukadnezar vertreibt König Jojachin sowie zehntausend Menschen, die zur geistlichen und intellektuellen Elite des jüdischen Volkes gehören. Zidkijahu wird der letzte König von Judäa.
3336	(425 v. Chr.)	Belagerung von Jerusalem durch Nebukadnezar
3338	(423 v. Chr.)	Der erste Tempel wird nach 410-jährigem Bestehen zerstört. Beginn des babylonischen Exils
3391	(370 v. Chr.)	Herrschaft Cyros', der den Juden die Rückkehr nach Jerusalem gestattet.
3392	(369 v. Chr.)	Achaschwerosch besteigt den Thron und veranlaßt die Beendigung der Arbeiten zur Wiedererrichtung des Tempels.
3394	(367 v. Chr.)	Drittes Regierungsjahr Achaschweroschs, in dem er ein Fest anordnet, das sechs Monate lang andauert.
3405	(356 v. Chr.)	Die Ereignisse von *Purim*
3406	(355 v. Chr.)	Achaschwerosch stirbt. Darius, sein Sohn und der der Königin Esther, tritt die Thronfolge an.

3408	(353 v. Chr.)	Ende des babylonischen Exils. Darius erlaubt den Juden, den Tempel wieder aufzubauen.
3442	(319 v. Chr.)	Beginn der griechischen Vorherrschaft in Judäa
3594	(168 v. Chr.)	Entweihung des Tempels durch Antiochus Epiphanes
3597	(165 v. Chr.)	Rückeroberung des Tempels durch die Hasmonäer und das Wunder von *Chanukka*
3648	(112 v. Chr.)	Beginn der römischen Vorherrschaft in Judäa
3698	(63 v. Chr.)	Der römische Konsul Pompej erobert Jerusalem.
3768	(8 n. Chr.)	Rom ernennt Agrippa zum ersten König von Judäa.
3788	(28 n. Chr.)	Der *Sanhedrin* wird nach Jawne verbannt.
3828	(68 n. Chr.)	Der zweite Tempel wird nach 420-jährigem Bestehen zerstört.
3878	(118 n. Chr.)	Aufstand von Bar-Kochba
3880	(120 n. Chr.)	Ereignisse von Bethar
4039	(279 n. Chr.)	Beendigung der Niederschrift des Jerusalemer *Talmud*
4234	(475 n. Chr.)	Beendigung der Niederschrift des babylonischen *Talmud*
4856	(1096 n. Chr.)	Erster Kreuzzug
5002	(1242 n. Chr.)	Autodafé in Paris: Alle Kopien des *Talmud* werden verbrannt.
5408	(1648 n. Chr.)	Pogrom angeführt von Bogdan Chmelnitzki

Erklärung der hebräischen Begriffe

Afikoman:	Speise, die als »Dessert« am Ende des *Seder* von *Pessach* verzehrt wird.
Amida:	Zentral-Gebet der verschiedenen täglichen Gottesdienste, auch als Achtzehnbittgebet bezeichnet.
Aschkenas:	Juden deutschen und schließlich mittel- und ost-europäischen Ursprungs sowie ihre Kultur.
Baal Schem Tow:	Der Inhaber des guten Namens; Reb Israel ben Reb Elieser, der der Begründer der *chassidischen* Bewegung war, wurde ebenfalls Baal Schem Tow genannt.
Bar-Mizwa:	Religiöse Volljährigkeit der Jungen im Alter von 13 Jahren.
Bima:	Estrade mit Lesepult in der Synagoge.
Challa:	Weiches Weißzopfbrot, das zu Ehren *Schabbats* und Feierlichkeiten gebacken wird.
Chamez:	Gesäuerte Lebensmittel, die an *Pessach* verboten sind.
Chassid:	Anhänger eines *chassidischen* Rebbe.
Chewra-Kaddischa:	Freiwillige jüdische Beerdigungsgesellschaft.
Diaspora:	Exil, in dem das jüdische Volk lebt.
Etrog:	Zitrusfrucht; eine der vier Arten, die an *Sukkot* benutzt werden.
Galut:	Diaspora.
Haftara:	Lesung aus den Büchern der Propheten nach der *Tora*lesung an *Schabbat*, Feiertagen und Fasttagen.
Haggada:	Erzählung, Legende; Buch, in dem das Ritual des *Seder* an *Pessach* aufgeschrieben steht.
Hakafa:	Kreis um die Zentralestrade in der Synagoge.
Halacha:	Jüdische Jurisprudenz.
Hallel:	Lobgesang, Psalm 113-118.
Hawdala:	Kurze Zeremonie, die das Ende des *Schabbats* und den Rest der Woche trennt.
Hoschanot:	Gebete, die während des *Sukkot*festes gesprochen werden und mit den Worten: »*Hoscha na (...)*« (»Rette bitte«) beginnen.
Israel:	1. Zweiter Name des Vorfahren Jaakow. 2. Das Land Israel.

	3. Das jüdische Volk.
	4. Im jüdischen Volk: jeder, der weder *Kohen* noch *Levi* ist.
Jeschiwa:	1. Akademie für höheres *Talmud*-Lernen.
	2. Zentrum für traditionelle jüdische Erziehung und *Tora*lernen.
Jiskor:	Gebet zum Gedenken der Toten.
Kabbala:	Jüdische Mystik.
Kaddisch:	1. Gebet zur Heiligung, das während des Gebets in der Synagoge gesprochen wird.
	2. Zusätzlich wurde es das Gebet für den Seelenfrieden der Verstorbenen.
Kaparot:	Symbolische Zeremonie vor *Jom Kippur*, während der die Sünden einer Person symbolisch auf ein Geflügeltier übertragen werden.
Kiddusch:	Segensspruch über den Wein, um den *Schabbat* oder einen Festtag zu heiligen.
Kittel:	Weiße Kutte, die zu bestimmten Feierlichkeiten getragen wird.
Kohen:	Priester, sogenannter Diener des Tempels, zur Zeit des Tempels; heute: ein männlicher Nachkomme eines solchen Priesters.
Koscher:	Geeignet zum Verzehr.
Kwittel:	Gefalteter Zettel für einen *chassidischen* Rebbe, der den Namen und eventuell eine Bitte des Bittstellers enthält.
Lewi:	Zur Zeit des Tempels: Psalmsänger während der Gottesdienste im Tempel; heute: ein männlicher Nachkomme eines solchen Sängers.
Lulaw:	Palmenzweig; eine der vier Arten, die an *Sukkot* benutzt werden.
Machsor:	Gebetsbuch, das ausschließlich an Festtagen benutzt wird.
Maftir (das):	Letzter Teil der *Tora*lesung an *Schabbat* und Feiertagen.
Maftir (der):	Aufgerufene Person, die während des *Maftir* einen Segen über die *Tora* spricht.
Maggid:	Prediger.
Mazza:	Matzen; ungesäuertes Brot, das an *Pessach* gegessen wird.
Menora:	Siebenarmiger Leuchter.
Mesusa:	Ein Etui, in dem die *Schema* aufbewahrt ist und das am Türrahmen befestigt wird.

Midrasch: Sammlung der esoterischen Auslegungen der heiligen Schrift, die durch Geschichten ausgeschmückt sind.
Mikwe: Rituelles Tauchbad.
Mincha: Nachmittagsgebet.
Minjan: Gruppe von zehn Männern über 13 Jahren, notwendig für das gemeinsame Gebet in der Synagoge.
Mischkan: Heiligtum, das den während des Exodus in der Wüste gebauten tragbaren Tempel darstellt.
Mischna: Teil des *Talmud*; beinhaltet die Kodifizierung des jüdischen mündlichen Gesetzes.
Mizwa: 1. Biblisches oder rabbinerisches Gebot.
2. Eine gute Tat.
Mussaf: Gebet, das im Gottesdienst zu Ehren von *Schabbat* und Festtagen hinzugefügt wird.

Parascha: Abschnitt in der *Tora*, der jede Woche oder am Feiertag gelesen wird.
Pijut: Gedicht, das in die Feiertagsgebete eingefügt wird.

Reb: 1. Respektvolle Anrede für einen älteren Juden.
2. Anrede für einen Rebbe, wenn dessen Name genannt wird.
Rebbe: Heiliger und charismatischer Anführer der chassidischen Bewegung.
Rebbezin: Frau eines Rebbe oder Rabbinen.

Sanhedrin: Rabbinerische Organisation, die als Tribunal zur Zeit der *Mischna* diente und die jüdische Jurisprudenz erarbeitete.
Schechina: Die göttliche Gegenwart.
Schema Israel: Einführende Worte des Glaubensbekenntnis; Übersetzung: »Höre, Oh Israel (...)«.
Schofar: Widderhorn, in das man insbesondere an *Rosch Haschana* bläst.
Seder: 1. Hebräisch für Ordnung, Reihenfolge.
2. In der *Haggada* beschriebene Zeremonie für *Pessach*.
Semirot: Tischgesänge, die während des *Schabbat*essens gesungen werden.
Sephar(a)d: Juden spanischer und schließlich orientalischer Herkunft sowie ihre Kultur.
Sidur: Gebetsbuch.
Sohar: 1. Mystischer Kommentar zum Pentateuch.
2. Haupttext der *Kabbala*.
Sukka: Eine Laubhütte.

Tachanun: Gebet, in dem um Verzeihung gebeten wird; dieses Gebet wird an feierlichen Tagen ausgelassen.

Tallit: Gebetsschal.

Talmud: Hauptzusammenfassung der jüdischen Gesetze, Gedanken und biblischen Exegese.

Tefila: Gebet.

Tefillin: Gebetsriemen, an deren Enden sich Lederkästchen befinden, in denen Pergamente mit Bibelauszügen liegen. Sie werden jeden Tag (außer an *Schabbat* und Feiertagen) für das Morgengebet um die Arme und die Stirn gelegt.

Teschuwa: Buße, Rückkehr zu Gott.

Tikun Chazot: Klagelieder, die um Mitternacht über das Exil der *Schechina* gesprochen werden.

Tora: Lehre oder Bibel; bezeichnet vorrangig die fünf Bücher Mosche (das Pentateuch).

Widuj: Beichte; Gebet, das bei verschiedenen Gelegenheiten (*Jom Kippur* oder vor dem Tod eines Menschen) gesprochen wird.

Zaddik: Gerechter; bezeichnet insbesondere einen chassidischen Rebbe.

Biographische Daten der erwähnten chassidischen Rabbinen (Rebbes)

Da die *chassidischen* Geschichten noch immer auf mündlichen Überlieferungen beruhen, war es nicht immer möglich, die biographischen Eckdaten der erwähnten *chassidischen* Rebbes anzuführen. Unabhängig vom Umfang der biographischen Daten kommt es in erster Linie auf die Geschichten und ihre Botschaften an und weniger auf die Person des Rebbes. Aus diesem Grund erscheinen einige Rebbes nur mit ihrem Namen auf dieser Liste.

* Die Rabbinen, die mit diesem Zeichen versehen sind, sind keine *chassidischen* Rebbes. Da sie aber in einigen Geschichten erwähnt werden, sind sie in dieser Liste aufgeführt.

Reb Aharon Leib von Premischlan: (?-1783). Er war einer der ersten Anhänger des Baal Schem Tow und der Vater von Reb Meir von Premischlan.

Reb Aharon von Karlin: (1736-1772). Um ihn von seinem Enkel zu unterscheiden, der denselben Namen trug, wurde er »der große Reb Aharon« von Karlin genannt. Er war der Pionier des *Chassidismus* in Litauen.

Reb Awraham Jehoschua Heschel von Apta: (?-1825). Er wurde »*Ohew* Israel«, der, der seinen nächsten Juden liebt, genannt. Rabbiner in Jassi und später in Apta.

Reb Awraham Jeschaja Karelits*, der sogenannte »*Chason Isch*« (der Mann mit Vision): (1878-1953). Er wurde nach seinem Werk »*Chason Isch*« benannt. Trotz der Tatsache, daß er keine offizielle Funktion hatte, war er weltweit als ein Anführer des orthodoxen Judentums angesehen.

Reb Awraham Leib von Spolla: (?-?). Er wurde der »Großvater von Spolla« genannt.

Reb Awraham Mordechaj Alter von Ger (oder Gur): (1866-1948). Er emigrierte 1940 nach Israel und war einer der Begründer der orthodoxen Bewegung »*Agudat* Israel«.

Reb Awraham von Chechanow: (1789-1875). Trotz zahlreicher Angebote von verschiedenen Gemeinden führte er 56 Jahre lang die Gemeinde von Chechanow.

Reb Baruch von Medzibozh: (1757-1810). Enkel des Baal Schem Tow.

Reb Chajim Halberstam von Zanz: (1793-1876). Er war der Begründer der Dynastie von Zanz und war sehr berühmt für seine großzügige Wohltätigkeit. Auch der Autor von »*Diwrei Chajim*«.

Reb Chajim Meir Jechiel Schapira von Mogielnitz: (?-1849). Nachkomme von Reb Israel von Kozhnitz.

Reb Chajim Sonnenfeld*: (1848-1932). Er war der legendäre ehemalige Oberrabbiner von Jerusalem.

Reb David Mosche Friedman von Tschortkow: (1828-1903). Sohn von Reb Israel von Rizhin.

Reb Dow Berusch Meisels*: (1798-1870) Oberrabbiner von Warschau und Lodzh. Er war Mitglied des Österreichischen Parlaments, ein Nachkomme des *Rama.*

Reb Elasar Rokeach von Amsterdam: (?-1615). Urgroßvater von Reb Schalom von Belz.

Reb Elimelech von Lisensk: (1717-1786). Er war der Bruder von Reb Susja von Hanipoli. Beide reisten quer durch Polen. Es wird erzählt, daß jeder Ort, an dem die Brüder schliefen, zu einem *chassidischen* Zentrum wurde.

Reb Gerschon Chanoch von Radsin: (?-?).

Reb Gerschon von Kitow: (?-1760). Er war der Schwager des Baal Schem Tow. Er emigrierte 1747 nach Israel.

Reb Herschele Ostropoller: (?-?). Er war der Spaßvogel von Reb Baruch von Medzibozh, als dieser unter Depressionen leidete.

Reb Israel ben Elieser: der Baal Schem Tow, (Bescht), (1700-1760). Begründer der *chassidischen* Bewegung.

Reb Israel Jizchak von Alexander: (1853-1910).

Reb Israel Meir Kagan von Radin*: (1838-1933). Er wurde so nach seinem Werk »*Chafez Chajim*« genannt. Er war der Begründer der berühmten *Jeschiwot* von Radom und von Radin und verfaßte zahlreiche Werke.

Reb Israel Salanter*: (1810-1883). Er lebte in Wilna und war der Begründer der »*Mussar*« (Ethik) Bewegung.

Reb israel Spira von Bluzhow. (1889-1989).

Reb Israel von Kozhnitz: (1733-1814). Er wurde auch als der »*Maggid* von Kozhnitz« bezeichnet. Er war mit dem Seher von Lublin befreundet, und zusammen haben sie das *chassidische* Leben in Polen entwickelt.

Reb Israel von Rizhin: (1797-1850). Er war sehr reich und ist dafür berühmt, in großem Luxus gelebt zu haben. Er mußte aus Rußland flüchten und lebte später im Österreich-Ungarischen Reich in Szadigora.

Reb Israel von Wizhnitz: (1860-1936). Er war der Sohn und Nachfolger von Reb Baruch von Wizhnitz und zog Tausende von *Chassidim* an.

Reb Izikel Gewürzman von Antwerpen: (?-1976). Er war ein Urenkel von Reb Elimelech von Lisensk. Nach der *Schoa* lebte er in Antwerpen bis zu seinem Tod.

Reb Izikel Safrin: (?-?). Gründer der Dynastie von Sidatschow.

Reb Jaakow Jizchak Horowitz: der Seher von Lublin (1745-1815). Einer der Begründer der *chassidischen* Bewegung in Polen.

Reb Jaakow Jizchak von Pschys'cha: (1766-1813). Er wurde auch als »der heilige Jude« bezeichnet.

Reb Jaakow Jossef von Polnoje: (?-1784). Er war einer der ersten *Chassidim* des Baal Schem Tow und wurde später sein Schwager.

Reb Jechiel Meir von Gostinin: (1816-1888). Viele Menschen betrachteten ihn als einen der 36 versteckten Gerechten der Welt.

Reb Jechiel Michel von Slotschow: (1731-1786). Zeitgenosse des Baal Schem Tow.

Reb Jehoschua Leib Diskin von Brisk*: (1818-1898). Er war der Rabbiner von Brisk und ließ sich in Jerusalem nieder.

Reb Jissachar Ber von Radoschitz: (1765-1843). Er wurde »*Sawa Kaddischa*« (der heilige alte Mann) genannt.

Reb Jizchak Eisik Homiler: (1780-1857). Er war ein *Chassid* des ersten Lubawitscher Rebbe.

Reb Jizchak Eisik von Sidaschow: (1804-1872). Neffe und Nachfolger von Reb Zwi Hirsch von Sidatschow.

Reb Jizchak Meir Alter von Ger: (1789-1866). Gründer der *chassidischen* Dynastie von Ger.

Reb Jizchak von Worki: (1779-1848). Er war der Begründer der Dynastie von Worki. Aufgrund seines Engagements für seine jüdischen Mitmenschen wurde er »der Israel-Liebende« genannt.

Reb Joel Teitelbaum von Satmar: (1887-1979). Er war ein Nachkomme von Reb Mosche Teitelbaum von Ujhelj. Er überlebte die *Schoa* und immigrierte nach dem Krieg in die USA.

Reb Jossef Dow Soloweitschik*: (1903-1993). Er war ein Nachkomme der Brisker Rabbinen-Dynastie und war der Rabbiner der orthodoxen jüdischen Gemeinde in Boston, USA.

Reb Jossele von Ostilla: (?-?). Sohn von Reb Mordechaj von Nesizh.

Reb Koppel von Likow: (?-?). Er war der Großvater von Reb Jaakow Jizchak Horowitz, dem Seher von Lublin.

Reb Leib Saras: (1726-1791). Da seine Mutter sich sehr jung geopfert hatte, um einen alten Lehrer anstatt eines nicht-jüdischen Fürsten zu heiraten, wurde sie vom Himmel belohnt, indem ihr Sohn ihren Namen trug. Es wird über ihn erzählt, daß er einer der 36 versteckten Gerechten und für sein Engagement für jüdische Gefangene berühmt war.

Reb Levi Jizchak von Berditschew: (1740-1810). Er ist einer der bekanntesten und beliebtesten *chassidischen* Rebbes. Er wurde der »Rechtsanwalt des jüdischen Volkes« genannt, da er sich gegenüber Gott immer für das jüdische Volk eingesetzt hatte. Er hat keine Dynastie gegründet.

Reb Meir Horowitz von Dzikow: (1819-1877). Er war der Sohn von Reb Elieser von Dzikow.

Reb Meir Leibusch*, der *Malbim*: (1709-1879). Sein Kommentar über das Pentateuch ist sehr berühmt und Teil zahlreicher Auflagen der Bibel.

Reb Meir von Premischlan: (1780-1850). Er war bekannt für sein Engagement für die Armen und Kranken.

Reb Menachem Mendel von Kotzk: (1760-1859). Die letzten zwanzig Jahre seines Lebens lebte er einsam, und daher werden viele Geschichten über ihn erzählt.

Reb Menachem Mendel von Rymanow: (?-1815). Er war ein Schüler von Reb Elimelech von Lisensk und von Reb Schmelke von Nikolsburg. Da er viele Jahre in Fristik lebte, wurde er auch Reb Menachem Mendel von Fristik genannt.

Reb Mordechaj von Nesizh: (1740-1800). Er war für seine Unterstützung für Kranke und arme Menschen berühmt und ermutigte seine *Chassidim*, nach Israel auszuwandern.

Reb Mosche Isserles*, der Rama: (ca. 1525-1572) Er war der Autor der »*Mappa*«.

Reb Mosche Leib von Sassow: (1745-1807). Er war berühmt dafür, daß er sich immer für Witwen und Waisen eingesetzt hat.

Reb Mosche Teitelbaum von Ujhelj: (1759-1841). Begründer der *chassidischen* Dynastien von Sighet und Satmar

Reb Mosche von Kobryn: (?-1858). Er war der Begründer der Kobrynner Dynastie.

Reb Mosche Zwi von Sawran: (?-1838).

Reb Naftali von Ropschitz: (1760-1827). Reb Elimelech von Lisensk und Reb Israel von Kozhnitz waren zwei seiner Lehrer.

Reb Pinchas von Koretz: (1726-1791). Er war der Bruder von Reb Schmelke von Nikolsburg.

Reb Raphael von Berschad: (?-?). Er war für seine Wahrheitsliebe bekannt, und es wird erzählt, daß er nie in seinem Leben gelogen haben soll.

Reb (Sar) Schalom von Belz: (1779-1855). Er war der Gründer der Dynastie von Belz und ein Nachkomme von Reb Elasar von Amsterdam.

Reb Schalom Ber von Lubawitsch: (1860-1920). Er war der fünfte Rebbe der Lubawitscher Dynastie und der Begründer der »*Tomchei Temimim*« Jeschiwa-Kette in Amerika.

Reb Schlomo Halberstam von Bobow: (1847-1906). Er war ein Nachkomme von Reb Chajim von Zanz. Sein Sohn, Reb Ben-Zion, wurde 1941 von den Nazis ermordet. Dessen Sohn wiederum ist der heutige Bobower Rebbe in New York, Reb Schlomo Halberstam.

Reb Schlomo von Karlin: (1738-1792). Er war ein Schüler von Reb Aharon von Karlin, dessen Nachfolger er 1772 wurde.

Reb Schlomo von Radomsk: (1803-1866). Seine Art und Weise zu sprechen, zog tausende von Menschen an, die seine *Chassidim* wurden.

Reb Schmelke von Nikolsburg: (1726-1778). Er hieß eigentlich Reb Schmuel Horowitz und war der Bruder von Reb Pinchas von Koretz. Er war berühmt für seine Philantropie. Einer seiner bekanntesten Schüler war Reb Mosche Leib von Sassow.

Reb Schneur Salman von Liadi: (1745-1812). Er war der Begründer der *chassidischen* »*Chabad*-Lubawitsch«-Bewegung. Sein Werk »*Tania*« empfielt, sich Gottesdiensten und dem *Tora*lernen zu widmen.

Reb Simcha Bunem von Pschys'cha: (1765-1827). Er war der Nachfolger von Reb Jaakow Jizchak von Pschys'cha.

Reb Simcha Bunem von Worki: (?-?). Er war der Sohn von Reb Menachem Mendel von Worki. Seinen Lebensabend verbrachte er in Jerusalem.

Reb Uri von Strelisk: (?-1826). Er wurde auch »der *Seraphin*« genannt.

Reb Wolf von Sbarazh: (?-1800).

Reb Zwi Hirsch von Sidatschow: (1785-1831). Er war ein großer *Kabbalist* und der Lehrer des »*Malbim*« Reb Meir Leibusch.

Reb Zwi Hirsch von Tschortkow: (?-?). Er war der Vater von Reb Schmelke von Nikolsburg und von Reb Pinchas von Koretz.